UTB

UTB **2931**

Eine Arbeitsgemeinschaft der Verlage

Beltz Verlag Weinheim · Basel
Böhlau Verlag Köln · Weimar · Wien
Verlag Barbara Budrich Opladen · Farmington Hills
facultas.wuv Wien
Wilhelm Fink München
A. Francke Verlag Tübingen und Basel
Haupt Verlag Bern · Stuttgart · Wien
Julius Klinkhardt Verlagsbuchhandlung Bad Heilbrunn
Lucius & Lucius Verlagsgesellschaft Stuttgart
Mohr Siebeck Tübingen
C. F. Müller Verlag Heidelberg
Orell Füssli Verlag Zürich
Verlag Recht und Wirtschaft Frankfurt am Main
Ernst Reinhardt Verlag München · Basel
Ferdinand Schöningh Paderborn · München · Wien · Zürich
Eugen Ulmer Verlag Stuttgart
UVK Verlagsgesellschaft Konstanz
Vandenhoeck & Ruprecht Göttingen
vdf Hochschulverlag AG an der ETH Zürich

Grundzüge der Politikwissenschaft

Herausgegeben von Mir A. Ferdowsi

Bisher erschienen:
Christian Schwaabe: *Politische Theorie 2. Von Rousseau bis Rawls* UTB 2932
Maren Becker/Stefanie John/Stefan A. Schirm: *Globalisierung und Global Governance* UTB 2965
Petra Stykow: *Vergleich politischer Systeme* UTB 2933

Christian Schwaabe

Politische Theorie 1

Von Platon bis Locke

Wilhelm Fink

Der Herausgeber:
Mir A. Ferdowsi, Dr. phil. habil., apl. Professor für Politikwissenschaft und Akademischer Direktor am Geschwister-Scholl-Institut für Politische Wissenschaft der Universität München. Neuere Veröffentlichungen u.a.: (Hg.): Internationale Politik im 21. Jahrhundert. UTB 2284, Fink Verlag, München 2002, zus. mit Volker Matthies (Hg.): Den Frieden gewinnen. Zur Konsolidierung von Friedensprozessen in Nachkriegsgesellschaften, Bonn 2003; zus. mit Dietmar Herz und Marc Schattenmann (Hg.): Von himmlischer Ordnung und weltlichen Probleme. Fink Verlag, München 2003; (Hg.): Afrika – ein verlorener Kontinent? UTB 8290, Fink Verlag, München 2004; (Hg.): Weltprobleme, 6. Neuausgabe, Bayerische Landeszentrale für Politische Bildung, München 2007 sowie in der Schriftenreihe der Bundeszentrale für politische Bildung, Band 642, Bonn 2007.

Der Autor:
Christian Schwaabe, Dr. phil. habil., Privatdozent für Politikwissenschaft am Geschwister-Scholl-Institut der Universität München; Veröffentlichungen im Fink Verlag: Freiheit und Vernunft in der unversöhnten Moderne. Max Webers kritischer Dezisionismus als Herausforderung des politischen Liberalismus (2002); Antiamerikanismus. Wandlungen eines Feindbildes (2003); Die deutsche Modernitätskrise. Politische Kultur und Mentalität von der Reichsgründung bis zur Wiedervereinigung (2005)

Bibliografische Information der Deutschen Nationalbibliothek

Die Deutsche Nationalbibliothek verzeichnet diese Publikation in der Deutschen Nationalbibliografie; detaillierte bibliografische Daten sind im Internet über http://dnb.d-nb.de abrufbar.

(Wilhelm Fink Verlag GmbH, Jühenplatz 1, D-33098 Paderborn)
ISBN 978-3-7705-4481-3

Internet: www.fink.de

Printed in Germany.
Einbandgestaltung: Atelier Reichert, Stuttgart
Herstellung: Ferdinand Schöningh, Paderborn

UTB-Bestellnummer: 978-3-8252-2931-3

Vorwort des Herausgebers

Man mag es begrüßen oder es bedauern, unbestreitbar ist aber, dass mit der Vollendung des Bologna-Prozesses und der flächendeckenden Einführung von Bachelor-Studiengängen sich nicht nur die Hochschullandschaft grundlegend verändern wird, sondern dass damit auch wir, die Hochschullehrer, vor gewaltigen Herausforderungen in der Lehre stehen. Nicht unerheblich wird auch die Last sein, die auf die Studierenden zukommt. Denn es bedarf eines großen Engagements und eines umfangreicheren Zeitaufwandes als bislang, um sich in der relativ kurzen Zeit von vier bis fünf Semestern ein Basis-Wissen des Faches anzueignen und die vielen obligatorischen Module auch zu bestehen bzw. die entsprechenden ECTS-Punkte zu erwerben.

Vor allem die Tendenz zur „Verschlankung" des Studiums erfordert übersichtliche, aber nicht weniger umfassende und fachlich fundierte Lehrbücher. Die Reihe „Grundzüge der Politikwissenschaft", deren einzelnen Bände sich thematisch an die geläufigen Module des Bachelor-Studiums orientieren, hat sich zum Ziel gesetzt, Lehrbücher neuen Typs zu konzipieren, die – von exzellenten Vertretern des Faches verfasst – in knapp ausgearbeiteter Form Einführungen in die Studieninhalte bieten. Sie sollen den Studierenden dazu verhelfen, sich veranstaltungsbegleitend und durch Selbststudium in ein für sie neues Fachgebiet einzuarbeiten. Der Text ist lesefreundlich und konzentriert sich auf die wesentlichen Informationen des jeweiligen Themenbereichs. Dadurch erhalten die Studierenden einen schnellen und umfassenden Überblick und eine Grundlage für weiterführende, vertiefende Studien.

Der Herausgeber und der Autor hoffen, mit dem vorliegenden Band zum schnellen und erfolgreichen Studienablauf beizutragen.

München, im Sommer 2007 Mir A. Ferdowsi

Inhalt

Einleitung

Die Geschichte der politischen Theorie bietet eine Fülle an teilweise sehr unterschiedlichen Formen des Nachdenkens über Politik. Diese Unterschiede betreffen zum einen die Art und Weise, wie Politik thematisiert wird: mit welchem Verständnis von Erkenntnis und Wissenschaft, mit welchen Methoden und Begriffen, mit welchem theoretischen oder auch praktischen Erkenntnisinteresse. Es sind vor allem diese Unterschiede, die dem jeweiligen Verständnis von politischer Theorie, politischer Philosophie, politischem Denken oder Ideengeschichte zugrunde liegen. Zum anderen – und damit zusammenhängend – unterscheiden sich die Ansätze aber auch nach dem jeweils zugrunde gelegten Politikverständnis. Denn obwohl es einige immer wieder kehrende Fragestellungen gibt, etwa die nach der Gerechtigkeit, besteht doch keineswegs ein Konsens darüber, was unter Politik eigentlich genau zu verstehen ist.

Diese Vielfalt an Perspektiven sollte dem politischen Denken nicht sogleich als Schwäche ausgelegt werden. Sie hat vielmehr mit dem Gegenstand selbst zu tun, der hier nicht in gleicher Weise gegeben ist, wie dies in den Naturwissenschaften der Fall ist. Politik ist, so könnte man sagen, ein widerspenstiger, ein sehr eigenwilliger Gegenstand: Man hat es hier mit Menschen und ihrem Handeln zu tun wie auch mit Institutionen, Regeln oder Systemen, die diesem Handeln entspringen. Und man hat es mit den Interpretationen und Selbstauslegungen dieser Handelnden selbst zu tun: mit Vorstellungen und Ideen, die aus dieser Praxis hervorgehen und auf sie zurückwirken. Über Politik denken nicht nur Philosophen und Politikwissenschaftler nach, sondern – vor diesen noch – die Menschen und Bürger selbst. Höchst relevante Formen politischen Denkens finden sich zudem in Mythos und Dichtung, und nicht zuletzt in der Religion. Diese Fülle an relevanten Formen des Nachdenkens über Politik spricht denn auch für das Konzept des „politischen Denkens", das sich bewusst nicht auf wissenschaftliche Formen der Politikbetrachtung beschränkt (vgl. Ottmann 2001: 1ff.). In jedem Fall sollte man sich vor Augen führen, dass Politik in einen sehr viel weiteren Gesamtzusammenhang eingebettet ist: Seit jeher versucht der Mensch, seine Welt zu ordnen, zu verstehen und zu deuten, und er bedient sich dabei verschiedener symbolischer Formen. Der Mensch ist, was immer er sonst ist, ein „animal symbolicum" (Cassirer 1996: 51), ein Wesen, das sich seine Welt als ein symbolisches Universum schafft.

Der politische Mikrokosmos ist von solchen Symbolen und Bedeutungen durchdrungen und wird von ihnen getragen, ja allererst konstituiert. Die politische Ordnung ist dabei Teil von Ordnungsvorstellungen in einem umfassenden Sinn (vgl. Voegelin 2001ff.). In erster Annäherung könnte man also sagen: Politische Denker oder Philosophen versuchen ihrerseits, diese symbolischen Formen zu verstehen, zu systematisieren und gedanklich zu klären – womit sie zugleich an der symbolischen (Re-)Produktion selbst beteiligt sind. Sie tun dies jedoch mit dem Anspruch, über die Selbstauslegungen der Handelnden in mancher Hinsicht hinauszugehen. Ihre Erkenntnis will systematischer sein, begrifflich klarer, ungetrübt von Interessen und Vorurteilen. Und je nach Wissenschaftsverständnis und Anspruch soll es auf diesem Wege auch möglich sein, das wahre Wesen zum Beispiel der Gerechtigkeit zu erfassen. Das zumindest ist der hohe Anspruch der Philosophie Platons, der mit seiner *Politeia* als Begründer der politischen Philosophie gilt. Alle Menschen haben Vorstellungen bzw. Meinungen darüber, was Gerechtigkeit ist. Doch erst derjenige, der die Idee des Guten und Gerechten erkannt hat, ist nach Platon im Besitz von echtem Wissen. Das wirft natürlich eine Reihe grundsätzlicher Fragen auf: Was hat man unter wahrer oder wissenschaftlicher Erkenntnis zu verstehen? Wie weit reicht menschliche Erkenntnis zum Beispiel in Fragen der Gerechtigkeit tatsächlich? Wie verhält sich solche Erkenntnis zur Erfahrung, zur Empirie? Solche Fragen verweisen auf das erkenntnis- und wissenschaftstheoretische Fundament der jeweiligen politischen Theorie. Die diesbezüglichen Unterschiede sind von größter Bedeutung für die verschiedenen politischen Theorien selbst. Dies lässt sich an den in diesem Band besprochenen Ansätzen sehr deutlich erkennen.

Dieser erste kurze Blick auf die Vielgestaltigkeit und Vielschichtigkeit politischen Denkens legt einen Zugang zum Thema nahe, den man in einem weiten Sinn „ideengeschichtlich“ nennen kann. In der Geschichte des Nachdenkens über Politik stoßen wir auf eine Fülle unterschiedlicher Ideen und Ansätze. Viele Autoren haben sehr unterschiedliche Auffassungen von Philosophie und Wissenschaft. Ihre politische Theorie ist Teil eines Gesamtwerkes, das oft weit über den Bereich des Politischen hinausweist, das aber für dessen Verständnis von größter Bedeutung ist. Sie schreiben zudem vor einem je anderen gesellschaftlichen, politischen und historischen Hintergrund. Und zu guter Letzt beziehen sie sich auf ihre Vorgänger. All das lässt es sinnvoll erscheinen, die einzelnen Ansätze und ihre Autoren zunächst einmal je für sich und in ihrer historischen Abfolge näher kennen zu lernen. Dieser Zugang bedeutet natürlich nicht, systematische, vom Kontext unabhängige Fragestellungen und Argumente auszublenden. Das eine bedingt und befruchtet das andere. Eine solide Kenntnis der Klassiker ist wohl aber in jedem Fall Grundlage des Verstehens wie auch der gegenseitigen Verständigung.

Streifen wir vor diesem Hintergrund noch kurz einige dieser und weiterer wichtiger Fragen, um einen Einstieg in die Thematik zu finden. Beginnen wir mit der Frage nach dem, womit sich politische Denker, Philosophen und Politikwissenschaftler überhaupt beschäftigen: Was ist „Politik"? In einem viel zitieren Lexikon der Politik findet sich folgender Hinweis auf die Herkunft des Begriffes:

> „Politik: aus dem Griechischen stammend: Politik = *Tà politikà*, bezeichnet die auf die Polis bezogenen öffentlichen Angelegenheiten, die alle Bürger (= *polítes*) betreffen und verpflichten, *politiké téchne* die Kunst der Führung und Verwaltung der öffentlichen Aufgaben im Interesse der Gemeinschaft der Bürger / des Gemeinwohls der Polis." (Schultze 1998: 488)

Mit der „Polis", der Stadt bzw. dem griechischen Stadtstaat, ist der historische Kontext genannt, in dem nicht nur die Politik und auch die Demokratie „entdeckt" werden (vgl. Meier 1983), sondern auch die politische Philosophie von Sokrates, Platon und Aristoteles begründet wird. Die zitierte Definition enthält einiges, was auch heute noch unter Politik verstanden wird, etwa der Hinweis auf die öffentlichen Angelegenheiten oder die kollektive Verbindlichkeit politischer Entscheidungen. Verändert hat sich natürlich das Gebilde bzw. das politische Kollektiv, um das es dabei geht: Statt mit der politischen Gemeinschaft der Bürger Athens hat es beispielsweise Max Weber zu Beginn des 20. Jahrhunderts mit einer modernen Massengesellschaft und einem bürokratischen „Anstaltsstaat" zu tun. Das ist ein gravierender Unterschied auch für das jeweils bevorzugte Politikmodell. Doch keineswegs nur daran liegt es, dass sich bei Max Weber ein völlig anderes Verständnis von Politik findet:

> „‚Politik' würde für uns also heißen: Streben nach Machtanteil oder nach Beeinflussung der Machtverteilung, sei es zwischen Staaten, sei es innerhalb eines Staates zwischen den Menschengruppen, die er umschließt. […] Wer Politik treibt, erstrebt Macht […]." (Weber 1988b: 506f.)

Ebenso nüchtern – manche sagen: „realistisch" – definiert Weber den Staat. Dabei ist nicht nur von Gemeinwohl keine Rede, sondern alle normativen Bezüge, alle Fragen nach dem Zweck, dem ein Staat womöglich zu dienen hätte, fallen aus diesem Staatsbegriff heraus. Für Platon stand die Frage nach der Gerechtigkeit im Zentrum seiner Betrachtung des „Staates". Für Aristoteles ist die politische Gemeinschaft eine ethisch integrierte Gemeinschaft, die um des guten Lebens willen besteht. Bei John Locke ist staatliche Herrschaft durch vorstaatliche Rechte des Menschen begrenzt, zu deren Schutz die Regierung eingesetzt wird. Bei Weber wird all dies ausgeblendet:

> „Man kann vielmehr den modernen Staat soziologisch nur definieren aus seinem spezifischen *Mittel*, das ihm, wie jedem politischen Verband, eignet: der physischen Gewaltsamkeit. [...] Staat ist diejenige menschliche Gemeinschaft, welche innerhalb eines bestimmten Gebietes [...] das *Monopol legitimer physischer Gewaltsamkeit* für sich (mit Erfolg) beansprucht." (Weber 1988b: 506)

Diese Definition des Staates ist bewusst und konsequent „werturteilsfrei" und darin Ausdruck des Weberschen Wissenschaftsverständnisses. Wissenschaft beschäftigt sich mit der empirischen Wirklichkeit, mit dem „Sein", sie liefert Tatsachenfeststellungen. Sie kann aber nichts darüber sagen, wie ein Phänomen zu bewerten ist, kann nichts über das „Sollen" aussagen. Das gilt insbesondere für die empirischen Sozialwissenschaften. Doch auch über diese hinaus hält Weber es für unmöglich, allgemein verbindliche Aussagen über das Gute oder das Gerechte zu machen.

Damit formuliert Weber ein Wissenschafts- und Theorieverständnis, wie es in der Politikwissenschaft heute weit verbreitet ist. In einer jüngst erschienen Einführung erläutert Peter Thiery den Gegenstand und den Anspruch der „modernen politikwissenschaftlichen Theorie". Der Unterschied zwischen politischer Theorie (im engeren Sinn) und politischer Philosophie wird dabei sehr schön deutlich. Zunächst wird über das Anliegen der „Politischen Theorie" insgesamt gesagt, es bestehe darin, „verallgemeinernde Aussagen über die politische Wirklichkeit zu treffen und Instrumente zu ihrer weiteren Analyse zur Verfügung zu stellen" (Thiery 2003: 209). Als Teilgebiete der politischen Theorie werden genannt: die politische Ideengeschichte im Sinne eines historischen Über- und Rückblicks, die politische Philosophie, die laut Thiery die „gesamte Bandbreite normativer Fragestellungen" thematisiert, die Wissenschaftstheorie, die die Voraussetzungen politikwissenschaftlicher Erkenntnis klärt, und schließlich die „moderne politikwissenschaftliche Theorie". Letztere umfasst, bei strikter Beachtung des Postulats der Werturteilsfreiheit, die „empirisch-analytischen Theorien und Modelle, mit denen die komplexe politische Realität erfasst, geordnet und vor allem erklärt bzw. prognostiziert werden kann" (ebd.).

Diese „moderne" Form von Theoriebildung findet sich natürlich auf allen Gebieten der Politikwissenschaft: in der vergleichenden Regierungslehre und in den Internationalen Beziehungen, in der Europaforschung, der politischen Ökonomie oder der empirischen Demokratieforschung. Wissenschaft ist immer theoriegeleitet. Politische Theorie gibt es nicht nur in der so bezeichneten Teilsdisziplin. Dass sich die unterschiedlichen Ebenen politischer Theorie dabei sehr gut ergänzen, liegt eigentlich auf der Hand, und ebenso, dass sie für eine umfassende Betrachtung des Politischen auch aufeinander angewiesen sind. Die Demokratietheorie liefert ein gutes Beispiel dafür: Wer über Demokratie nachdenkt, der wird einerseits auf der empirischen Ebene (theoriegeleitet) untersuchen müssen, wie bestimmte Demokratietypen funktionieren, welche Eigenschaften und Folgen bestimmte institutionelle Ausprägungen haben, unter welchen Bedingungen und aus welchen Gründen sie erfolgreich sind oder aber womöglich scheitern. Schon die Frage nach dem „Erfolg" wirft freilich weitere Fragen auf, die nur die politische Philosophie angemessen beantworten oder wenigstens klären helfen kann: Woran soll der Erfolg einer Staatsform eigentlich gemessen werden? An der Effektivität bei der Lösung von Problemen oder der Erreichung bestimmter Ziele? Welche Ziele sind das, und welchen Zielen ist bei Konkurrenz unterschiedlicher Ziele der Vorrang zu geben? An welchen übergeordneten Kriterien kann man sich dabei orientieren? Mit Fragen dieser Art, die eine Theorie im Sinne Max Webers nicht abschließend beantworten kann, beschäftigt sich die politische Philosophie – wenn auch wiederum auf recht unterschiedliche Weise. Die nachfolgende Bestimmung von Peter Weber-Schäfer verrät eine sehr aristotelische Auffassung des Faches, deutet aber an, wie breit gefächert das Spektrum an Fragen ist – Fragen, auf die man beim Nachdenken über Politik kaum wird verzichten wollen:

> „Als Teildisziplin einer über das rein theoretische Erkenntnisinteresse hinaus an der rationalen Gestaltung der Welt orientierten praktischen Philosophie befaßt sich Politische Philosophie mit Legitimation und Sinngebung menschlichen Handelns im Kontext gesellschaftlichen Zusammenlebens und den durch dieses Handeln geschaffenen und es bestimmenden institutionellen Formen politischer Ordnung. Als politische Anthropologie findet sie ihren Gegenstand in dem Versuch, angemessene Formen gesellschaftlicher und staatlicher Organisation aus der sozial verstandenen Natur des Menschen abzuleiten. Konstitutive Themen einer am Begriff der Rationalität ausgerichteten Politischen Philosophie sind Fragen der inhaltlichen Bestimmung und institutionellen Realisierung von Gütern des Handelns wie gute Herrschaft,

> Gemeinwohl, Gerechtigkeit, Gleichheit, Freiheit, Menschenwürde und Rechtsstaatlichkeit. Die anthropologische Frage nach der natürlichen Sozialität des Menschen (oder nach seiner Soziabilität) und der Vereinbarkeit individuellen Glücksstrebens mit den Ansprüchen der Gemeinschaft stellt die Grundlage für die Untersuchung der Legitimität der Herrschaft und ihrer Formen dar." (Weber-Schäfer 1994: 364f.)

Diese Fragen sind nicht nur Gegenstand abstrakter philosophischer Diskurse. Bei diesen Fragen geht es um das normative Fundament von Gesellschaften und das Selbstverständnis ihrer Bürger. Sichtbaren Ausdruck finden sie zumeist in den Gründungsdokumenten oder Verfassungen eines Staates. „Die Würde des Menschen ist unantastbar. Sie zu achten und zu schützen ist Verpflichtung aller staatlichen Gewalt." So lautet Art. 1 Abs. 1 des deutschen Grundgesetzes. Die Grundordnung der Bundesrepublik ist eine „wertgebundene Ordnung". Diese Werte und Prinzipien, über die in Deutschland das Bundesverfassungsgericht wacht, sind immer auch Antworten auf die sehr viel älteren Fragen der politischen Philosophie. Und sie stützen sich auf die lange Tradition des westlichen politischen Denkens, das diese Prinzipien hervorgebracht hat. Der Zusammenhang von politischer Theorie bzw. Philosophie und politischer Systemlehre wird hier mit Händen greifbar (vgl. Di Fabio 2005: VII). Aus einem anderen berühmten Dokument sei hier noch zitiert: aus der amerikanischen Unabhängigkeitserklärung von 1776, die in ihren einleitenden Sätzen das politisch-philosophische Fundament der amerikanischen Nation wie auch das Credo seiner Bürger auf den Begriff bringt:

> „We hold these truths to be self-evident, that all men are created equal, that they are endowed by their Creator with certain unalienable Rights, that among these are Life, Liberty, and the pursuit of Happiness. That to secure these rights, Governments are instituted among Men, deriving their just powers from the consent of the governed."

Interessant sind diese Zeilen nicht nur wegen ihrer immensen historischen Bedeutung, und auch nicht nur deswegen, weil Thomas Jefferson mit ihnen den Kern der politischen Theorie von John Locke knapp und einprägsam zusammenfasst. Aufschlussreich ist insbesondere die einleitende Formulierung, nach der die Unterzeichner bestimmte Wahrheiten für „self-evident" halten. Darin kommen zunächst der politische Wille und der emphatische Glaube an bestimmte Prinzipien zum Ausdruck, über die die junge amerikanische Nation nicht mit sich verhandeln lässt. Es ist aber zugleich ein wertvoller Hinweis auf einen wichtigen erkenntnistheoretischen Zusammenhang: „Evidenz" ist eine Eigenschaft, die einer bestimmten

Art von Aussagen zukommt: sogenannten Prämissen, die an der Spitze von Schlussketten stehen und die ihrerseits nicht mehr bewiesen werden können. Solche Prämissen sind unableitbar, evident, „für sich selbst beglaubigt" (Aristoteles 1997: A 100b). Ganz in diesem Sinn erscheinen auch die oben genannten Prinzipien den Gründervätern der Vereinigten Staaten als „self-evident", als durch sich selbst glaubhaft, aber ihrerseits nicht mehr aus nochmals übergeordneten Sätzen ableitbar. Offensichtlich gab und gibt es aber zu unterschiedlichen Zeiten und in unterschiedlichen kulturellen Kontexten unterschiedliche solcher Evidenzempfindungen – was aber nicht bedeutet, dass man bei diesen Fragen sogleich von völliger Beliebigkeit ausgehen kann. In unserem Zusammenhang wird es vielmehr interessant sein zu fragen, auf welche Prinzipien die einzelnen Philosophen ihre politische Theorie aufbauen. Und wir werden sehen, dass bedeutende Philosophen dabei teilweise recht Unterschiedliches für evident halten. Platon hätte Jeffersons Sätze sicher nicht unterschrieben. Wenn wir nun aber nicht unterstellen wollen, dass Platon nicht so klar gedacht habe wie etwa John Locke, dann sind wir wieder bei der eingangs erwähnten Vielfalt an Perspektiven angelangt, die das politische Denken kennzeichnet. Und wir haben einen weiteren guten Grund, die verschiedenen Ansätze politischen Denkens zunächst einmal je für sich zu würdigen, um dann freilich die Positionen kritisch zu vergleichen und zu fragen, welche von ihnen uns glaubwürdiger erscheint.

Im Rahmen der vorliegenden Einführung kann dies freilich nicht in umfassender Form geschehen. Daher sollte sich der Leser bewusst machen, was diese Einführung *nicht* leisten kann und will. Zunächst betrifft das schlicht die Anzahl der vorgestellten Denker. Es werden wichtige, herausragende Klassiker vorgestellt, die allesamt die Debatten bis heute prägen. Aber es sind gleichsam nur Stationen des politischen Denkens, die hier ausgewählt wurden, und zwischen diesen Stationen liegt vieles, was der Leser auf keinen Fall für bloß zweitrangig halten sollte. Deswegen auch ist diese Einführung nicht mit „*Klassiker* des politischen Denkens" (wie Maier/Denzer 2001) betitelt, sofern damit der Anspruch auf eine zumindest annähernde Vollständigkeit suggeriert werden könnte. Viele Klassiker fehlen hier: Cicero, Grotius, Bodin, Pufendorf, Montesquieu, Hegel, Tocqueville, Schmitt, Voegelin, Strauss und Luhmann – um nur einige wenige zu nennen. Diese Auslassungen, die durch punktuelle Bezugnahmen ein Stück weit kompensiert werden, erscheinen vor allem deshalb vertretbar, weil nur auf diese Weise – bei einem gegebenen Seitenumfang –

eine intensivere Beschäftigung mit den ausgewählten Ansätzen möglich ist. Zudem werden mit den behandelten Denkern doch die zentralen Fragestellungen der politischen Theorie thematisiert. Um diese Bezüge zu systematisch interessanten Fragestellungen zu verdeutlichen, werden in jedem Kapitel mehr oder weniger ausführlich über den jeweiligen Denker hinaus Probleme, Begriffe und Konzepte diskutiert, die im Kontext des Werkes oder in seiner Nachfolge von besonderem Interesse sind – so zum Beispiel im Kapitel zu Augustinus, in dem weit über diesen hinaus das Verhältnis von Politik und Religion, Staat und Kirche thematisiert wird, oder im Kapitel zu Machiavelli, in dem auf die Idee der Staatsräson eingegangen wird, wie sie erst nach Machiavelli systematisch und explizit entfaltet wird.

Ein Weiteres: Diese Einführung arbeitet mit möglichst vielen Originalzitaten. Das soll dem Leser den Zugang zu den Quellen erleichtern und ihm nahelegen, diese gründlich zu studieren. Die eingehende Auseinandersetzung mit den Originaltexten ist durch noch so viel Sekundärliteratur nicht zu ersetzen. Jede zusammenfassende Darstellung enthält bereits mit der Auswahl bestimmter Textstellen eine Art Interpretation. Und viele, teilweise sehr eingängig formulierte Interpretationen und Zusammenfassungen in der Sekundärliteratur überschreiten zuweilen die Grenze zur Verfälschung des Originals. Jede Interpretation, so kann man jedenfalls sagen, ist vor allem eben dies: eine Interpretation. Deren gibt es zu den jeweiligen Denkern sehr viele. Und dass sich die Interpreten teilweise völlig uneins sind, ist ein weiterer Grund, das Original besser selbst zu lesen.

Im Zentrum der Darstellung stehen jeweils besonders einschlägige Werke, wie etwa Platons *Politeia* oder der *Leviathan* des Thomas Hobbes. Es sollen jedoch nicht ausschließlich solch zentrale Bücher behandelt werden (so bei Stammen 1997; Brocker 2007), sondern es soll so weit es geht das Ganze eines Ansatzes skizziert werden. Bei einigen Denkern lässt sich ohnehin schwerlich ein einzelnes Buch benennen, das den politischen Ansatz insgesamt adäquat widerspiegeln würde, so bei Max Weber oder Jürgen Habermas. Der Biographie der jeweiligen Denker wird dagegen kaum Beachtung geschenkt (anders Pfetsch 2003) bzw. nur insoweit, als daraus wichtige Rückschlüsse systematischer Art möglich sind.

Noch etwas kann und soll diese Einführung nicht leisten: eine wirkliche „*Geschichte* des politischen Denkens“ (wie Ottmann 2001f.), die nicht nur annähernd umfassend ist, sondern zudem so etwas wie einen „roten Faden“ der Entwicklung politischen Denkens herausarbeitet. Das einzige, was in dieser Hinsicht geleistet werden kann, ist die Sensibilisierung für die Eigenart der jeweiligen Epoche, der ein Denker zugehört, von der er geprägt ist und die er nicht selten mit seinem Werk mitgeprägt hat. Mit diesen Epochen sind meist ganze Weltbilder verbunden, und diese Weltbilder unterliegen im hier untersuchten Zeitraum einem erheblichen Wandel. So trennen etwa das christliche Mittelalter und seine politische Philosophie einerseits und Max Webers „entzauberte" Moderne andererseits im wahrsten Sinne des Wortes Welten. Das macht den systematischen Vergleich der Ansätze keineswegs unmöglich, ist für ihr besseres Verständnis aber unbedingt zu berücksichtigen.

Ein Wort noch zur Auswahl und Schwerpunktsetzung. Dass viele wichtige Autoren ausgelassen werden mussten, wurde bereits gesagt. Für die Auswahl der zuletzt behandelten Ansätze muss dem aber noch eine weitere Erklärung bzw. Richtigstellung hinzugefügt werden: Das 20. Jahrhundert wird hier mit Weber, Habermas und Rawls vorgestellt – zweifelsohne allesamt zentrale Bezugspunkte der politikwissenschaftlichen und theoretischen Debatten bis heute. Diese Auswahl bedeutet aber, dem Liberalismus (in einem sehr weiten Sinne) und zugleich der kantischen Tradition (in einem ebenso weiten Sinne) ein Gewicht zuzusprechen, das beide Strömungen in dieser Form im 20. Jahrhundert gewiss nicht hatten. Diese „Einseitigkeit" wird vor allem im Kapitel zu Rawls dadurch korrigiert, dass hier ausführlich auf die kommunitaristische Kritik am Liberalismus eingegangen wird. Auf diese Weise kommen konkurrierende Formen und Paradigmen des politischen Denkens zur Sprache, die im 20. Jahrhundert und bis heute durchaus von einigem Gewicht waren und sind, obwohl es ihnen nicht gelungen ist, den „Mainstream" nachhaltig zu prägen. Dazu zählen insbesondere die verschiedenen Formen neo-platonischen und neo-aristotelischen Denkens (neben den bereits genannten Voegelin und Strauss sei hier nur Hannah Arendt erwähnt). Aber auch die sogenannte Postmoderne wäre hier zu nennen, daneben dezidiert antiliberale Ansätze wie der von Carl Schmitt oder anderen Vertretern der sogenannten „Konservativen Revolution" und natürlich das weite Feld marxistischer Theorien, die hier lediglich in Gestalt der kritischen Theorie thematisiert werden. Wenn die hier gewählte Schwerpunktsetzung also ein Stück weit dem modernen Mainstream folgt, dann sei dem Leser zugleich ans Herz gelegt, gerade in diesem Fall den Teil nicht fürs Ganze zu nehmen.

Ein Letztes: Die hier vorgestellten Ansätze sind klassische Reflexionen auf das Politische im besten Sinn des Wortes „klassisch". Sie thematisieren Grundfragen und formulieren fundamentale Prinzipien der Politik, ohne die wir auch heute nicht auskommen. Viele dieser Fragen wie auch der Antworten erscheinen als zeitlos relevant oder gültig. Das entspricht natürlich dem Anspruch eines Philosophen, nach der Wahrheit zu suchen, einer Wahrheit, die bei aller Verschiedenartigkeit der historischen Umstände doch für alle Mitglieder der Spezies Mensch, für alle vernünftigen Wesen einsichtig sein muss. Wenn Menschen über Gerechtigkeit nachdenken, dann verdoppelt sich die Anzahl überzeugender Antworten und Konzepte nicht alle hundert Jahre. Was sich aber durchaus ändert, das sind die gesellschaftlichen, ökonomischen und politischen Bedingungen und Formen, auf die sich politische Theorie und Philosophie beziehen. Es ändert sich damit also zumindest ein Stück weit der Gegenstand, die empirische Wirklichkeit, die es zu erklären, verstehen oder auch normativ zu beurteilen gilt. Für das politische Denken kann es kein „end of history" geben und auch nicht nur die Orientierung an ewigen philosophischen Wahrheiten. Wie grundlegend dabei insbesondere aktuelle Veränderungen tatsächlich sind, ist nicht immer leicht zu sagen. Das zeigt ein kurzer Blick auf die seit längerem nun schon geführte Debatte über die Folgen der sogenannten Globalisierung. Ein Phänomen scheint dabei für die politische Theorie besonders wichtig zu sein: der von einigen diagnostizierte Bedeutungsverlust bzw. -wandel des Nationalstaates. Dieser Staat bildet die zentrale Einheit, auf die sich das moderne politische Denken zumeist bezieht, auf die die Konzepte von Legitimität und Gerechtigkeit oder auch Macht und Interesse zugeschnitten sind. Wenn diese alte Bedeutung des neuzeitlichen Staates nun aber zumindest relativiert zu werden scheint, dann heißt das für die politische Theorie, dass sie über Phänomene wie Regieren bzw. „governance" womöglich anders und mit anderen Konzepten und Begriffen nachdenken muss bzw. die alten Fragen und Konzepte den neuen Gegebenheiten zumindest teilweise anpassen muss. Dazu gibt es in der genannten Debatte sehr unterschiedliche Auffassungen. Eines aber sollte man dabei prinzipiell bedenken, und das hatte schon Max Weber den Sozialwissenschaften ins Stammbuch geschrieben: dass sie es sich in einer einmal etablierten Perspektive nicht zu bequem machen sollten. Zwar sei „eine stete Hetzjagd nach neuen Gesichtspunkten und begrifflichen Konstruktionen" gewiss nicht die Aufgabe der Sozialwissenschaft.

> „Aber irgendwann wechselt die Farbe: die Bedeutung der unreflektiert verwerteten Gesichtspunkte wird unsicher, der Weg verliert sich in der Dämmerung. Das Licht der großen Kulturprobleme ist weiter gezogen.

> Dann rüstet sich auch die Wissenschaft, ihren Standort und ihren Begriffsapparat zu wechseln und aus der Höhe des Gedankens auf den Strom des Geschehens zu blicken." (Weber 1988a: 214)

Für die politische Theorie bringt das eine Reihe von Herausforderungen. Eine besteht aber ganz sicher darin, trotz einer sich laufend ändernden gesellschaftlichen Wirklichkeit nicht gleich alle „klassischen" Konzepte und Autoren vorschnell über Bord zu werfen. In den Naturwissenschaften ist das Alte meist das längst Überholte. Für das politische Denken gilt das nicht. Jedenfalls nicht ohne Weiteres. Man wird sehen müssen, welche der vielen neuen begrifflichen Konstruktionen der aktuellen Debatten in 20, 50 oder 100 Jahren noch Bestand haben werden. Wer sich für Politik und Politikwissenschaft interessiert, wer über Politik nachdenkt, der sollte sowohl die veränderten Problemlagen der Gegenwart, der empirischen Wirklichkeit zur Kenntnis nehmen und das eigene theoretische Instrumentarium gegebenenfalls überdenken als auch die damit aufgeworfenen philosophischen Fragestellungen kritisch und unter Einbezug etablierter Begriffe und Konzepte reflektieren. Er sollte dabei beides zugleich sein: offen für das Neue und neugierig auf das Alte.

Literatur

Aristoteles, *Topik. Organon Band 1*, hrsg. von Hans Günter Zekl, Hamburg 1997.

Ballestrem, Karl Graf / Ottmann, Henning (Hg.), *Politische Philosophie des 20. Jahrhunderts*, München / Wien / Oldenburg 1990.

Beyme, Klaus von, *Die politischen Theorien der Gegenwart. Eine Einführung*, Wiesbaden 2000.

Brocker, Manfred (Hg.), *Geschichte des politischen Denkens. Ein Handbuch*, Frankfurt a.M. 2007.

Brodocz, André / Schaal, Gary (Hg.), *Politische Theorien der Gegenwart*, 2 Bände, Opladen 2001/2002.

Cassirer, Ernst, *Versuch über den Menschen. Einführung in eine Philosophie der Kultur*, Hamburg 1996.

Di Fabio, Udo, Einführung in das Grundgesetz, in: *Grundgesetz*, 40. Auflage, München 2005, S. VII-XIV.

Fenske, Hans u.a., *Geschichte der politischen Ideen*, Frankfurt a.M. 2004.

Hartmann, Jürgen u.a., *Geschichte der politischen Ideen*, Wiesbaden 2002.

Maier, Hans / Denzer, Horst (Hg.), *Klassiker des politischen Denkens*, 2 Bände, München 2001.

Meier, Christian, *Die Entstehung des Politischen bei den Griechen*, Frankfurt a.M. 1983.

Ottmann, Henning, *Geschichte des politischen Denkens*, Band 1: Die Griechen, Teilband 1: Von Homer bis Sokrates, Stuttgart / Weimar 2001.

Pfetsch, Frank, *Theoretiker der Politik. Von Platon bis Habermas*, München 2003.

Reese-Schäfer, Walter, *Politische Theorie heute. Neuere Tendenzen und Entwicklungen*, München/Wien 2000.

Schultze, Rainer-Olaf, Art. „Politik/Politikbegriffe", in: Nohlen, Dieter (Hg.), *Lexikon der Politik, Band 7: Politische Begriffe*, München 1998, S. 488-489.

Stammen, Theo u.a. (Hg.), *Hauptwerke der politischen Theorie*, Stuttgart 1997.

Thiery, Peter, Moderne politikwissenschaftliche Theorie, in: Mols, Manfred / Lauth, Hans-Joachim / Wagner, Christian (Hg.), *Politikwissenschaft: Eine Einführung*, Paderborn 2006, S. 209-247.

Voegelin, Eric, *Ordnung und Geschichte*, 10 Bände, hrsg. von Peter J. Opitz und Dietmar Herz, München 2001ff.

Weber, Max, Die „Objektivität" sozialwissenschaftlicher und sozialpolitischer Erkenntnis, in: ders., *Gesammelte Aufsätze zur Wissenschaftslehre*, Tübingen 1988 (a), S. 146-214.

—, Politik als Beruf, in: ders., *Gesammelte politische Schriften*, Tübingen 1988 (b), 505-560.

Weber-Schäfer, Peter, Art. „Politische Philosophie/Politische Ideengeschichte", in: Nohlen, Dieter (Hg.), *Lexikon der Politik, Band 2: Politikwissenschaftliche Methoden*, München 1994, S. 364-372.

Platon und die philosophische Abkehr vom Mythos

Einleitung: Platons Einheitsdenken unter der Idee des Guten

Platon (428/27-349/48 v.Chr.) gilt vielen als Begründer der politischen Philosophie. Aus vornehmer Athener Familie stammend und damit eigentlich für eine politische Laufbahn prädestiniert, hat dieser bedeutendste Schüler des Sokrates das politische Denken auf eine neue Grundlage gestellt. Dabei sind sokratische und platonische Lehre nur schwer voneinander zu trennen, verfaßt Platon seine meisten Dialoge doch als Gespräche des Sokrates. Tatsächlich begegnet das Neue dieses Denkens zunächst in eben dieser Form des Dialoges: Der Leser wohnt Gesprächen bei, bei denen die Gesprächspartner Gedanken entwickeln, prüfen und wieder verwerfen, bei denen sie gemeinsam nach der Wahrheit suchen. Sie wollen der Sache, um die es sich jeweils handelt, auf den Grund gehen. Sie wollen sich nicht mehr mit dem zufrieden geben, was die Tradition an Glaubenssätzen vorgibt. Platon tritt in Konkurrenz zu den Dichtern und zur althergebrachten Religion. Das philosophische Wissen soll den Mythos ersetzen.

Mit dem Sokratischen Fragen und dem Platonischen Werk beginnt die politische Philosophie als eine Suche nach dem wahren Guten und Gerechten. Diese beiden Begriffe stehen im Zentrum der politischen Theorie Platons. Sie prägen Platons Bild vom besten Staat.

Politik ist eine Kunst (*techne*). Nicht jeder versteht sich einfach so auf sie. Die politische Kunst, die Staatskunst, bedarf eines entsprechenden Wissens. Wissen ist ein auf Kenntnis beruhendes Können. Wer dieses Wissen nicht hat, der wird für die Stadt nichts Gutes erreichen können. Der wahre Staatsmann trägt Sorge um das Wohl der Stadt und ihrer Bürger. Dabei geht es um weit mehr als den Schutz vor äußeren Gefahren oder die Versorgung mit Grundgütern. Die staatsmännische Fürsorge fußt auf einem Wissen um das Gute und wahrhaft Gerechte.

An diesem Wissen fehlt es nach Platons Ansicht im Athen seiner Zeit an allen Ecken und Enden. Er stellt der in seinen Augen korrupten Stadt Athen das Idealbild der gerechten Stadt entgegen: ein Idealbild, das die wahre Gerechtigkeit darstellt. Diese wahre Gerechtigkeit läßt sich nicht der Empirie, der bloßen Erfahrung, entnehmen, und ebenso wenig den tradierten Sitten. Der Philosoph transzendiert all dies Gegebene. Philosophisches Wissen (*episteme*) unterscheidet sich fundamental von bloßem Meinen (*doxa*). Allein jenes Wissen stößt vor zu den *Ideen* des Guten und Gerechten, das heißt: zu ihrem wahren Wesen. Mit der so genannten „Ideenlehre" verknüpft Platon seine Politik aufs Engste mit der Metaphysik. Ja er gründet die Politik auf die Metaphysik – eine Position, die insbesondere in der Neuzeit in höchstem Maße umstritten sein wird.

Nach Platon ermöglicht erst das philosophische *Wissen* um die Idee des Guten die gerechte Ordnung der Stadt wie auch der Seele. Platons Philosophie ist eine Philosophie der Ordnung – nicht im Sinne von „Ruhe und Ordnung", sondern von Ordnung in einem umfassend gedachten Sinn: als einer Ordnung, in der Seele, Stadt und Kosmos eine Einheit bilden. Die Frage nach der Einheit, nach dem „Einen" (*hen*) ist die Hauptfrage der platonischen Philosophie. Dies Eine ist die Idee des Guten, die der letzte Grund alles Seienden ist. Seele und Kosmos gehören in einen Ordnungszusammenhang. Beide werden von der Vernunft regiert. Diese Ordnung kann vom Philosophen erkannt werden. Mehr noch: Er versucht die Einheit und Ordnung des Kosmos in der Seele und in der Stadt nachzubilden. Insofern auch gilt insbesondere der Ansatz Platons einer modernen Einteilung nach als ein „normativ-ontologischer" Ansatz: Die Lehre vom Sein (Ontologie) stellt das Wissen um diese zugleich gesollte Ordnung zur Verfügung.

Das Gute ist für den Menschen erkennbar. Demnach kann und soll sich der Staat an ihm orientieren. Dieses Wissen ist freilich nur wenigen zugänglich. Diese wenigen Wissenden müssen daher – zum

Wohle aller – regieren. Platon ist kein Freund der Demokratie. Weder den Dichtern noch der Masse will er Bildung und Führung der Menschen überlassen. Die Philosophen sollen herrschen. Wird der Staat von ihrer Einsicht geleitet, so herrschen Ordnung und Gerechtigkeit. Umgekehrt herrscht Ungerechtigkeit dort, wo die politische Gemeinschaft nicht mehr von der Einsicht in das Gute geleitet wird, also in Unordnung geraten ist.

Das Gute und das Gerechte bilden eine Einheit – eine Auffassung, die insbesondere in der Moderne zurückgewiesen wird. Dieser Grundzug des platonischen Denkens und die darauf fußende Auffassung vom Staat werden im Folgenden vor allem an der *Politeia* aufgezeigt, Platons berühmtestem Werk. Es kann zugleich als Gründungsdokument der politischen Philosophie betrachtet werden. Gleichwohl sind viele der anderen platonischen Dialoge politisch ebenfalls sehr bedeutsam. Zunächst die Dialoge *Protagoras* und *Gorgias*, die gleichsam zur *Politeia* hinführen und bereits einige ihrer zentralen Themen besprechen: die Lehrbarkeit der Tüchtigkeit (*arete*) und der politischen Kunst (*techne*), die scharfe Abgrenzung des wahren Wissens von bloßer Redekunst (Rhetorik), das Glück des Gerechten und die erzieherischen Aufgaben der Politik – all dies in Auseinandersetzung mit den widerstreitenden Lehren der Sophisten. Von den späteren Dialogen sind der *Politikos* und die *Nomoi* von besonderer Bedeutung. Hier wird der „Radikalismus" der *Politeia* ein Stück weit zurückgenommen: Neben das Idealbild der besten Stadt und ihrer Philosophenherrschaft tritt die zweitbeste Lösung, die Herrschaft der Gesetze.

1. Der Tod des Sokrates und die platonische Frage nach der Gerechtigkeit

Die Geburt der Philosophie vollzieht sich als ein Akt der Emanzipation: der Emanzipation des freien Denkens vom kulturell und religiös Tradierten, vom gesellschaftlich Vorgegebenen. Zugleich wurzelt dieser Akt der Befreiung in eben diesem Herkommen, er ist ohne dieses nicht zu verstehen – und bleibt dem, wovon er sich kritisch distanziert, in vielem verbunden. Sokrates gilt im Allgemeinen als die Symbolfigur dieses intellektuellen Aufbruchs. Und insbesondere für Platon sind Leben und Tod seines Lehrers Ausgangs- und Bezugspunkt des eigenen Denkens. Gleichwohl sind jene Innovationen von weltgeschichtlichem Rang, die sich etwa seit dem 7. vorchristlichen

Jahrhundert in Griechenland ereignen, natürlich nicht das Werk zweier Männer allein. Es ist das Werk einer ganzen Kultur, der „klassischen" griechischen Kultur, die nicht nur die Philosophie erfunden, sondern auch die Politik und insbesondere die Demokratie entdeckt hat.

Sokrates und Platon sind Söhne Athens, jener Stadt, die den „Neubeginn der Weltgeschichte" (vgl. Meier 1993) markiert und als Wiege der europäischen Kultur zu gelten hat. Politisch bedeutsam ist Athen als älteste Demokratie. Begründet durch die Reformen des Kleisthenes (508/07 v.Chr.), währte sie beinahe zweihundert Jahre, von kurzen Unterbrechungen abgesehen. Sie war Schule des Politischen wie auch des politischen Denkens – wenn sie auch für Platon eher als abschreckendes Beispiel dient. Die Entdeckung der Politik wie auch das Nachdenken über Politik verdanken sich und umfassen aber noch weit mehr. Sie werden getragen von Mythos und Religion, von den Epen des Homer und Hesiod, den Tragödien des Aischylos, Sophokles und Euripides. Schon hier findet politisches Denken statt. Hier werden kulturelle und sittliche Wissensvorräte angehäuft, von denen auch ein Platon oder Aristoteles zehren werden. Spezifika dieser Kultur bilden das Streben nach Exzellenz und Höchstleistung, nach Tugend (*arete*) in diesem aristokratischen Sinn, ebenso ein ausgeprägter Sinn für Mitte und Maß, die Warnung vor der Hybris, der Selbstüberschätzung des Menschen, wie auch ein spezifischer Daseinsernst, der noch (oder gerade) heute beeindruckt (vgl. Ottmann 2001a: 7 ff.).

Die Philosophie erwächst aus diesem kulturellen Nährboden. Doch sie tritt zugleich in Konkurrenz zu den Dichtern und schafft damit tatsächlich etwas ganz Neues: „Mythische Welterklärungen lassen sich in allen Kulturen finden. Tiefgründige Weisheitslehren, die oftmals mit philosophischem Denken verwechselt werden, können ebenfalls auch anderswo gefunden werden. Die Griechen aber haben die Philosophie erfunden." (Reese-Schäfer 1998: 14) Auch dies ist noch nicht das Werk des Sokrates oder Platon. Zu den ersten Philosophen zählen vielmehr u.a. jene Denker, von denen sich Platon so scharf abgrenzt: die Sophisten. Diese Meister der Redekunst leisten mit ihrer Art der Aufklärung Grundlegendes für die Emanzipation des Geistes vom Vorgegebenen. Mit ihrem bohrenden Nachfragen erschüttern sie die Autorität des Althergebrachten. Die Sophisten haben bis heute einen sprichwörtlich schlechten Ruf – schlechter, als sie es verdienen. Wenn man mit „Sophismus" im allgemeinen die Kunst des Verdrehens meint, den gewieften Einsatz des Verstandes für egal welche Zwecke, den relativistischen Nachweis einer Position wie auch noch ihres Gegenteils, dann ist dieser schlechte Ruf auch der Kritik zu danken, die Sokrates bzw. Platon an ihnen üben: Diesen allzu freien Geistern gehe es nämlich gerade nicht um das Entscheidende, um das Wahre, Gute und Gerechte.

Wahrheit und Gerechtigkeit hingegen sind jene höchsten Güter, denen Sokrates sich verschrieben hat – und mit ihm Platon, für den sein Lehrer der einzig Gerechte ist. In zweierlei Hinsicht bzw. an zwei Fronten wird Sokrates für Platon zum gleichsam heroischen Kämpfer: im philosophischen Streit mit den Sophisten und in Auseinandersetzung mit Athen und seinen Bürgern, die Sokrates zum Tode verurteilen. Er wird verurteilt, weil er, so die Anklage, die Götter der Stadt nicht anerkenne, weil er überdies andere, neue Götter einführe und weil er die Jugend verderbe. Diese Vorwürfe sind gar nicht unberechtigt. Sokrates emanzipiert das Denken von Herkommen und Brauch. Er beruft sich dabei auf sein „Daimonion", seine innere Stimme bzw. die Stimme seines Gewissens. Vor dieser Instanz haben sich alle Dinge und Ansprüche zu rechtfertigen, werden alle Fragen der Moral erwogen und beantwortet. Die moralische Wahrheit, die sich Sokrates so eröffnet, duldet keine Zugeständnisse und Kompromisse, keine Unterwerfung unter das strategisch Gebotene oder das als falsch Erkannte. „Politik als Wissenschaft von der Polis konnte erst gedacht werden, nachdem der denkende Sohn der Polis eine Distanz gelegt hatte zwischen sich und den väterlichen Stadtstaat." (Kuhn 1986: 24) Gleichwohl begreift sich Sokrates als treuer Bürger seiner Stadt Athen. Ja, seine Suche nach Weisheit sei der beste Dienst, den er der Stadt leisten konnte. Denn ohne sie und das Wissen um das gute Leben müsse der Stadt und ihren Bürgern das existentiell Wichtigste verborgen bleiben. Seine Ankläger konnte er damit nicht überzeugen. Indem die Stadt den einzigen Gerechten hinrichtet, hat sie sich in Platons Augen selbst gerichtet. Der Tod des Sokrates wird für ihn zum Ausgangspunkt seiner philosophischen Fundamentalkritik und seiner Suche nach dem wahren Wesen der Gerechtigkeit.

Damit sind wir auch bereits inmitten des platonischen Hauptwerkes, deren zentrales Thema eben die Gerechtigkeit ist. In der *Politeia* wird die Frage nach der Gerechtigkeit zunächst als Frage nach der Gerechtigkeit des einzelnen gestellt. Diese Frage ist, wie bereits gesagt, aufs Engste verbunden mit der Frage nach dem guten Leben. Bei seiner Darstellung der Gerechtigkeit widmet sich Platon freilich vor allem der Gerechtigkeit im Staate und der Beschaffenheit des besten Staates. Der beste Staat läßt sich nur verwirklichen, wenn diejenigen zu Staatslenkern werden, die das entsprechende Wissen besitzen: die Philosophen. Also ist auch zu klären, was Philosophie bedeutet. Das privilegierte Wissen der Philosophen besteht für Platon insbesondere in der Erkenntnis des Guten. Demnach kann man mit Kutschera (2002 Bd. II: 63f.) drei Themen des Dialogs unterscheiden, die freilich aufeinander verweisen und zusammen gehören: Gerechtigkeit, „Idealstaat" und Idee des Guten. Die *Politeia* umfaßt damit letztlich beinahe alle wichtigen Aspekte des platonischen Gesamtwerkes: Politik und Ethik, Seelen- und Ideenlehre sowie Platons Verständnis von Philosophie.

Was also ist Gerechtigkeit? In der *Politeia* will Platon das Wesen der Gerechtigkeit klären. Dabei geht es nicht nur um gesicherte Erkenntnis und angemessene Definitionen. Es geht auch um das Glück des Gerechten. Der gesamte Dialog will zeigen, dass der Gerechte glücklich wird. Buch I der *Politeia* bietet dazu eine Art Einleitung. Hier wird die Frage nach der Gerechtigkeit aufgeworfen. Zunächst einmal führt uns Platon vor Augen, worin sie seiner Auffassung nach nicht besteht. Er verdeutlicht dies in Auseinandersetzung mit einigen geläufigen Vorstellungen von Gerechtigkeit. Zunächst wird in Gestalt des Kephalos eine traditionelle Gerechtigkeitsauffassung vorgetragen: Gerechtigkeit wird vorgestellt als „Wahrhaftigkeit und Wiedergeben, was man empfangen hat"; man soll den anderen nichts schuldig bleiben. Sodann empfiehlt Polemarchos eine weitere traditionelle Regel: „Freunden zu nützen und Feinden zu schaden", das sei gerecht. Beides sind nur unzureichende Begriffe, ihre Grenzen werden schnell deutlich. Die eigentliche philosophische Herausforderung aber besteht in der von Thrasymachos vorgetragenen sophistischen Position: Gerechtigkeit sei nur ein anderer Name für die Suche nach dem eigenen Nutzen. Gerechtigkeit, das sei letztlich gleichzusetzen mit dem Nutzen des Stärkeren, und das heißt der Regierenden:

> „Jede Regierung aber gibt ihre Gesetze zu ihrem eigenen Vorteil, die Demokratie demokratische, die Tyrannis tyrannische und die anderen ebenso. Durch diese Art der Gesetzgebung bekunden sie eben, daß für die Regierten dasjenige gerecht ist, was ihnen selbst (den Regierenden) vorteilhaft ist, und wer es übertritt, den bestrafen sie als einen Gesetzesverächter und Frevler. Das also ist es, mein Bester, was meiner Behauptung nach in allen Staaten gleichermaßen gerecht ist, der Vorteil der bestehenden Regierung. Diese aber hat die Macht, woraus denn bei richtiger Schlußfolgerung sich ergibt, daß überall das Nämliche gerecht ist: der Vorteil des Stärkeren." (*Politeia*: 338f.)

Für Thrasymachos ist dies schlicht realistisch. Alle anderen, noch so hehren Gerechtigkeitsvorstellungen müssen in seinen Augen die

Wirklichkeit verfehlen. Er versucht auch zu zeigen, dass es dem gerechten Menschen schlechter ergehe als dem Ungerechten: Gemessen an äußeren Gütern und Vorteilen schneide der Gerechte meist äußerst bescheiden ab. Dem Ungerechten hingegen winken all jene Güter, die den Menschen teuer sind. Für diese Einschätzung, so könnte man sagen, spricht auf den ersten Blick beinahe alle Erfahrung. Und es ist diese Einschätzung wie auch die Art ihrer Plausibilisierung, gegen die Platon bzw. Sokrates im Folgenden argumentieren wird. Es geht darum zu zeigen, dass Gerechtigkeit ein intrinsischer Wert ist: Sie ist um ihrer selbst willen erstrebenswert. Aber nicht nur dies: Gerechtigkeit ist auch um ihrer Folgen willen erstrebenswert – und gehört damit in die höchste Kategorie von Gütern. Und schließlich soll gezeigt werden, dass keine Gemeinschaft ohne Gerechtigkeit bestehen kann, ohne Harmonie und ohne Ordnung von Stadt wie auch Seele.

2. Die Ordnung von Seele und Stadt

Die Bücher II bis IV der *Politeia* beschreiben Entstehung und Struktur der gerechten Stadt. Der Dialog kommt damit recht schnell vom Glück des einzelnen zum Glück der Stadt, von der Ordnung der Seele zur Ordnung der Stadt. Was Gerechtigkeit ist, wird am Beispiel der Stadt untersucht. Platon unterstellt dabei eine Analogie von Seele und Stadt: Wir können uns die Stadt als den groß geschriebenen Menschen vorstellen. Denn am Großen, an der Stadt und ihrer Ordnung, lasse sich das Kleingeschriebene, die Ordnung der Seele, besser aufzeigen. Platon tut dies nicht nur aus didaktischen Gründen, sondern weil Seele und Stadt aufeinander verwiesen sind: Ist die Seele geordnet, ist es die Stadt auch. Gerät die Seele in Unordnung, wird auch die Stadt ungeordnet und ungerecht sein. „Der leitende Gedanke ist nicht, daß der Staat so etwas ist wie ein großer Mensch, sondern daß wir von Gerechtigkeit nicht nur beim einzelnen reden, sondern auch beim Staat, bei Gesetzen oder Verteilungen von Gütern und Lasten." (Kutschera 2002 Bd. II: 63)

Platon beginnt mit einer Theorie der Stadtentstehung, die drei Stadien unterscheidet. Das erste Stadium zeigt die gesunde Stadt. Sie entsteht um des Überlebens willen und befriedigt, auf der Basis von Arbeitsteilung, die Grundbedürfnisse des Menschen. Um darüber hinaus reichende Güter, um ein kultiviertes Leben geht es hier noch nicht. Platon nennt sie eine „Schweinepolis". Die Menschen leben hier zufrieden und in gegenseitiger Kooperation. Im zweiten Stadium entartet diese Stadt, es entarten und wachsen die Bedürfnisse der Menschen, ohne Grenze und Maß. Die „aufgeschwemmte" Stadt sucht nach Befriedigung von immer mehr Bedürfnissen, nach Luxus. Dies führt zu einem expansiven Drang, zu Feindschaft und Krieg. Und es führt zu großer Instabilität. Im dritten Stadium kommt es zur Reinigung dieser aufgeschwemmten Stadt, und damit zu Platons gerechter und bester Stadt. Die Maßlosigkeit und Vielfalt der Bedürfnisse wird zurückgestutzt. Die Stadt wird auf ihre drei wesentlichen Funktionen reduziert: auf Ernährung, Verteidigung und Regierung.

Das Modell der besten Stadt lässt sich in Analogie zur Ordnung der Seele beschreiben. Platon unterscheidet drei Teile der menschlichen Seele mit ihren entsprechenden Funktionen: die Begierden ernähren die Seele, der Mut beschützt sie und die Vernunft leitet bzw. regiert sie. Gleiches lässt sich über die Stadt sagen: Auch sie muss ernährt, bewacht und geleitet werden. Für die Erfüllung dieser Aufgaben gibt es drei Stände: Ernährer, Krieger und Herrscher. Die beiden letzt Genannten bilden zusammen die Wächter, die beiden entscheidenden Stände. Die drei Stände zeichnen sich durch drei spezifische Tugenden aus, die dafür notwendig sind: Besonnenheit (*sophrosyne*), Tapferkeit (*andreia*) und Weisheit (*sophia*). Tugend meint dabei eine spezifische Leistung, im Sinne von „Könnerschaft" oder „Tüchtigkeit". Es handelt sich bei den Tugenden also – gegen den heutigen Sprachgebrauch – eher um Eigenschaften der Seele.

Gerechtigkeit (*dikaiosyne*) herrscht in der Stadt, wenn jeder Stand in ihr das Seine tut: das, was er jeweils am besten kann. Dieses „Tun des je Eigenen" nennt man das Prinzip der „Idiopragie". Schlecht und ungerecht hingegen ist es für Platon, Vieles zugleich oder Fremdes zu tun: die „Vieltuerei" und die „Fremdtuerei".

> „Wir nahmen aber doch an und wiederholten es […], daß jeder Einzelne nur *eines* der auf die Stadt bezüglichen Geschäfte treiben dürfe, nämlich das, wozu er von Natur besonders beanlagt sei. […] Und auch, daß das Seinige tun und sich nicht in alles Mögliche einmischen Gerechtigkeit ist, auch das haben wir von vielen anderen gehört und haben es selbst oft gesagt. […] Dies also scheint, wenn es auf eine bestimmte Art geschieht, die Gerechtigkeit zu sein, nämlich daß man das Seinige tut." (*Politeia*: 433a)

Die Gerechtigkeit weist jedem seinen Platz zu. Im Grunde ist dies ein beinahe ökonomisches Prinzip der Arbeitsteilung und Spezialisierung. Politisch führt es zu einer rigiden Trennung von Beherrschten und Herrschern. Die drei Stände sind klar voneinander abgegrenzt: der Nährstand, der Wehrstand und der Herrscherstand. Den Nährstand bilden Bauern und Handwerker; ihre Tugend ist die Besonnenheit; in der gerechten Stadt können sie ihre Begierden mäßigen. Den Wehrstand bilden die Krieger, also Soldaten und Polizei; sie verfügen über Tapferkeit und verteidigen die Stadt. Für den Stand der Herrscher, der Archonten, sieht Platon die Philosophen vor: Sie haben Weisheit, die ihnen die Einsicht in die richtige Politik gewährt.

Besonnenheit, Tapferkeit, Weisheit und Gerechtigkeit sind die die beste Stadt garantierenden Tugenden. Sie werden die „Kardinaltugenden" genannt. Die Gerechtigkeit ist dabei ein umfassendes Prinzip, das die Ordnung der Stadt verbürgt. Einen ähnlichen Status hat auch die Besonnenheit. Als Maß, Mäßigung und Selbstbescheidung ist sie nicht nur die spezifische Tugend des Nährstandes, sondern zugleich allgemeine Tugend: das allgemeine Maß der Stadt. Durch sie herrschen Harmonie, Gleichklang und Eintracht, getragen vom Konsens darüber, dass die Besten herrschen sollen (*Politeia*: 432a-b). Insbesondere für den Nährstand heißt das vor allem, dass er sich in freiwilligem Gehorsam der Leitung der weisen Herrscher unterwirft. Jeder weiß, dass diese Ordnung gut für alle ist, keineswegs nur für die Philosophenkönige. Die beste Stadt hat eine strikt hierarchische, eine ständische Ordnung. Ihre Struktur gleicht einer Pyramide. „Ideal ist jener Staat, in dem ideale Regenten unbeschränkte Macht haben, und das sind Leute, die solide Kenntnisse davon haben, was für den einzelnen und das Gemeinwesen gut ist, also Philosophen" (Kutschera 2002 Bd. II: 118). Hier braucht man auch keine Gewaltenteilung, keine gewaltenhemmenden Verfassungselemente, keine Mischverfassung oder ähnliches. Wozu auch, wenn diejenigen herrschen, die das Richtige tun, weil sie die politische Kunst beherrschen!

Platon ist ein Gegner der Demokratie. Er propagiert aber mitnichten eine willkürliche Herrschaft von Despoten, die nur an ihre eigene Macht denken und diese ebenso willkürlich an ihresgleichen weitergeben. Die Zuteilung zu den Ständen, insbesondere zum Herrscherstand, erfolgt ausschließlich nach dem Kriterium der Leistung, des Verdienstes: Die beste Stadt ist eine radikale Meritokratie, eine Aristokratie der Leistung, nicht der Geburt oder Herkunft. Je nach ihrer unterschiedlichen Tüchtigkeit sollen die Menschen an ihrem Platze das Ihre tun und so zum Wohl der Stadt beitragen. Zugleich unterstreicht diese Art „politischer" Arbeitsteilung natürlich auch, dass die Menschen ungleich sind, ungleich begabt und befähigt. Das Ordnungsprinzip der Stadt ist nicht Gleichheit, sondern natürlich begründete Ungleichheit. Platon verdeutlicht dies am so genannten „Metallmythos" – eine „edle Lüge", die der Verdeutlichung und Überzeugung von Laien dienen soll. Den Menschen wurden, so erzählt dieser Mythos, von Geburt an unterschiedliche Metalle in ihre Seele beigemischt: den einen Gold, den anderen Silber und den restlichen Eisen. Für die gerechte Ordnung der Stadt ist es entscheidend zu wissen, zu welcher Gruppe die einzelnen gehören – damit sie den ihnen gemäßen Platz einnehmen können. Es geht hier nicht um die Zementierung einer Kastenordnung. Platon geht nicht von geschlossenen Ständen aus. Auch läßt sich die Zugehörigkeit zu einem Stand nicht vererben. Es kommt auf die Leistung des einzelnen an, darauf, welches Metall ihm beigemischt wurde.

Wenn Leistung das einzige Prinzip bei der Vergabe von Ämtern ist, dann ist es nur konsequent, dass Platon der Erziehung (*paideia*) größten Wert beimisst. Das gilt im Übrigen ebenso für Aristoteles wie auch für das klassische Denken im Allgemeinen. Entsprechend widmet sich Platon relativ ausführlich der Erziehung, ihren gymnastischen und musischen Bestandteilen, der Formung von Leib und Seele. Politik kommt ohne Menschenbildung, ohne Pädagogik, nicht aus. Ja, die Stadt wird auf Erziehung gegründet. Erziehung gehört daher auch zu den vornehmsten und wichtigsten Aufgaben der Politik. Sie ist entscheidend für die Ordnung der Stadt, für die Zuweisung zu den einzelnen Ständen – insbesondere für die Auswahl der Archonten aus dem Wächterstand. Obwohl Platon sich dazu nicht zweifelsfrei äußert, ist davon auszugehen, dass nicht nur die Wächter, sondern alle Bürger erzogen werden – um eben wirklich die Besten herauszufiltern.

Dieses Modell mag manchen modernen Leser befremden, widerspricht es doch einigen heute verbreiteten Auffassungen, insbesondere der der demokratischen Gleichheit aller Bürger. Doch auch nach damaligen Maßstäben läuft dieses Modell dem common sense zuwider. Platon wendet sich in drei „Paradoxien“ gegen die herrschende Meinung: durch drei gegen (*para*) die Meinungen (*doxai*) gerichtete Lehren. Neben der Herrschaft von Philosophenkönigen, auf die wir gleich näher eingehen, ist dies zum einen die Lehre von der Gleichheit von Mann und Frau. Frauen haben die gleichen Rechte und Pflichten wie Männer. Sie haben nicht nur Kriegsdienst zu leisten; sie können sogar Philosophenköniginnen werden! Zum anderen vertritt Platon in der *Politeia* seinen berühmten und viel kritisierten „Kommunismus“: die Frauen-, Kinder- und Besitzgemeinschaft. Diese ist nur für den Wächterstand vorgesehen. Die Wächter teilen alles, und nichts ist mehr ihr Eigen. Sie sollen nicht einmal mehr wissen, welches ihre eigenen Kinder sind. Vielmehr sollen sich die Wächter untereinander wie Glieder einer großen Familie fühlen. Es gibt hier keinerlei Privatleben mehr. All das wird von der Gemeinschaft aufgesogen. Hier nimmt Platons Einheitsdenken die radikalste Form an. Unter anderem hier wird deutlich, warum die *Politeia* so viel Kritik auf sich gezogen hat: In dieser „Diktatur der Besserwissenden", so Kutschera, gibt es keine Menschenrechte, der einzelne wird ganz in den Dienst des Staates gestellt. „Der Staat ist nicht für die Bürger da, sondern die Bürger für den Staat." (Kutschera 2002 Bd. II: 83) Manche Kritiker, wie Karl Popper, wollten hierin sogar eine Form von Totalitarismus erkannt haben. Man kann mit Helmut Kuhn aber auch einschränken: Gewiss, das Wohl des Ganzen wiegt schwerer als das des einzelnen Menschen. Aber: „Der Einzelne, Teil der Polis als des ihn umfassenden Ganzen, in ihr verwurzelt und ihr durch unverbrüchliche Loyalität verbunden, bewahrt dennoch seine Selbständigkeit, ja seine Überlegenheit ihr gegenüber. Er, ein bloßer Teil unter Teilen, wirkt mit am Aufbau des Ganzen. Die Polis ist für ihn nicht nur wie Vater und Mutter – sie ist auch sein Werk." (Kuhn 1986: 23)

Als dritte „Paradoxie" führt Platon die berühmte Philosophenherrschaft ein. Damit erst kommen wir zum Kern seiner politischen Philosophie, ja seiner gesamten Philosophie. Denn was die Philosophen auszeichnet, das ist eben jenes Wissen, das in der Schau der Ideen gipfelt – jener Ideen, die im Zentrum der platonischen Metaphysik stehen. In den Büchern V bis VII der *Politeia* kommt Platon zu den Ideen über die Frage nach der Erziehung des Philosophen. Was zeichnet den Philosophen aus, welches ist sein Wissen, das ihn dieserart über die anderen Stände erhebt?

3. Die Philosophenherrschaft und der Aufstieg zur Idee des Guten

In der besten Stadt kommt es nicht auf Institutionen, sondern auf Personen an. Die zentrale Frage ist, wer in der Stadt regiert. Es müssen die Besten sein, diejenigen, die Gold in ihrer Seele haben, die durch die richtige Erziehung gebildet wurden, die Wissenden. Auf den Typus Mensch kommt es an, nicht auf faire und transparente Wahlprozeduren wie in der modernen Demokratie. Die Philosophen sollen herrschen. Der wohl bekannteste Satz der *Politeia* lautet dementsprechend:

> „Wenn nicht entweder die Philosophen Könige werden in den Staaten, oder die jetzt so genannten Könige und Gewalthaber sich aufrichtig und gründlich mit Philosophie befassen, und dies beides in eins zusammen-

> fällt, politische Macht und Philosophie, [...] gibt es, mein lieber Glaukon, kein Ende des Unheils für die Staaten, ja, wenn ich recht sehe, auch nicht für das Menschengeschlecht überhaupt [...]." (*Politeia*: 473d)

Die Philosophen sind Menschen, die die Weisheit lieben. Philosophie ist Liebe (*philia*) zur Weisheit (*sophia*). Philosophen haben wahres und eigentliches Wissen, nicht bloß Meinungen wie die Masse der Menschen. Platon verdeutlicht die Art dieses Wissens anhand dreier Gleichnisse: Sonnengleichnis, Liniengleichnis und das berühmte Höhlengleichnis. Philosophie ist für Platon ein Aufsteigen (*anodos*) von der sinnlichen Welt zur Welt der Ideen: von der bloßen und trügerischen sinnlichen Erfahrung zur philosophischen Erkenntnis, der Schau der Ideen. Im Höhlengleichnis erzählt Platon eine Geschichte, die diesen Aufstieg und zugleich die Stufung und Rangordnung der Erkenntnisarten veranschaulichen soll. Gefangene sitzen in einer Höhle. Sie sind so gefesselt, dass sie nur auf die Höhlenwand vor sich sehen können. Hinter ihnen brennt ein Feuer. Auf der Wand vor sich sehen sie Schatten von Gegenständen, die hinter ihnen vorbei getragen werden. Sie sehen nicht die Dinge selbst, sondern nur deren Schatten. Dem entspricht die Erkenntnisstufe der bloßen „Vermutung". Die zweite Stufe des „Glaubens" wird erreicht, als einer der Gefangenen von seinen Fesseln befreit wird. Sein Blick wird gewendet. Zunächst blendet ihn das Feuer. Dann aber sieht er die Dinge selbst, nicht mehr nur ihre Schatten. Der entscheidende Schritt in Richtung wahrer Erkenntnis folgt aber erst mit dem Aufstieg aus der Höhle. Oben tritt er ins Freie – und wird wieder geblendet. Zunächst sieht er ebenfalls nur Abbilder der Wirklichkeit, Spiegelbilder in Seen oder Pfützen. Dem entspricht die Erkenntnisstufe des Verstandes. Die höchste Stufe der Erkenntnis, die Vernunfteinsicht, erlangt er, indem er aufblickt: Nun sieht er die Sonne – und sie erst steht für die Idee des Guten. Nun erfährt er das Glück der Erkenntnis: Er weiß, dass es ein Unbedingtes gibt, dem alles seine Erkennbarkeit und sein Gut-Sein verdankt.

Die Sonne bewirkt mit ihrem Licht, dass wir überhaupt Dinge sehen, *erkennen* können. Und sie bewirkt, dass überhaupt etwas *ist* auf der Erde. Sie ist also Erkenntnis- und Seinsgrund im Bereich des Sichtbaren. Die Idee des Guten ist nun in Analogie zur Sonne zu verstehen: Die Idee des Guten ist Erkenntnis- und Seinsgrund im Bereich des Denkbaren. Sie ist der alles begründende und selbst nicht mehr begründbare Grund. Die Idee des Guten ist das letzte Ziel alles Strebens. Von ihm hat alles andere seinen Wert. Das Gute gehört selbst nicht zum Seienden, sondern überragt es an Kraft und Würde. Das Gute ist „jenseits des Seins". Und wohl auch deshalb läßt Platon – nicht nur an dieser Stelle – offen, wie genau man es sich vorzustellen habe.

Die Unterscheidung von Denkbarem und Sichtbarem wird auch im Liniengleichnis verdeutlicht, das in Ergänzung des Höhlengleichnisses die Stufenfolge der Wissensformen mit ihren je unterschiedlichen Gegenstandsarten erläutert. Es gibt vier Stufen des Wissens, jeweils zwei in der Welt des Sichtbaren (das ist die Höhle) und der Welt des Denkbaren, der „intelligiblen" Welt (außerhalb der Höhle). In der Welt des Sichtbaren ist die unterste Stufe des Wissens die bildliche Erkenntnis oder Vermutung (*eikasia*): Sie nimmt die Schatten und Spiegelungen, nicht einmal die Gegenstände selbst wahr. Der Glaube (*pistis*), die zweite Form des Wissens im Bereich des Sichtbaren, nimmt dagegen die Gegenstände selbst wahr: Tiere, Pflanzen, Artefakte. Im Bereich des Denkbaren hat der Verstand (*dianoia*) Figuren und Zahlen (*mathematika*) zum Gegenstand. Erst die Vernunft (*noesis*) erkennt die Ideen (*eide*) selbst.

4. Die Ideenlehre und das harte Los der Besten

Was sind „Ideen"? Platon geht darauf in vielen seiner Dialoge ein. Die „Ideenlehre" steht im Zentrum der platonischen Philosophie, obgleich es sie als systematische „Lehre" so nicht gibt. Es geht hier um die Frage nach dem Wesen der Dinge. Ideen sind Wesenheiten (*essentiae*). Ideen stellen für Platon die wahre Wirklichkeit dar. Alles, was wir an Handlungen oder Gegenständen wahrnehmen können, das sind bloße Abbilder dieser Ideen. In der Sinnenwelt stoßen wir mittels Erfahrung immer nur auf solche Abbilder. Die Sinnenwelt ist zeitlich, veränderlich und vielgestaltig. In der ewigen, unveränderlichen und eingestaltigen Ideenwelt dagegen stoßen wir auf Allgemeinheiten, nicht auf bloße Einzeldinge. Wenn wir wissen wollen, was zum Beispiel Gerechtigkeit ist, dann können wir nicht dabei stehen bleiben, einzelne Handlungen zu beobachten. Platon fragt danach, was die Gerechtigkeit selbst ist, was das Wesen der Gerechtigkeit ausmacht, über konkrete Handlungen oder empirische Beispiele hinaus. Denn eine solche Idee von Gerechtigkeit scheinen wir ja jedes Mal als Maßstab vor Augen zu haben, wenn wir irgendetwas Konkretes gerecht nennen. Wie könnten wir es denn sonst gerecht nennen? Nur weil wir immer schon wissen, was gerecht oder tapfer ist, können wir einzelne Handlungen auch als gerecht oder tapfer bezeichnen. Das heißt: Ideen sind „apriorisch“, vor aller Erfahrung. Ideen sind zugleich Bedingungen der Möglichkeit der Erkenntnis überhaupt – wie die Sonne im Bereich des Sichtbaren. Philosophie bedeutet, über die Wahrnehmung einzelner Begebenheiten und über das bloße Meinen (*doxa*) hinauszugelangen und zu den Ideen vorzustoßen. Platon geht es um *die* Gerechtigkeit, *das* Gute, *das* Schöne.

Das Wort „Idee“ leitet sich vom Wortstamm *eidenai* ab, was so viel heißt wie „sehen“. Eine Idee ist eine sichtbare Gestalt – freilich nicht für die gewöhnlichen Augen, sondern für das geistige Auge. Eine Idee ist etwas, was man nicht mit bloßem Auge sieht, sondern was man denken muß: Sie ist intelligibel. Ideen sind ewig und unwandelbar. Sie gehören nicht der physischen Welt an, sondern der „noetischen“, der nur dem Denken zugänglichen Welt. Wir können die Gerechtigkeit nicht sehen. Aber wir können wissen, was Gerechtigkeit ist – was sie *wirklich* ist. Denn ganz gegen die heute geläufige Sprachverwendung vertritt Platon hier einen strikten „Realismus“: Ideen sind nicht bloße Konstrukte unseres Denkens, sondern „objektive Charaktere der Dinge“ (Kutschera 2002 Bd. III: 179), Qualitäten, die die Dinge ganz unabhängig von unserem Denken haben. Ideen sind in ihrer Existenz und Beschaffenheit unabhängig von menschlichem Denken. Das platonische Fragen zielt auf die Sache, nicht auf bloße Definitionen oder Wortbedeutungen. „Eine Idee ist der gemeinsame Charakter von Dingen, die mit demselben Wort bezeichnet werden. Gerechtigkeit ist der gemeinsame Charakter jener Handlungen, die wir ‚gerecht‘ nennen.“ (ebd.: 178) Ideen werden von Menschen nicht hervorgebracht, sondern nur bewußt gemacht – „erinnert“, wie Platon sagt. Der Weg aus der Höhle ist einer der Erinnerung (*anamnesis*): Unsere unsterbliche Seele hat die Ideen bereits vor dem Eintritt in dieses Leben geschaut. Und wer in diesem Leben etwas erkennt, der „erinnert“ sich seines früheren Wissens.

Dieser Dualismus von Sichtbarem und Denkbarem wird oft „Zwei-Welten-Lehre“ genannt. Man muss dabei aber bedenken, dass sie für Platon nicht völlig unverbunden nebeneinander stehen: „Platons philosophische Intention war wohl eine andere. Sie galt einer Einheitslehre, in der die Idee des Guten der letzte Grund, der Grund aller Gründe ist. Ideenwelt und Sinnenwelt verhalten sich wie Original und Kopie, wie Muster (*paradeigma*) und Nachbildung, wie Urbild und Abbild. Alles, was ist, ist demnach durch die Einheit der Idee, die Nähe zu ihr oder die Entfernung von ihr, bestimmt.“ (Ottmann 2001b: 7) Platons Ziel ist eine Metaphysik der Einheit, in der Seele, Stadt und Kosmos eine einheitliche Ordnung bilden. Die logischen Probleme, die damit aufgeworfen sind, müssen uns hier nicht interessieren. Entscheidend ist, dass Platon seine politischen Ordnungsvorstellungen aus dem Wissen von Ideen gewinnt, dass er die weltliche Ordnung der Stadt an einem Muster und Urbild von Gerechtigkeit misst, das jenseits des bloß Erfahrbaren liegt. Ohne dies Wissen von den Ideen lassen wir uns leicht täuschen, halten Schatten für Realität. Das wahre Wissen hingegen, das Erkennen des Guten durch die Herrschenden ist „die Lebensquelle des Staates" (Kuhn 1986: 33). Für moderne Ohren klingt das alles recht abgehoben. Wir dürfen uns diese Philosophenherrscher aber nicht als weltfremde Ideen-Schauer vorstellen, die nichts vom wirklichen Leben verstehen. „Für Platon sind Philosophen keine diplomierten Fachidioten, sondern Personen, die über jenes Wissen verfügen, das für politische Grundsatzentscheidungen erforderlich ist." (Kutschera 2002 Bd. III: 229). Sie haben, so Kutschera, ein politisch äußerst wichtiges „Wertwissen, das Wissen um den wahren Wert der Dinge und die richtige Rangfolge der Güter". Genau dieses Wissen braucht man, wenn für die Stadt wichtige politische Entscheidungen zu treffen sind. Auch charakterlich sind diese Besten vortrefflich: Sie sind nicht an Ruhm, Macht oder Reichtum interessiert. Sie missbrauchen ihr Amt und ihre Macht nicht, um persönliche Ziele zu verfolgen. Ihr höchster Zweck ist ja das Gute.

Doch zurück zum Höhlengleichnis, das mit der Unterscheidung von Erkenntnisformen noch nicht zu Ende ist. Zunächst ist zu ergänzen, dass mit der beschriebenen Wendung von den bloßen Schatten der sinnlichen Welt zur intelligiblen Welt und zur Welt der Ideen nicht bloß ein Akt der Erkenntnis gemeint ist. Für Platon wendet sich mit dieser Kehre (*periagoge*) vielmehr der ganze Mensch: „Der Aufstieg verschafft kein bloß theoretisches Wissen. Vielmehr ist er ein Prozeß der Bildung, die den Menschen als Menschen formt." (Ottmann 2001b: 54) Der einzelne Mensch hat sich in diesem Akt glücklich dem Dunkel der Höhle entzogen. Platon aber will dem Philosophen nicht erlauben, bei diesem Glück, bei seiner rein philosophischen Schau des Ewigen zu verharren. Er soll zurück in die Höhle. Und erst damit wird die Geschichte wieder wirklich politisch. Der wissend Gewordene soll zurück in die Höhle, dorthin, wo die Sophisten und die Demagogen, die „Schattenkünstler und Gaukler" herrschen und dem Volk etwas vormachen. Er soll zurück in die Stadt, und er soll dort seinen unverzichtbaren Beitrag zum Ganzen leisten. Platon betont,

> „daß unser Staatsgesetz nicht darauf abzielt, daß es *einer* Klasse im Staate besonders wohl ergehe, sondern dies Wohlergehen soll dem Staat als Ganzem zukommen; darauf wirkt das Gesetz hin, indem es die Bürger durch Überredung und Zwang zur Einheit zusammenfaßt und sie dazu bringt einander wechselseitig zugute kommen zu lassen, was ein jeder förderliches für das Gemeinwesen zu leisten vermag, und indem es selbst dem Staate Männer von entsprechender Sinnesart schafft, nicht etwa um jeden ganz nach Belieben seiner besonderen Neigung folgen zu lassen, sondern um selbst die Verwendung derselben für den engen Zusammenschluß des ganzen in die Hand zu nehmen." (*Polieia*: 519f.)

Der Philosoph hat die Pflicht, „für die anderen zu sorgen und über sie zu wachen" (*Polieia*: 520). Was erlebt er dort unten, in der Höhle? Man glaubt ihm und seinen Erzählungen nicht. Er wird verlacht. Ja, es droht ihm der Tod – so wie es Sokrates ergangen ist, dem einzig Gerechten seiner Vaterstadt. Mit diesem Problem ist die Frage nach der Macht der Erkenntnis aufgeworfen, nach den Schwierigkeiten, Gerechtigkeit und Wahrheit gegen Vorurteile und Verblendung durchzusetzen. Für Platon zeigt sich hier insbesondere das Problem der Demokratie: Die Masse ist blöd und verführbar. Sie wird nach Platons aristokratisch-elitärer Auffassung auch niemals Einsicht erlangen. Wie lässt sich dann aber die beste Stadt errichten, wie lassen sich Besonnenheit und Konsens über die Herrschaft der Besten erreichen? Platon vertritt hier einen ausgeprägten Paternalismus, der es rechtfertigt, zum Zwecke des wahrhaft und für alle Besten auf Mythen und „edle Lügen" zurückzugreifen. Die Stadt besteht eben nicht nur aus Philosophen, sondern auch aus Handwerkern, bei denen man mit philosophischen Vorlesungen über Ideen nicht sehr weit kommt. Es gibt eine natürliche Ungleichheit der Menschen. Platon hat sie im Metallmythos beschrieben. Diese Ungleichheit muss auch bei allen volkspädagogischen Bemühungen in Rechnung gestellt werden: Auf dass auch die intellektuell Beschränkten ihren Platz einnehmen und das Ihre tun, und zwar zu ihrem eigenen Wohle! Wenn Platon sich die beste Stadt nur als Aristokratie oder Monarchie vorstellen kann, dann heißt das eben auch, dass hier wirklich die wahrhaft Besten zum Wohle aller herrschen. Wer nun als nüchterner „Realist" darauf hinweist, dass die Herrschaft weniger doch fast immer auf die despotische Selbstbereicherung herrschender Eliten oder Parteibonzen hinauslaufe, der steht damit keineswegs in Widerspruch zu Platon. Ein solcher Hinweis vermag auch nicht das „Paradigma" der denkbar besten Stadt zu widerlegen. „Realistisch" in diesem heute üblichen Sinn ist auch Platon – gerade deswegen schreibt er ja die *Politeia*!

5. Der Zerfall der besten Stadt und die Staatsformenlehre

Der Entwurf der besten Stadt ist der Entwurf der besten *denkbaren* Stadt. Man muss erst einmal wissen, worin diese besteht, bevor man auf ihre Realisierungschancen schielt. Die tatsächliche Errichtung einer solchen Stadt wäre außerordentlich schwierig – das weiß Platon selbst. Für absolut unmöglich hält er ein solches Unterfangen aber auch nicht. Insofern ist die *Politeia* keine Utopie im geläufigen Sinne einer unerreichbaren, völlig wirklichkeitsfernen Einbildung. Sie gibt ein Muster (*paradeigma*), einen Maßstab, der zum einen auch dann seinen Wert behält, wenn er nicht eins zu eins zu verwirklichen ist, der es zum anderen aber auch erlaubt, das Ungerechte bestehender Verfassungen zu erkennen und zu benennen. Eben dies untersucht Platon in den Büchern VIII und IX. Sie enthalten seine Lehre von den Verfallsformen der besten Stadt, den ungerechten Verfassungen, die sich immer weiter von der gerechten Stadt entfernen, von der Einheit im Guten und Gerechten: von der Timokratie über die Oligarchie und die Demokratie bis hin zum absoluten Gegenbild der besten Stadt, der Tyrannis.

Platon geht es hier nicht um eine umfassende, empirisch fundierte Systematisierung von Verfassungsformen. Auch beansprucht er nicht, eine historische Gesetzmäßigkeit des Verfassungswandels aufgespürt zu haben. Es geht ihm darum, die Ungerechtigkeit zu verdeutlichen. Zu diesem Zweck spitzt er seine Darstellung der Verfallsformen der besten Stadt in einigen Punkten erheblich zu. Mit seinem negativen, ja vernichtenden Urteil hält er sich nicht zurück. Erst Aristoteles wird in seiner *Politik* eine empirisch sorgfältigere Katalogisierung der verschiedensten Verfassungen vornehmen, bei der die „normative" Perspektive die wissenschaftliche Darstellung nicht in dieser Weise dominiert.

Auch hier wird erneut deutlich, dass es in dieser Regierungslehre nicht um Institutionen, sondern um Personen, um die Herrschenden und ihren Charakter geht. Ordnung der Seele und Ordnung der Stadt hängen zusammen. Das gilt für die gerechte und beste Stadt. Und es gilt ebenso für ihre Verfallsformen. Platon erklärt das Auftreten einer neuen Staatsform damit, dass die alte herrschende Klasse verkommt und es Zwist unter den Herrschenden gibt. „Die Frucht der richtigen Herrschaft war Einheit, Einheit aber bedeutet auf dem Niveau menschlicher Gesellschaft soviel wie Einstimmigkeit." (Kuhn 1986: 36) Unmittelbare Ursache für den Niedergang eines Staates ist menschliches Versagen. Platons Lehre vom Verfall der besten Stadt ist eine Theorie der Dekadenz, des seelischen, des sittlichen Niedergangs. Sie ist wesentlich eine „Psychopathologie".

Die Verfallsformen lassen sich denn auch danach unterscheiden, welcher Seelenteil in ihnen der beherrschende wird, wenn es nicht mehr die Vernunft ist. Die Timokratie ist die Herrschaft der Ehre (*time*). Sie ist faktisch eine Militärherrschaft. Nicht die Philosophenkönige herrschen, sondern der Wehrstand. Herrschender Seelenteil ist hier der Mut, nicht mehr die Vernunft. Dennoch beschreibt Platon sie und ihr Musterbeispiel, die spartanische Militärherrschaft, noch mit einiger Sympathie. Das gilt nicht mehr für die Oligarchie, die Herrschaft der Wenigen (*oligoi*). Sie ist die Herrschaft der Reichen. Und mit ihnen herrscht nur mehr die Begierde, nicht mehr Vernunft oder Mut. Die Demokratie, die Herrschaft des Volkes (*demos*), bedeutet für Platon letztlich die vollständige Abwesenheit von Ordnung. Das beginnt schon damit, dass hier das Los und also der Zufall über Vergabe staatlicher Ämter entscheiden. Aber auch weit über solche politischen Verfahrensfragen hinaus bedeutet Demokratie für Platon allgemeine Herrschafts- und vor allem Zügellosigkeit. Jeder macht was er will – also nicht mehr „das Seine". Das Prinzip der Idiopragie, und damit die Gerechtigkeit, haben sich in ihr Gegenteil verkehrt. Alle Begierden, alle Wünsche zählen gleich. Es gibt kein Maß, keine Orientierung an Höherem, keine Autorität mehr. Es herrscht ein Durcheinander der Beliebigkeit – für den Philosophen der Ordnung und der Einheit ein Graus! Ja, in der Demokratie werden die Tugenden sogar verächtlich gemacht: So gilt Mäßigung nun als „Armseligkeit". Heute würde man sagen: Es herrscht ein ungebremster moralischer „Relativismus". Auf diese Weise karikiert Platon die Freiheit, das Grundprinzip der Demokratie. Gerade hier wird deutlich, dass Platon die Demokratie nicht nur gering achtet. Er will ihr auch gar nicht gerecht werden. Mit der Demokratie Athens seiner Zeit hat dieses Zerrbild kaum etwas zu tun. Aus dem Chaos der Demokratie schließlich entsteht die Tyrannis, die absolut ungerechte Herrschaft. Sie ist die Alleinherrschaft eines Wahnsinnigen, der von unersättlichen Begierden getrieben wird. Er ist ein Sklave seiner eigenen Begierden, und versklavt werden von ihm auch alle anderen. Die Tyrannis ist ein durch und durch verbrecherisches Regime. Der Tyrann versucht sich mit allen Mitteln an der Macht zu halten. Diejenigen, die er nicht als seine Feinde vernichtet, verbiegt er seelisch. Furcht, Armut und Krieg prägen die tyrannisch regierte Stadt.

Platon konzentriert sich in der Darstellung dieser Staatsformen auf die Entstehung und die Eigenheiten der jeweils dominierenden Menschen- bzw. Charaktertypen. Er führt die menschlichen Schwächen und Verführbarkeiten vor Augen. Zu diesem Zweck erzählt er Familiengeschichten, die das Verhältnis von Vater und Sohn beschreiben: die Konflikte der Generationen und das, was man heute Wertewandel nennt. So können wir beispielsweise nachvollziehen, wie sich ein Sohn von den väterlichen timokratischen Leitwerten der Ehre und des Mutes abwendet und seine Lebensweise ganz auf Reichtum und Besitz ausrichtet: An die Stelle der timokratischen Seele ist die oligarchische Seele getreten. Ein Staat, der von diesem Menschentypus geprägt ist, hat sich vom Guten und Gerechten bereits völlig entfernt – und damit auch vom Glück des Gerechten.

Mit diesen Familiengeschichten und Charakterstudien wird die psychologische Dimension des Politischen recht gut greifbar – so weit Platon damit freilich von heute üblichen Regierungslehren entfernt ist. Gleichwohl ist damit eine nicht zu vernachlässigende Dimension auch der politischen Systemlehre getroffen. Für Aristoteles wird sie eine ähnlich große Bedeutung haben, ebenso für Machiavelli, Rousseau oder Tocqueville. Heute würde man diese Aspekte wohl der politischen Kulturforschung zurechnen, die ebenfalls bestätigt, dass jedes politische System auf ihm adäquate kulturelle Kontexte und bestimmte charakterliche Prägungen seiner Bürger angewiesen ist. Zu den gleichen Ergebnissen kommt die heutige empirische Demokratieforschung, wenn sie das Gelingen oder Scheitern von Demokratisierungsprozessen nicht zuletzt auf die genannten Faktoren zurückführen kann. Und selbst John Rawls legt einen bestimmten Typus Mensch zugrunde, ein kulturell imprägniertes Ethos, ohne das das liberale Konzept von „justice as fairness“ nicht funktionieren kann. Ohne Psychologie läßt sich das Politische nicht angemessen verstehen. Nur spricht dabei heute niemand mehr von „Seele“ (*psyche*).

6. Das Glück des Gerechten und die jenseitige Gerechtigkeit

Am Ende der *Politeia* kommt Platon zu seinem eigentlichen Hauptthema und Anliegen zurück: zur Gerechtigkeit und zum Glück des Gerechten – etwas, wofür sich weder die moderne politische Systemlehre noch die moderne politische Theorie interessiert. Glück und Gerechtigkeit bilden für Platon keinen Gegensatz. Sie gehören zusammen. Nur der Gerechte ist wahrhaft glücklich. In Buch IX will

Platon zeigen, dass und warum der Tyrann trotz seiner scheinbaren Machtfülle unglücklich ist und warum der Philosophenkönig hingegen die höchste Form von Glück erfährt. Tyrann und Philosophenkönig bilden bei der Frage nach dem Glück das Paar äußerster Gegensätze.

Der exemplarisch Gerechte ist der Philosophenkönig. Er erfährt die höchste Form von Glück. Die unvergängliche Seele hat durch ihre Vernunft am Göttlichen teil. Sie ist dem Bereich des Unvergänglichen hingeordnet, anders als der vergängliche Körper, das Gefängnis der Seele. Das Glück der Erkenntnis erwächst aus der Partizipation am Ewigen, Unvergänglichen. Dieses Glück steht über allen nur irdischen, vergänglichen Genüssen und Gütern. Nur die Freude am Ewigen ist echte Freude, während Besitz und selbst Ehre nur Schattenbilder von Freuden sind. In ähnlicher Weise wird auch Aristoteles die *vita contemplativa* anpreisen, das betrachtende Leben – dann freilich ohne den politischen Auftrag an den Philosophen, die Stadt zu regieren. Bei Aristoteles ist der Weise nicht mehr der allzuständige Fachmann, nicht mehr der Experte auch des Politischen. Die aristotelische Stadt braucht kluge und tugendhafte Männer, nicht Philosophen, die sich mit dem Ewigen beschäftigen. Und neben das (auch für Aristoteles) tatsächlich höchste, aber gleichsam privatisierte Glück des Philosophen wird das Glück der *vita activa*, des politischen Lebens und Miteinanders der Bürger als ein ganz eigenes treten.

Doch zurück zum platonischen Glück, dem sich die *Politeia* in Buch X zuwendet, einer Art Anhang oder Epilog. Verglichen mit dem übrigen Werk ist dies ein argumentativ nicht sonderlich überzeugender Abschluss. Ein weiterer Mythos soll helfen, das Glück des Gerechten noch einmal zu unterstreichen. In ihm erzählt Platon vom Lohn der Gerechtigkeit im Jenseits – einen ganz ähnlichen Mythos findet man auch am Ende des *Gorgias*. Am Ende der *Politeia* nun preist Platon die Gerechtigkeit als ein nicht nur intrinsisches Gut, sondern als eines, das auch um seiner Folgen, um des Lohnes willen erstrebenswert sei. Platon erzählt dazu den Mythos des „Er“. Dieser Er, ein verstorbener und bereits ins Jenseits eingegangener Mann, kehrt zurück und berichtet aus dem Jenseits. Im Jenseits, so erfahren wir, werden die Seelen nach dem Tode gerichtet. Die einen werden reich belohnt, die anderen hart gestraft. Die vollständig und unheilbar Ungerechten, allen voran die Tyrannen, werden besonders hart bestraft, sie werden ewig gequält. Wichtiger und kennzeichnender als diese Drohung mit Höllenqualen ist für Platons Denken freilich der zweite Teil des Mythos. Ihre weitere Reise führt die Seelen zum

„Band des Himmels", das das gesamte Himmelsgewölbe zusammenhält, und zur „Spindel der Notwendigkeit", in der das All sich dreht. Die Reisenden hören die drei Töchter der Notwendigkeit, die Schicksalsgöttinnen: „Lachesis die Vergangenheit kündend, Klotho die Gegenwart, Atropos die Zukunft" (*Politeia*: 617). Nun aber – und das ist entscheidend – werden den Seelen für ihren Wiedereintritt ins Leben unterschiedlichste Lebensformen, „Lose und Lebensmuster", vorgelegt, aus denen ein jeder sein Leben selbst zu wählen hat:

> „Dies kündigt euch die Tochter der Notwendigkeit, die jungfräuliche Lachesis. Eintägige Seelen! Dies ist der Beginn eines neuen todbringenden Umlaufes für euer sterbliches Geschlecht. Euer Los wird nicht durch den Dämon bestimmt, sondern ihr seid es, die sich den Dämon erwählen. Wer als erster gelost hat, der wähle zuerst die Lebensbahn, bei der er unwiderruflich beharren wird. Die Tugend aber ist herrenlos; je nachdem er sie ehrt oder mißachtet, wird ein jeder mehr oder weniger von ihr empfangen. Die Schuld liegt bei dem Wählenden; Gott ist schuldlos." (*Politeia*: 617)

„Unwiderruflich beharren" wird jede Seele bei der gewählten Lebensform, weil diese sodann mit der Spindel der Notwendigkeit befestigt wird: „um den gesponnenen Schicksalsfaden unabänderlich zu machen" (*Politeia*: 620). Damit ist keinem Determinismus das Wort geredet. Im Gegenteil: Die Pointe des Mythos liegt in der Wahl und der vollen eigenen Verantwortung für das eigene, selbst gewählte Leben. Die Seele wählt ihr eigenes Los. Und dazu eben muß oder sollte sie *wissen*, was ein gutes und was ein schlechtes Leben ausmacht, was gerecht und was ungerecht ist – um eben dieses Wissen ging es ja in der gesamten *Politeia*!

Es ist durchaus bemerkenswert, dass ausgerechnet Max Weber, der der platonischen Philosophie im übrigen denkbar fern steht, an entscheidender Stelle auf den Platonischen Mythos des Er anspielt. Mit demselben „Pathos der Wahl und Entscheidung" (Ottmann 2001b: 69), mit dem Platon seine *Politeia* beschließt, endet auch Webers berühmte Rede „Wissenschaft als Beruf". Deren letzter Satz läßt an die nach Orientierung suchenden Hörer die Forderung ergehen, dass „jeder den Dämon findet und ihm gehorcht, der *seines* Lebens Fäden hält". Freilich ist die Situation zu Beginn des 20. Jahrhunderts, in der „entzauberten" und „gottfremden" Moderne, insofern eine gänzlich andere, als der moderne Mensch bei dieser seiner Wahl auf kein sicheres Tugendwissen mehr zurückgreifen kann. Die platonischen Wege „zum wahren Sein", zur „wahren Tugend", sind, so Weber, nicht mehr gangbar. Es herrscht ein Kampf, ein „Polytheismus" der

Werte. In das Nebeneinander dieser konkurrierenden Werte vermag die Vernunft keine Ordnung mehr zu bringen. Von der eigenverantwortlichen Entscheidung für das erkennbare Gute bleibt bei Weber nur mehr die Haltung der Entschiedenheit selbst. Und an die Stelle des Philosophen (-königs), der das Gute erkennt und die Stadt entsprechend ordnet, tritt der „werturteilsfrei" arbeitende Sozialwissenschaftler, der sich aller „normativen" Urteile zu enthalten hat.

7. Der „zweitbeste Weg": Die Gesetzesherrschaft (Politikos und Nomoi)

Mit der *Politeia* hat Platon das Musterbild der besten Stadt und der wahren Gerechtigkeit gegeben. Sie wird für Platon verbindlich bleiben. Die Philosophenherrschaft ist und bleibt der beste Weg. Gleichwohl wendet sich Platon nach der *Politeia* auch dem „zweitbesten Weg" zu: der Herrschaft nicht mehr von Personen, sondern der Herrschaft der Gesetze. Mit ihr beschäftigt sich Platon in seinen beiden Altersdialogen, dem „Staatsmann" (*Politikos*) und insbesondere in den „Gesetzen" (*Nomoi*).

Im Dialog *Politikos* begegnet uns zunächst das vertraute Bild des Staatsmannes als eines Künstlers und Experten. Seine Expertise beruht auf Wissen, und zwar auf einem imperativischen Wissen. In der Stadt ist er gleichsam der oberste Befehlshaber: Er befiehlt allen anderen Fachleuten (z.B. dem Richter), deren Künste der seinen untergeordnet sind. Die Aufgabe des Staatsmannes in der Stadt umschreibt Platon mit „Pflege" (*therapeia*) und „Sorge" (*epimeleia*). Dieses Bild ist an das des „göttlichen Hirten" angelehnt, welcher für Platon freilich einem früheren, vergangenen Zeitalter angehört. Was den Staatsmann auszeichnet, den Platon für seine Zeit sucht, verdeutlicht er mit seinem Vergleich von politischer Kunst und Webkunst: So wie es beim Weben auf das Verketten und Ineinanderweben ankommt, so habe die politische Kunst die unterschiedlichen Temperamente und Tüchtigkeiten zu verbinden, ineinander zu weben. Damit entfernt sich Platon vom Prinzip der Idiopragie und nähert sich dem Gemeinsamen, den Prinzipien Maß und Mitte.

Neu ist auch die Staatsformenlehre des *Politikos*. Unterhalb der nach wie vor besten Stadt der Philosophenherrschaft werden nun sechs Staatsformen unterschieden: drei Formen von Gesetzesherrschaft (Monarchie, Aristokratie und Demokratie) und drei Formen gesetzloser Herrschaft (Tyrannis, Oligarchie und (gesetzlose) Demokratie). Dabei ist die Herrschaft der Gesetze in jedem Fall der gesetzlosen Herrschaft vorzuziehen. Am besten von den gesetzlichen Formen ist die Monarchie, sie steht dem Urbild der besten Stadt am nächsten. Von diesem am weitesten entfernt ist unter den gesetzlichen Formen die Demokratie. Denn von der Überzeugung, dass es immer nur wenige Gute und Erkennende gibt, weicht Platon nicht ab. Umgekehrt ist von den gesetzlosen Herrschaftsformen die Demokratie noch die erträglichste. Die Tyrannis bleibt die schlechteste aller Staatsformen. Dieses Sechser-Schema wird in der Geschichte der politischen Philosophie in verschiedenen Formen und bei zahlreichen Autoren immer wieder auftauchen, u.a. bei Aristoteles. Trotz aller relativen Würdigung der Gesetzesherrschaft kann sich Platon mit ihr dennoch nicht gänzlich anfreunden: Seine Vorliebe gilt weiterhin der Herrschaft vernünftiger Personen. Denn auf die Einsicht und das Wissen kommt es letztlich an. Gesetze können das Wissen und Handeln des Fachmanns niemals ersetzen. Die Gesetzesherrschaft ist eben nur die zweitbeste Lösung.

Auch die *Nomoi*, also wörtlich die „Gesetze“, würdigen die Herrschaft der Gesetze, analysieren diese auch nochmals ausgiebiger. Auch jetzt bleiben sie die nur zweitbeste Lösung. „Eine unkontrollierte Herrschaft von Personen empfehlen die *Nomoi* allerdings nicht mehr. An die Stelle der zuvor gepriesenen Exzellenz treten nun Mitte und Maß, Mischung und Mischverfassung, Amtskontrollen und ein ganzes System von *checks and balances*.“ (Ottmann 2001b: 82). Die *Nomoi* sind Platons umfangreichstes Werk. Sie gleichen einer Gebrauchsanleitung für die Errichtung einer Stadt. In diesem Werk wird nun auch die politische „Realität“ stärker berücksichtigt, wird mit Blick auf historische Erfahrungen und empirische Beispiele argumentiert. Und viele Institutionen, die Platon jetzt als nützlich vorschlägt, ähneln denen der Demokratie Athens. Sie werden ergänzt um einige Elemente der spartanischen Verfassung. Letzteres treibt Platon aber nicht allzu weit. Seine Betonung von Mitte und Maß wertet die *sophrosyne*, die Tugend der Besonnenheit, auf. Sie rangiert nun sogar vor der Tapferkeit. Platon will keinen kriegerischen, nach außen aggressiven Militärstaat. Ziel von Verfassung und Gesetzgebung sind in den *Nomoi* Friede und Konsens, Eintracht und Freundschaft. Wo sie herrschen, ist das Glück des Staates gesichert (*Gesetze*: 694).

Daher auch findet sich in den *Nomoi* nun ein Lob der Mischverfassung – wofür freilich wieder Sparta als Vorbild dient. Die Mischverfassung sichert ein Höchstmaß an Stabilität, das vor allem ist ihr größter Vorzug. In ihr werden die Gegensätze am besten zusammengebunden, werden Machtmissbrauch und Extreme am wirkungsvollsten verhindert. Viele Institutionen hemmen und kontrollieren sich gegenseitig: Volksversammlung, Rat, Gerichtswesen, Gesetzeswächter und nächtliche Versammlung. Letztere ist für Platon die zentrale Institution der Gesetzesstadt. Die nächtliche Versammlung, zu der sich die Kompetentesten und Besten der Stadt einfinden, verkörpert am deutlichsten das Prinzip der besten Stadt. Hier stößt man auf das Expertentum der Philosophenherrschaft. Die nächtliche Versammlung ist für Platon die „Seele" und der „Kopf" der Stadt. An ihr vor allem hängt die Erhaltung der Stadt – und eben dies ist die Hauptaufgabe der nächtlichen Versammlung.

Auch in anderer Hinsicht sind die *Nomoi* gemäßigt: Der „Kommunismus" der *Politeia* wird abgemildert. Insbesondere wird die Frauen- und Kindergemeinschaft abgeschafft, die Familie und der Privatbereich kommen wieder zu ihrem Recht. Man muss freilich hinzufügen, dass in der Gesetzesstadt ein nach modernen liberalen Maßstäben ungeheuerliches System der Beaufsichtigung und Überwachung vorgesehen ist. Ein Weiteres ist bemerkenswert: Vor die Gesetze selbst und die Auseinandersetzung mit ihnen setzt Platon ein Vorwort, eine „Präambel". In dieser geht es zunächst einmal darum, die Bürger zum Gehorsam gegenüber dem Gesetz zu überreden, sie „empfänglich" und verständig dafür zu machen, dass sie sich dem Zwang des Gesetzes überhaupt unterwerfen sollen. Zweifelsohne ist damit eine der noch heute zentralen Funktionsvoraussetzungen eines politischen Systems benannt (und zwar gerade eines demokratischen Systems). Was die *Nomoi* schließlich zudem kennzeichnet, ist die besondere Bedeutung der Theologie. Sie prägt den gesamten Dialog. Religion ist eine wichtige Dimension des Politischen, nicht nur für Platon. Die Stadt ist eine Gemeinschaft, die nicht zuletzt religiös fundiert ist und religiös zusammengehalten wird. Das zeigen unter anderem die scharfen Asebiegesetze, also die Maßnahmen gegen gotteslästerlichen Frevel, insbesondere gegen Atheisten – Platon wendet sich damit natürlich vor allem gegen die sophistischen Irrlehren und ihren ketzerischen Relativismus. Der Sache nach geht es dabei vor allem um eines, und das sollten die Bürger in ihrem Herzen verinnerlicht haben: Nicht der Mensch, sondern Gott ist das „Maß aller Dinge" (*Gesetze*: 716). Diese demütige Einsicht, die den Menschen nach alter griechischer Tradition vor der Hybris, der menschlichen Selbstüberschätzung und frevlerischen Anmaßung, bewahren soll, ist das Fundament der Gesetzesherrschaft. Wer von solch frommer Scheu nicht gemäßigt ist, stellt auch politisch eine Gefahr dar, ein Ordnungsrisiko. Man findet diesen Gedanken im Übrigen selbst noch beim Liberalen John Locke, der den Atheisten aus eben diesem Grund keine Toleranz gewähren will, wie auch in Rousseaus Konzept der Zivilreligion.

Wenn Platon die menschliche Hybris verurteilt und der Religion eine entsprechend große Bedeutung zumisst, so steht er zwar ganz in der Tradition des griechischen Denkens und des griechischen Ethos, von Mythos und Religion. An die alten Götter des Olymp glaubt er freilich nicht mehr. Vielmehr geht Platon – und das ist auch philosophisch von Bedeutung – von dem einen, ewigen Gott aus, der allein allwissend und allmächtig ist. Er ist die letzte Ursache von allem Gewordenen, er ist die Vernunft selbst (vgl. Kutschera 2002 Bd. III: 206ff.). Das entspricht so ganz der platonischen Philosophie der Einheit und der Ordnung, bei der wir mit diesen letzten Fragen wieder angelangt sind. Diese Ordnung, die ihre Entsprechung in der Ordnung der besten Stadt hat, ist eine die gesamte Welt durchherrschende Ordnung. Das „Licht der Transzendenz“ (Kuhn 1986: 42) liegt über ihr, das Licht der göttlichen Vernunft, des „Königs des Himmels und der Erde“ (*Philebos*: 28).

Schluss: Ein umstrittenes Erbe

Der Erkenntnisweg der abendländischen Philosophie bestehe letztlich nur aus Fußnoten zu Platon, so Alfred North Whitehead in einer berühmt gewordenen Formulierung. Das ist ein wenig, aber keineswegs völlig übertrieben. Nicht allein die immense Fülle an Literatur zu Platon spricht für diese Einschätzung, und auch nicht allein die Tatsache, dass Platon praktisch alles thematisierte, was noch heute philosophisch relevant ist. Es ist zunächst die Art und Weise, in der kritischen Abwägung von Argumenten nach dem Wesen der Dinge zu fragen, die Platon als Begründer und fortdauernden Bezugspunkt der Philosophie ausweist. Es sind darüber hinaus seine Metaphysik und sein Einheitsdenken, die immer wieder als klassische Bezugspunkte dienen – und zwar gerade für die vielen Kritiker nach ihm, die dieses Denken teilweise scharf zurückweisen.

Es ist unmöglich, die Wirkungsgeschichte des politischen Denkens Platons hier zu rekonstruieren. Natürlich spielt er für seinen Schüler Aristoteles eine zentrale Rolle, obgleich dieser sich insbesondere von seinem Einheitsdenken lösen wird. Platon ist prägend für das politische und theologische Denken des Augustinus und den Neuplatonismus der Renaissance. Für nicht wenige moderne, aber Moderne-kritische Autoren wie Leo Strauss oder Eric Voegelin wird Platon nachgerade zur Lichtgestalt, die allein helfen könne, den modernen Relativismus wieder zu überwinden. Diese Kritiker der Moderne verweisen dabei auf einen Grundzug des modernen Denkens, auf den mit Max Webers Absage an Platons Weg zur Wahrheit bereits hingewiesen wurde. Man kann die Moderne mit Jürgen Habermas und vielen anderen ihrer Vertreter durchaus eine „nachmetaphysische" Epoche nennen. An die platonische Wahrheit und an die Einheit des Guten, Schönen und Wahren glaubt heute kaum noch jemand.

Diese moderne Skepsis lässt sich sehr gut an einem Spezifikum der platonischen, aber auch der antiken Philosophie im Allgemeinen, festmachen: an der starken Verbindung von Politik und Ethik, im Besonderen an der Verbindung von Fragen des Gerechten und des Guten. Der Politik hat es nach Platon immer auch, ja vor allem um das Gute zu gehen, um das gute Leben. Das gute Leben ist weit mehr als bloßes Überleben. Es besteht in der Sorge für das Wohl der Seele. Der Staat wird daran gemessen, was er zu diesem guten Leben beiträgt, inwieweit er den adäquaten Ordnungsrahmen des guten Lebens bildet. In der Neuzeit dagegen löst sich diese Verbindung weitgehend auf. Von Thomas Hobbes' Vertragstheorie bis zu den verschiedensten Ansätzen der Moderne wird ein neuartiger „Realismus" Platz greifen, der Fragen des guten Lebens nicht mehr als Teil des Politischen oder der Staatsaufgaben begreift: Politik wird nun gerne als Kampf beschrieben, der Staat wird über seine Macht definiert, das Überleben verdrängt das gute Leben als zentrales politisches Ziel. Es schwindet der Glaube daran, dass das wahrhaft und objektiv Gute überhaupt erkennbar sei. Das Gute wird als ein sehr persönliches Glück gleichsam privatisiert. Vor allem der Liberalismus wird dies als ein zentrales individuelles Recht verteidigen: dass ein jeder nach seiner Façon glücklich werde. Der Staat hat sich hier nicht einzumischen. Er hat lediglich das friedliche Nebeneinander der Privatbürger zu garantieren. Als zentrale Tugend des Politischen wird nun die Haltung der Fairness prominent, die etwa bei John Rawls den Kern einer gänzlich nachmetaphysischen Gerechtigkeit bildet: „Justice as Fairness: Political not Metaphysical". Und programmatisch spitzt Rawls zu: „Für die Alten war die Lehre vom Guten das zentrale Problem, für die Modernen ist es die Konzeption der Gerechtigkeit." (Rawls 1998: 36)

Diese ganz und gar unplatonische Zurückhaltung in Fragen des Wahren und Guten hat nicht nur philosophische Gründe, sondern auch historische und politische. Mit den neuzeitlichen Emanzipationsbestrebungen des Bürgertums setzt sich ein „individualistisches" Denken durch, das die Freiheit des einzelnen ins Zentrum rückt. Dieses Denken ist zwar unmittelbar gegen die unumschränkte Herrschaft absolutistischer Herrscher gerichtet. Es widerspricht aber ebenso sehr dem platonischen Einheitsdenken und dem Paternalismus der Philosophenkönige. Das bürgerliche Individuum mit seinen Rechtsansprüchen ist an die Stelle des Polis-Bürgers und seiner Gemeinschaftspflichten getreten. Jede Einschränkung dieser Rechte ist legitimationsbedürftig – die Berufung auf ein geheimnisvolles Ideenwissen reicht dafür ebenso wenig wie der absolutistische Hinweis auf ein Gottesgnadentum. Das gilt schon für das aufstrebende Wirtschaftsbürgertum des 17. und 18. Jahrhunderts, und es gilt umso mehr für den Siegeszug der Demokratie im 20. Jahrhundert. Es ist klar, dass der elitäre Ständestaat Platons nicht zu den Glaubenssätzen demokratischer Gleichheit passt. Wohin die Relativierung von Freiheit und Gleichheit im schlimmsten Fall führen kann, das zeigt sich den Antiplatonikern verschiedenster Prägung dann im modernen Totalitarismus: Kommunismus und Nationalsozialismus setzen die vollständige Einordnung des einzelnen in das große Ganze ins Werk, seine Unterordnung unter eine Ideologie, die sich jeder Kritik entzieht. Für Karl Popper sind diese Feinde der „offenen Gesellschaft" geistige Nachfahren Platons.

Poppers Kritik am Totalitarismus ist nur allzu berechtigt. Seine Kritik an Platon ist es nur sehr bedingt. Abgesehen davon, dass die *Nomoi* manchen „Radikalismus" der *Politeia* entschärfen, unterscheidet sich auch schon das platonische Idealbild der besten Stadt von den Ideologien des Totalitarismus ebenso sehr wie die antike *polis* vom modernen Staat. Die Philosophenherrschaft soll eine Herrschaft der Besten zum Wohle aller sein und eben gerade keine Tyrannis. Man mag ja aus guten Gründen skeptisch sein gegenüber der Berufung auf eine nicht kommunizierbare Ideenschau – vor allem dann, wenn diese eine nicht mehr beschränkte und kontrollierte politische Macht legitimieren soll. Kommt aber das moderne Plädoyer für Freiheit und Gleichheit seinerseits ganz ohne die Berufung auf irgendwelche „Ideen" aus? Woher beziehen wir die kritischen Maßstäbe, um die empirisch gegebene Wirklichkeit zu hinterfragen? Und mit welchem Grad von Gewissheit können oder wollen wir uns begnügen, wenn es etwa um die Bestimmung der Gerechtigkeit geht? Es sind dies die Fragen, die Sokrates und Platon am Anfang der abendländischen Philosophie aufgeworfen haben. Diese Fragen sind bis heute aktuell geblieben, auch wenn wir als Bürger moderner liberaler Demokratien politisch andere Antworten vorziehen. Die Tatsache, dass Philosophen bis heute über diese Fragen im Streit liegen, sollte uns zudem ein Stück weit bescheiden stimmen.

Literatur

Schriften von Platon:

Philebos *Sämtliche Dialoge. Band IV: Theätet – Parmenides – Philebos*, hrsg. v. Otto Apelt, Hamburg 1993.

Politeia *Sämtliche Dialoge. Band V: Der Staat*, hrsg. v. Otto Apelt, Hamburg 1993.

Politikos *Sämtliche Dialoge. Band VI: Timaios und Kritias – Sophistes – Politikos – Briefe*, hrsg. v. Otto Apelt, Hamburg 1993.

Gesetze *Sämtliche Dialoge. Band VII: Gesetze*, hrsg. v. Otto Apelt, Hamburg 1993.

Darstellungen:

Bleicken, Jochen, *Die athenische Demokratie*, Paderborn 1995.

Brunschwig, Jacques / Lloyd, Geoffrey (Hg.), *Das Wissen der Griechen. Eine Enzyklopädie*, München 2000.

Dahlheim, Werner, *Die griechisch-römische Antike, Band 1: Herrschaft und Freiheit. Die Geschichte der griechischen Stadtstaaten*, Paderborn 1997.

Graeser, Andreas, *Die Philosophie der Antike*, Geschichte der Philosophie, Band 2, hrsg. v. Wolfgang Röd, München 1983.

Höffe, Otfried (Hg.), *Platon: Politeia*, Berlin 1997 (Reihe Klassiker auslegen; Band 7).

Kersting, Wolfgang, *Platons „Staat"*, Darmstadt 1999

Kuhn, Helmut, Plato, in: Maier, Hans / Rausch, Heinz / Denzer, Horst (Hg.), *Klassiker des politischen Denkens, Erster Band: Von Plato bis Hobbes*, München 1986, S. 15-44.

Kutschera, Franz von, *Platons Philosophie*, 3 Bände, Paderborn 2002.

Meier, Christian, *Die Entstehung des Politischen bei den Griechen*, Frankfurt a.M. 1983.

–, *Athen. Ein Neubeginn der Weltgeschichte*, Berlin 1993.

Ottmann, Henning, *Geschichte des politischen Denkens*, Band 1: Die Griechen, Teilband 1: Von Homer bis Sokrates, Stuttgart / Weimar, 2001a.

–, *Geschichte des politischen Denkens*, Band 1: Die Griechen, Teilband 2: Von Platon bis zum Hellenismus, Stuttgart / Weimar, 2001b.

Rawls, John, *Politischer Liberalismus*, Frankfurt a.M. 1998.

Reese-Schäfer, Walter, *Antike politische Philosophie zur Einführung*, Hamburg 1998.
Voegelin, Eric, *Ordnung und Geschichte, Band VI: Platon*, hrsg. v. Dietmar Herz, München 2002.
Weber-Schäfer, Peter, *Einführung in die antike politische Theorie*, 2 Teile, Darmstadt 1976.

Aristoteles und das Ethos der politischen Gemeinschaft

Einleitung: Aristoteles als Begründer der Politischen Wissenschaft

Aristoteles (384-322 v. Chr.) gilt als eigentlicher Begründer der Politischen Wissenschaft als einer selbständigen Disziplin. Die *Politik* des Aristoteles ist die erste Abhandlung der Philosophiegeschichte dieses Namens. Und sie ist die erste diskursive, systematische philosophische Abhandlung über das Sachgebiet der Politik (dazu Höffe 2001: 5ff.). Aristoteles gilt darüber hinaus als Pionier verschiedenster, ja beinahe aller Wissenschaften. Als Erster ordnet er das Feld der wissenschaftlichen Disziplinen mit ihren unterschiedlichen Gegenständen und Methoden systematisch. Für zahlreiche Disziplinen leistet er Grundlegendes, für die Logik, Physik oder Biologie etwa. Von großer Bedeutung für die praktische Philosophie, also für Ethik und Politik, ist dabei seine systematische Einteilung des Wissens, die insbesondere theoretisches und praktisches Wissen, Erkennen und Handeln als eigenständige Gebiete ausweist. Die Politik ist dem Bereich des Handelns und des praktischen Wissens zuzuordnen.

Der Titel der *Politik* (*ta politika*) bedeutet wörtlich: „was die Stadt (*polis*) angeht". Das ist nicht nur etymologisch von Interesse, sondern der Sache nach wichtig. Die aristotelische *Politik* ist, wie schon die platonische, eine Theorie der Polis – nicht des neuzeitlichen Flächenstaats, nicht der repräsentativen Demokratie unserer Tage. Sie ist deshalb keineswegs von nur mehr historischem Wert. Aber wenn Aristoteles, in einem der berühmtesten Sätze der politischen Philosophie, den Menschen als *zoon politikon* beschreibt, als politisches Lebewesen, so sollte der heutige Leser zunächst einmal das antike Athen und nicht die Bundesrepublik vor Augen haben. Der Mensch lebt – und dies „von Natur aus" (*physei*) – in der Polis, er gehört in die Stadt. Nur in der Stadtgemeinschaft kann er ein wahrhaft menschliches und glückliches Leben führen. Nur die Stadt bietet jenes Umfeld intensiver politischer Kooperation, auf das Aristoteles abzielt. Ein weiteres ist mit der genannten anthropologischen Bestimmung bereits angedeutet: Die *Politik* als Theorie der Polis und des *zoon politikon* ist aufs Engste verbunden mit der Ethik, der Lehre vom guten und gerechten Handeln des Menschen. Auch dies ist eine fundamental wichtige Übereinstimmung mit seinem Lehrer Platon.

Neben den einschlägigen Untersuchungen *Politik* und *Nikomachische Ethik*, die im folgenden im Mittelpunkt stehen werden, sind für das Politikverständnis des Aristoteles auch eine Reihe anderer Schriften bedeutsam, insbesondere die *Rhetorik*, die *Historia Animalium* und der nur fragmentarisch erhaltene *Staat der Athener*. Darüber hinaus kann auf eine Beschäftigung mit der *Metaphysik* nicht zur Gänze verzichtet werden, entfaltet Aristoteles doch vor allem hier Begriffe wie „Natur" und „Wesen", die auch für ein angemessenes Verständnis der praktischen Philosophie entscheidend sind.

Die Frage nach der Bedeutung der Metaphysik spielt eine wichtige Rolle auch für die Abgrenzung der aristotelischen Philosophie von Platon. Im Allgemeinen gilt der bedeutendste Schüler Platons auch als dessen wichtigster Kritiker. Neben dem neuen systematischen Zugriff auf die unterschiedlichen wissenschaftlichen Sachgebiete und Disziplinen treten die Unterschiede gerade in der praktischen Philosophie deutlich hervor: Bei Aristoteles erleben wir eine Wende vom platonischen Einheitsdenken zum Denken der Vielfalt, von der Welt der Ideen zur Welt des Handelns (*praxis*) und des *ethos*, der Sitten und Üblichkeiten des Lebens in der Stadt. An die Stelle der Herrschaft philosophischer Experten tritt das gemeinsame politische Handeln und Sich-Beraten gleichberechtigter Bürger, die zusammen die politische Gemeinschaft (*koinonia politike*) bilden. Zudem erweist sich Aristoteles als großer Empiriker, der sich ausgiebig der realen Vielgestaltigkeit des Politischen widmet. Diese Erfahrung dient Aristoteles auch systematisch als Ausgangspunkt seines politischen Denkens. Gleichwohl begnügt sich Aristoteles bei allem Sinn für Empirie und bei allem Pragmatismus in der Beurteilung von Verfassungen niemals mit der bloßen Feststellung des Gegebenen. Auch für Aristoteles bleibt alles Politische immer gekoppelt an die zentrale Frage nach dem Gerechten und Guten für den Menschen. Die politische Theorie des Aristoteles ist – modern gesprochen – eine „normative". Ihrem eigenen Selbstverständnis nach ist sie Teil der „Wissenschaft vom Menschen".

1. Ethik und Politik als „Wissenschaft vom Menschen"

Ethik und Politik bilden zusammen die „Wissenschaft vom Menschen" (NE 1181 b 15). Diese programmatische Aussage am Ende der *Nikomachischen Ethik* findet an zahlreichen Stellen beider Werke Bestätigung. So leitet Aristoteles seine Überlegungen zur besten Stadt in der *Politik* folgendermaßen ein: „Wer die beste Verfassung nach Gebühr in Betracht nehmen will, muß zuerst bestimmen, welches das begehrenswerteste Leben ist. Solange man das nicht weiß, kann man auch nicht wissen, welches die beste Verfassung ist." (Pol. 1323 a 14) Die Frage nach der besten Polis ist zwar mitnichten die einzige Frage der *Politik*, verweist aber auf den Fragehorizont, innerhalb dessen Aristoteles das Politische denkt. Ethik und Politik sind verklammert, verweisen aufeinander, sind „verschwistert" (Ottmann 2001: 136). Man könnte es zuspitzen: Ethik und Politik widmen sich einem gemeinsamen Thema, „das unter zwei komplementären Fragestellungen behandelt wird: der Frage nach dem, was für den Menschen gut ist, und der Frage nach der Ordnung der guten Gesellschaft" (Weber-Schäfer 2001: 34). Nicht nur die Ethik, auch die Politik bezieht sich auf das oberste Ziel menschlichen Handelns, auf das Glück. Insofern spielt die Lehre vom Menschen, die Anthropologie, in der praktischen Philosophie des Aristoteles eine herausragende Rolle – und dies obwohl er diesem Thema nicht einmal eine eigenständige Abhandlung gewidmet hat. Man könnte natürlich auch umgekehrt sagen: Ethik und Politik enthalten bereits eine eigenständige Anthropologie.

Trotz dieser ethisch-anthropologischen Einbettung beschränkt sich die *Politik* weder darauf, die Ordnung der Stadt ausschließlich mit Blick auf den Menschen zu untersuchen, noch steht immer und überall die ethische Perspektive im Mittelpunkt. Zum einen widmet sich das Werk weit mehr Fragen als nur der nach der *besten* Polis: eine Fülle an vorfindbaren Verfassungen werden untersucht, und neben dem ethisch Guten kennt Aristoteles auch andere Kriterien der Beurteilung, das der Stabilität etwa. Zum anderen wird die Polis von Aristoteles zwar vor allem als ein *Personen*verband verstanden, in dem es entscheidend auf die Bürger und ihre Tugenden ankommt;

daneben aber spielen auch Institutionen eine erhebliche Rolle. Im Vergleich zu modernen politischen Theorien indes kommt den Bürgern und ihrer Tugendhaftigkeit eine auffallend starke Bedeutung zu.

Es wurde bereits gesagt: Politik hat es mit dem Handeln von Menschen zu tun. Das hat Konsequenzen nicht nur für den Gegenstandsbereich der politischen Theorie, sondern auch für die Frage, auf welcher Ebene der politische Philosoph eigentlich argumentiert, wie sicher und genau seine Erkenntnis sein kann. In Buch VI der *Nikomachischen Ethik* unterscheidet Aristoteles drei Formen des Wissens: theoretisches, praktisches und poietisches Wissen. Sie unterscheiden sich nach ihrem Gegenstandsbereich, nach ihren Zielen und nach der jeweils angemessenen Methode bzw. nach dem Grad von Genauigkeit, der diesen Wissensformen eignet. Theoretisches Wissen zielt auf Erkennen (*noein*, *noesis*), praktisches Wissen auf Handeln (*praxis*), poietisches Wissen auf Herstellen bzw. Hervorbringen (*poiesis*). Gegenstände des Erkennens sind nach Aristoteles Dinge, die sich nicht anders verhalten können als sie es tun, Dinge, die der Mensch nicht beeinflussen kann, das, was notwendig so ist, wie es ist: das Ewige, Unveränderliche. Dementsprechend sind Mathematik, Physik und Metaphysik bzw. Erste Philosophie theoretische Disziplinen, keine praktischen. Das ist plausibel: Wenn es beispielsweise um die Gesetze der Natur geht, etwa um die Fallgeschwindigkeit von Gegenständen, dann lassen sich diese Gesetzmäßigkeiten durch menschliches Handeln nicht verändern. Diese Gesetze kann man erkennen. Hier läßt sich mit höchster Genauigkeit wissen. Darüber hinaus ist für Aristoteles solches Erkennen bzw. theoretisches Wissen Selbstzweck: Erkenntnis um der Erkenntnis willen.

Ganz anders verhält es sich mit dem Handeln und Herstellen. Sie haben das zum Gegenstand, „was sich so und anders verhalten kann“: Zeitliches, Veränderbares. Herstellen und Handeln beziehen sich auf das, was durch den Menschen beeinflußbar ist. Man kann ein Gebäude so oder auch anders bauen. Man kann es auch gar nicht bauen. Um ein Haus gut und stabil zu bauen, braucht man poietisches Wissen. Aber es gibt hier nichts Allgemeines, Notwendiges oder Unveränderliches zu erkennen, was mit den Gesetzen der Physik vergleichbar wäre. Das gilt für Aristoteles nun in besonderem Maße für das Handeln des Menschen. Wer handelt, trifft Entscheidungen, muß zwischen Alternativen wählen: Soll die Stadt die Ausgaben für den Flottenbau erhöhen oder nicht? Sollen mehr Kindergärten oder neue Straßen gebaut werden? Soll ich dem Freund zur Hilfe eilen oder die kranke Mutter pflegen? In solchen Situationen geht es nicht um die Erkenntnis von Wahrem, sondern darum, unter wandelnden Bedingungen Dinge gut zu überlegen und nach Möglichkeit richtig zu entscheiden. Handeln setzt zwei Dinge voraus bzw. besteht aus ihnen: Freiwilligkeit (*hekon*) und Entscheidung bzw. Vorzugswahl (*prohairesis*). Insbesondere alle genuin politischen Probleme und Herausforderungen haben es nach Aristoteles mit solchen Situationen zu tun. Um sie zu meistern bedarf es ganz bestimmter Tugenden, die sich von denen des erkennenden Wissenschaftlers deutlich unterscheiden, insbesondere Gerechtigkeit und Klugheit. Wir werden auf diese Tugenden noch ausführlich eingehen.

Das gute und gerechte Handeln des Menschen ist Hauptgegenstand der praktischen Philosophie. Die Abhandlungen über Ethik und Politik sollen helfen, sich in diesem Handeln besser zu orientieren. Wer ein glückliches Leben führen will, sollte sich erst einmal klar darüber werden, worin dieses bestehen könnte. Indem der Philosoph zu diesem Gelingen beitragen will, verfolgt er ein praktisches, ein gleichsam pädagogisches Anliegen. Für Aristoteles steht dieser Praxisbezug außer Frage: „denn wir fragen nicht, um zu wissen, was die Tugend sei, sondern damit wir tugendhaft werden" (NE 1103 b 26). Der Ethik geht es nicht um bloßes Erkennen. Zudem stellt das gute und gerechte Handeln, das die Ethik beschreibt, einen Selbstzweck dar. Das unterscheidet das Handeln von der *poiesis*, wo nicht das Herstellen selbst Ziel und Zweck ist, sondern das herzustellende Werk, das Produkt. Das Handeln dagegen ist selbst das Ziel: Es verwirklicht in seinem Vollzug das jeweils erstrebte Gut, z.B. das gerechte Handeln.

Wie und mit welcher Art von Wissen kann die Ethik diesem Ziel dienen? Die Exaktheit und Allgemeingültigkeit der theoretischen Disziplinen kann sie nicht erreichen. Zu Beginn der *Nikomachischen Ethik* macht Aristoteles eine wichtige methodische Einschränkung:

> „Wir werden uns aber mit demjenigen Grade von Bestimmtheit begnügen müssen, der dem gegebenen Stoffe entspricht. Denn man darf nicht bei allen Fragen die gleiche Präzision erwarten […]." (NE 1094 b 12)

Eine Wissenschaft *more geometrico*, wie sie Hobbes vorschlagen wird, ist dem Gegenstandsbereich des Praktischen nicht adäquat. In der Ethik kann es nur ein „Umriß-Wissen" geben. Die „Praxis des Menschen" findet im „sublunaren", vergänglichen und wandelbaren Bereich menschlichen Lebens mit all seinen individuellen und kontingenten Färbungen statt. Wohl läßt sich manche Aussage über den Menschen verallgemeinern. Zugleich aber sind Situationen und die einzelnen Menschen zu unterschiedlich, um auf diesem Gebiet allein mit Gesetzmäßigkeiten operieren zu können. Oft zieht Aristoteles in der Ethik einen Vergleich zur Aufgabe des Arztes, der jedem einzelnen Patienten gerecht werden, der auf den Einzelfall und seine besonderen Umstände eingehen muß. Für den Bereich des Handelns, für praktische und politische Wissenschaft bedeutet dies entsprechend, daß es hier ganz erheblich auf Erfahrung ankommt. Man kann die Eigenart tugendhaften Handelns nicht am Himmel ablesen und ebenso wenig am Reißbrett entwerfen. Man muß selbst erfahren sein im Handeln. Die Einschätzung eines erfahrenen und zudem tugendhaften Menschen hat für Aristoteles großes Gewicht. Deshalb auch geht Aristoteles in seiner Argumentation oft von den herrschenden Meinungen (*endoxa*) aus, entweder von der Meinung aller, der der meisten oder der der Fachleute. Diese werden dann kritisch geprüft und systematisiert – denn natürlich ist die Ethik mehr als eine Ansammlung bloßer Meinungen. Diese Ebenen auseinander zu halten, ist bei der Lektüre insbesondere der *Nikomachischen Ethik* nicht immer leicht.

2. Die „Nikomachische Ethik" und die Frage nach dem guten Leben

Hauptthema und Leitbegriff der Ethik ist das Glück. Glück bzw. Glückseligkeit (*eudaimonia*) bezeichnet das gute Leben (*eu zen*), das rundum gelungene Leben, unterschieden vom bloßen Leben (*zoe*). Damit ist nicht so sehr ein subjektives Wohlbefinden gemeint, sondern das objektive Wohlergehen. Glück besteht wesentlich im Tätigsein, in einem Tätigsein der Seele. Ausgangs- und Bezugspunkt der Frage nach dem Glück wie auch dem glücklichen Leben ist das Streben (*orexis*) nach einem als gut (*agathon*) bewerteten Ziel (*telos*). Auf welches Ziel das menschliche Streben sich richten sollte, um Glückseligkeit zu erlangen, das ist die Grundfrage der Ethik. Es ist zugleich die Grundfrage der politischen Wissenschaft: Denn für Aristoteles ist das gesuchte Ziel für den einzelnen und die Polis dasselbe, ja für die Polis ist es sogar noch „schöner und göttlicher" (NE 1094 b 10). Vor allem dies macht die politische Wissenschaft zur Leitwissenschaft des Praktischen.

„Jede Kunst und jede Lehre, ebenso jede Handlung und jeder Entschluß scheint irgendein Gut zu erstreben." (NE 1094 a 1) So lautet der einleitende Satz der *Nikomachischen Ethik*. Es gibt viele Handlungen, Künste und Wissenschaften, und entsprechend gibt es auch viele Ziele. Die meisten Handlungen, so Aristoteles, dienen dabei übergeordneten Zielen, sind Mittel zu einem anderen Zweck. Es gibt also eine Hierarchie der Handlungen und Güter: Intermediäre Güter, die einem anderen Ziel dienen, sind zu unterscheiden von solchen Gütern, die in sich erstrebenswert sind. Der Mensch sollte in seinem Handeln wissen, welche Ziele er letztlich verfolgt – am besten natürlich: welches letzte und höchste Ziel er verfolgt.

> „Wenn es aber ein Ziel des Handelns gibt, das wir um seiner selbst willen wollen und das andere um seinetwillen; wenn wir also nicht alles um eines andern willen erstreben (denn so ginge es ins Unbegrenzte, und das Streben wäre leer und sinnlos), dann ist es klar, daß jenes das Gute und das Beste ist." (NE 1094 a 18)

Die Aristotelische Ethik geht von der Grundannahme aus, daß es ein höchstes Ziel, ein *summum bonum* geben muß. Ließen sich die Ziele und Handlungen nicht in diesem Sinne hierarchisch anordnen und gäbe es kein solches höchstes Gut, dann stünde der Mensch vor einer recht unübersichtlichen, ja durchaus problematischen Situation: Er wüßte gar nicht, was er im Leben eigentlich will. Sein Streben wäre „leer und sinnlos" – eine insbesondere in der Moderne verbreitete Diagnose.

Aristoteles glaubt das nicht. Es gibt ein *summum bonum*. Und: Es ist erkennbar. Ziel der Untersuchung in der Ethik ist, „das Gute für den Menschen" zu erkennen – wie schon gesagt: wenigstens im Umriß. Was also ist dieses höchste Gut? Alle nennen es Glückseligkeit. Damit ist noch nicht sonderlich viel gewonnen. Worin könnte diese *eudaimonia* bestehen? Aristoteles setzt bei drei verbreiteten bzw. oft genannten, „hervorstechenden" Lebensweisen bzw. Lebensformen (*bios*) an. Er interessiert sich für Lebensformen, weil es bei der Suche nach der Glückseligkeit auf die Art und Weise ankommt, wie man sein Leben *als ganzes* wählt, nicht auf vorübergehende Zustände eines womöglich höchsten Wohlbefindens. Die drei „hervorstechenden" Lebensweisen sind: das Leben der Lust (*bios apolaustikos*), die politische Lebensform (*bios politikos*) und die betrachtende Lebensform (*bios theoretikos*). Nur am Rande erwähnt er die kaufmännische Lebensform (*bios chrematistes*): Sie kann unmöglich das gesuchte Gute sein! Zwar zählen äußere Güter durchaus zu den Bedingungen des Glücks; aber das Ziel eines gewinnorientierten Lebens, der Reichtum, ist nur ein Mittel, niemals ein Zweck in sich. Das Leben der Lust kommt kaum besser weg: Die Mehrzahl und die rohesten wählen dieses Leben. Aber es ist dies das Leben des Viehs.

Lust (*hedone*) ist an sich nichts Schlechtes, und gerade das glückselige Leben bereitet sehr wohl Lust. Eine calvinistische Verachtung der Lebensfreude ist Aristoteles fremd. Schlecht aber ist das ungezügelte Ausagieren von Begierden. Und insofern man sich bei dieser Lebensweise seinen Affekten unterwirft, handelt es sich um ein sklavenartiges, ein unwürdiges Dasein. Ganz anders der *bios politikos*: Die gebildeten und energischen Menschen wählen diese Lebensform, als deren Ziel im Allgemeinen die Ehre (*time*) gilt. Dieser verbreiteten Auffassung steht Aristoteles durchaus skeptisch gegenüber: Ehre ist kein intrinsisches, kein in sich selbst erstrebenswertes Gut. Als eigentliches Ziel des politischen Lebens müsste man wohl eher die Tüchtigkeit bzw. Tugend (*arete*) betrachten – und sie wird im weiteren Verlauf der Abhandlung auch im Mittelpunkt stehen. Das politische Leben der Tugend konkurriert bei der Frage nach der besten Lebensform nur mit dem *bios theoretikos*, dem betrachtenden Leben des Philosophen. Dieser Dualismus von *vita activa* und *vita contemplativa* prägt die Philosophie der gesamten Antike und darüber hinaus.

Aristoteles gibt seine Antwort auf diese Frage erst ganz am Ende der *Nikomachischen Ethik*. Zunächst ist die aufgeworfene Frage nach der Glückseligkeit formal und systematisch zu klären. Als Eigenschaften des gesuchten *summum bonum* nennt Aristoteles folgende: Es muß ein Endziel sein, kein Mittel zu anderem Ziel; es muß vollkommen sein, um seiner selbst willen erstrebenswert; und es muß für sich *allein* begehrenswert sein, es muß vollständig bedürfnislos machen, es muß sich durch Selbstgenügsamkeit (*autarkeia*) auszeichnen, das heißt es muß nichts Weiteres hinzukommen. Diese Eigenschaften verbindet man mit der Glückseligkeit. Was konkret ist sie nun aber? Worin liegt das Glück des *Menschen*? So wie es für jede Kunst eine spezifische Leistung gibt, die das je Gute darstellt (für den Flötenspieler, den Bildhauer und jeden Künstler), so muß es auch für den Menschen (qua Mensch) eine spezifische, (nur) ihm eigentümliche Leistung geben. Es ist also nötig, den Menschen (*anthropos*) näher zu betrachten. Wer solches tut, beschäftigt sich mit Anthropologie, der Lehre vom Menschen. Was also ist der Mensch, was zeichnet ihn aus? Welche ist die spezifische Leistung bzw. Eigenschaft des Menschen, die ihn vor allem anderen Seienden auszeichnet, seine *differentia specifica*? Welches ist sein Wesen (*ousia*)?

Zur näheren Bestimmung des Menschen und seines Wesens ist auf jene Begriffe zurückzugreifen, die Aristoteles insbesondere in der „Metaphysik“ entwickelt. Der Mensch, wie jeder natürliche Körper, ist für Aristoteles ein aus Stoff (*hyle*) und Form (*eidos*) Zusammengesetztes (*synholon*). Entscheidend ist für unsere Frage die Form, nicht der Stoff. *Eidos* (Gestalt, Art, Form) ist ein sehr vielschichtiger Begriff. In einer seiner Bedeutungen bezeichnet *eidos* den Wesenskern eines Dinges, das, was ihm allgemein und notwendig und nicht bloß zufällig zukommt. *Eidos* als Form bzw. Musterbild, als *causa formalis*, ist eine von vier Ursachen (*aition*), die man bei der Untersuchung alles Seienden bestimmen kann. Durch die *causa formalis* wird der Stoff (das ist die *causa materialis*) gleichsam in Form gebracht. Die *causa efficiens* als Bewegursache benennt den Ausgangspunkt der Veränderung oder Ruhe eines Dinges: Wodurch oder durch wen wird bewirkt, daß es ein Ding gibt? Schließlich bestimmt die *causa finalis* den Zweck und das Weswegen eines Dinges. Am Beispiel eines Standbildes lassen sich die vier Ursachen sehr leicht nachvollziehen: Ein Standbild, etwa eine Statue der Athene, mit einer bestimmten Form bzw. Gestalt (*causa formalis*) besteht aus einem bestimmten Material, z.B. Marmor (*causa materialis*); es wurde von einem Bildhauer hervorgebracht (*causa efficiens*) und erfüllt einen bestimmten Zweck (*causa finalis*), z.B. den kultischen Zweck, die Göttin Athene zu ehren.

Mit eben diesen Begrifflichkeiten bestimmt Aristoteles auch das Wesen des Menschen und beantwortet so die Frage nach seiner „eigentümlichen Leistung“ – und damit nach dem menschlichen *summum bonum*. Ganz in diesem Sinne wird die *differentia specifica* des Menschen auch in der Nikomachischen Ethik bestimmt. Diese kann nicht im Leben schlechthin bestehen, im Leben der Ernährung und des Wachstums; denn dies besitzen auch die Pflanzen. Das dem Menschen Spezifische liegt auch nicht im Wahrnehmungsvermögen, das der Mensch mit allen anderen Tieren (*zoon* = Tier) teilt. Es liegt vielmehr in seiner Vernunft bzw. im vernunftbegabten Teil seiner Seele: Der Mensch ist – anders als Pflanzen und Tiere – *zoon logon echon*, das Vernunft besitzende Wesen. Dadurch allein nimmt die Spezies Mensch innerhalb des Tierreichs eine herausragende Stellung ein. Es ist dies bis heute *die* zentrale anthropologische Bestimmung des Menschen, nicht nur bei Aristoteles. Der Mensch hat Vernunft. Die Seele des Menschen ist dem *logos* unterworfen. Das macht sein Wesen aus. Das zeichnet ihn vor anderen Lebewesen, insbesondere den Tieren aus – so viel er auch sonst mit ihnen teilt.

Diese anthropologische Wesensbestimmung gibt für sich allein freilich noch keine Antwort auf die Frage nach dem guten, glückseligen Leben. Der Kern der Aristotelischen Ethik, ihre zentrale Argumentation besteht in der Auffassung, daß der Mensch diesem seinem Wesen, seiner Natur gemäß zu leben hat. Glückseligkeit erlangt er, wenn er seine spezifisch menschlichen Anlagen verwirklicht und entfaltet. Hier kommt zur *causa formalis* die Zweckursache, die *causa finalis*. Betrachten wir zunächst die erste Bewegungsursache, die *causa efficiens*: Anders als bei Gegenständen, die hergestellt werden (*poiesis*), ist beim Menschen als einem natürlichen Ding die Form bereits im Stoff angelegt: Er wächst aus sich heraus, nicht weil ein Bildhauer ihn herstellt. Darin gleicht er z.B. einem Baum. Aber erst mit der Frage nach der Zweckursache, nach dem Weswegen und dem Ziel (*telos*) kommen wir zum Kern der „teleologischen" Ethik des Aristoteles und zu seinem Naturbegriff. Die *causa finalis* bestimmt Aristoteles als Realisierung der Natur (*physis*) einer Sache, als Besitz der natürlichen Möglichkeiten bzw. Vermögen (*dynamis*) in ihrer vollen Aktualität bzw. Wirklichkeit (*energeia*). Als Natur einer Sache betrachtet Aristoteles also nicht irgendeinen rohen Zustand vor jeder Art der Entwicklung, sondern im Gegenteil: den Zweck des Werdens, den vollendeten Zustand eines Dinges. Was z.B. eine Eiche ist, das sehen wir noch nicht an der Eichel, auch nicht bei einem kleinen oder krumm gewachsenen Baum, sondern erst bei einem ausgewachsenen, prächtig entfalteten Exemplar. Mit Blick auf ein solches können wir dann sagen: *Das* ist eine Eiche! In der „Physik" schreibt Aristoteles: „ein jedes wird doch dann erst eigentlich als es selbst angesprochen, wenn es in seiner zweckhaft erreichten Form da ist, mehr als wenn es bloß der Möglichkeit nach ist." (*Physik* 193 b 5) Und in der Metaphysik heißt es dazu, dass

> „alles, was entsteht, auf ein Prinzip und ein Ziel hingeht; Prinzip nämlich ist das Weswegen, und um des Zieles willen ist das Werden. Ziel aber ist die Wirklichkeit, und um ihretwillen erhält man das Vermögen (die Möglichkeit)." (Met. IX. 8)

Entsprechend heißt es in der Nikomachischen Ethik mit Blick auf das gesuchte *summum bonum* des Menschen:

> „wenn also das so ist und wir als die eigentümliche Leistung des Menschen ein bestimmtes Leben annehmen und als solches die Tätigkeit der Seele und die vernunftgemäßen Handlungen bestimmen und als die Tätigkeit des hervorragenden Menschen eben diese Tätigkeit in einem hervorragenden Maße, und wenn endlich dasjenige hervorragend ist, was im Sinne der ihm eigentümlichen Leistungsfähigkeit vollendet wird –, wenn das alles so ist, dann ist das Gute für den Menschen die Tätigkeit der Seele auf Grund ihrer besonderen Befähigung, und wenn es mehrere solche Befähigungen gibt, nach der besten und vollkommensten." (NE 1098 a 12)

Der Mensch also soll sich verwirklichen – freilich nicht im Sinne des modernen common sense und einer je beliebigen „Selbstverwirklichung", sondern im Sinne der vollendeten Wirklichkeit (*entelecheia*): Er soll seine ihm qua Mensch gegebenen natürlichen Möglichkeiten verwirklichen, seine genuin menschlichen Potentiale zur Entfaltung bringen, und von diesen wiederum die besten und vortrefflichsten.

3. Seele und Tugenden des Menschen

Das Gute für den Menschen besteht also in der Tätigkeit (*energeia*) der Seele (*psyche*) auf Grund ihrer besonderen Befähigung bzw. gemäß der vollkommenen Tugend (*arete*), also gemäß der Vernunft (*kata logon*). Auch dies ist noch recht allgemein gehalten. Daher ist es nötig, noch genauer zu untersuchen, welche Eigenschaften die menschliche Seele besitzt. Welche sind die besonderen Befähigungen und Tüchtigkeiten der menschlichen Seele im Einzelnen, deren Aktualisierung den Weg zum Glück darstellt?

Bei seiner Seelenlehre macht Aristoteles zunächst einmal eine zentrale Unterscheidung. Die menschliche Seele hat zwei Teile: einen irrationalen Seelenteil (*alogon*) und einen rationalen Seelenteil (*logon echon*). Der irrationale Teil ist nochmals zweigeteilt. Zum einen gibt es einen in sich ganz und gar unvernünftigen Teil, das vegetative Vermögen (*threptikon*), das für Ernährung und Wachstum zuständig ist. Zum anderen gibt es einen zwar unvernünftigen, aber der Vernunft zugänglichen und ihr gehorchenden Teil, das strebende Vermögen (*orexis*). Für die Frage nach dem tugendhaften Leben wird es eine zentrale Rolle spielen, wie der Mensch mit diesem Strebevermögen umgeht.

Diese unterschiedlichen Seelenteile zeichnen sich nun durch wiederum bestimmte Eigenschaften, bestimmte Tüchtigkeiten aus: die „Tugenden". Tugend (*arete*) bedeutet wörtlich: Bestheit, Vortrefflichkeit. *Arete* meint generell, was in seiner Gattung nicht übertroffen werden kann. Tugend als vortreffliche Leistung ist also eine Art von Vollendung. Dem rationalen Seelenteil ordnet Aristoteles die „dianoetischen" Tugenden zu, dem unvernünftigen, aber der Vernunft zugänglichen Seelenteil mit dem Strebevermögen die „ethischen" Tugenden.

Beginnen wir mit den ethischen Tugenden, die für das Handeln des Menschen ausschlaggebend sind. Die ethische Tugend (oder Charaktertugend) bezieht sich auf das Begehrungsvermögen. Sie wird bestimmt durch die beiden Momente Haltung (*hexis*) und Mitte (*mesotes*). Die ethische Tugend ist eine Haltung, die von Entscheidung getragen ist und in einer Mitte für uns besteht, die durch die Vernunft bestimmt wird. Ein Beispiel ist die Tapferkeit. Ethische Tugend hat der Mensch nicht von Natur aus, freilich auch nicht gegen die Natur. Durch Einüben, durch Gewöhnung bildet sich eine „feste Grundhaltung“ (*hexis*), ein Habitus aus. So wird ein Mensch nicht durch Philosophieren tapfer, sondern durch tapferes Handeln, durch ein Einüben und Sich-Gewöhnen an Tapferkeit. Tapferkeit wird einem Menschen so zum Charakter, zur Gewohnheit (*ethos*). Und umgekehrt wird ein feiger Mensch durch noch so viel Nachdenken niemals tapfer werden. Diese *hexis*, der Charakter eines Menschen, garantiert Verhaltenssicherheit: Man tut gleichsam automatisch das Richtige. Das heißt aber nicht, daß der tugendhaft Handelnde dies unreflektiert oder gar unbewußt täte: Zum tugendhaften Handeln gehört das Moment der Freiwilligkeit und der Entscheidung. Gewohnheit und „feste Grundhaltung“ bewirken, daß wir uns zu den Leidenschaften richtig verhalten: zu Begierde, Zorn, Angst, Neid, Freude, Liebe, Haß, Sehnsucht, Mißgunst etc. Die Tugend ist selbst keine Leidenschaft, sondern ein auf Dauer gestelltes (richtiges) Verhältnis zu den Leidenschaften.

Richtig ist dieses Verhältnis nicht dann, wenn wir die Leidenschaften in uns abtöten, sondern wenn wir deren Extreme korrigieren: Die Tugend zielt auf die Mitte (*mesotes*): auf die Mitte zwischen einem Zuviel und einem Zuwenig, zwischen Übermaß und Mangel. Die ethische Tugend *ist* diese Mitte. Die Mitte hat nichts mit Mittelmäßigkeit zu tun, und auch nicht mit einem bloßen Kompromiß. Die Mitte ist ein Bestes (*ariston*). An einer ganzen Reihe ethischer Tugenden zeigt Aristoteles, worin diese rechte Mitte besteht. Bezüglich Furcht und Mut bildet die Tapferkeit (*andreia*) die Mitte zwischen Tollheit (übermäßigem Mut) und Feigheit (übermäßiger Furcht). Beim Geben und Nehmen von Geld ist die Großzügigkeit die Mitte zwischen Verschwendung und Kleinlichkeit. Hinsichtlich Ehre bzw. Ehrlosigkeit ist die Großgesinntheit Mitte zwischen Eitelkeit und Kleinmütigkeit. An dieser Stelle wird auch deutlich, wie stark die Aristotelische Ethik von zwei klassisch griechischen Auffassungen geprägt ist und diesen Ausdruck verleiht: der Hochschätzung von Mitte und Maß wie auch von Leistung und Exzellenz (vgl. Ottmann 2001b: 146; ders. 2001a: 15ff.)

Die höchste ethische Tugend ist auch bei Aristoteles die Gerechtigkeit (*dikaiosyne*). Anders als bei Platons Idiopragie, dem Tun des je Eigenen, ist die Gerechtigkeit bei Aristoteles jene unter den ethischen Tugenden, die auf *andere* bezogen ist. Gerecht oder ungerecht handelt man im Umgang mit anderen. Aristoteles unterscheidet allgemeine und partikulare Gerechtigkeit. Als allgemeine Gerechtigkeit ist sie auf das Gesetzliche (*nomikon*) bezogen und auf das Gleiche (*ison*). Freilich handelt es sich hier nicht um bloßen Gesetzesgehorsam, vielmehr um eine Rechtsgesinnung, in einem umfassenderen ethischen Sinn um Rechtschaffenheit. Gerechtigkeit ist eine *hexis*, eine charakterliche Grundhaltung, ein Habitus, aufgrund dessen man zum Gerechten fähig ist, es faktisch tut und auch will. „Die Gerechtigkeit ist also jene Tugend, durch die der Gerechte sich für das Gerechte entscheidet und danach handelt [...].“ (NE 1134 a 1). Gerechtigkeit setzt Freiwilligkeit und bewußte Entscheidung voraus. Sie zielt auf das Gerechte um seiner selbst willen. Auch sie ist eine Mitte – aber in anderer Weise als die übrigen Tugenden: Die Gerechtigkeit „schafft die Mitte“ – „Die Ungerechtigkeit dagegen schafft die Extreme.“ (NE 1133 b 31) Insofern auch gilt die allgemeine Gerechtigkeit als die ganze, die vollkommene Tugend. Für Aristoteles ist sie glanzvoller als der Abend- und Morgenstern.

Als partikulare Gerechtigkeit hingegen erscheint die *dikaiosyne* als Tugend unter anderen und bezieht sich auf besondere Bereiche des Lebens in der Stadt. Aristoteles unterscheidet ausgleichende und verteilende Gerechtigkeit. Die ausgleichende bzw. richtende Gerechtigkeit (*iustitia regulativa*) teilt arithmetisch jedem das Gleiche zu. Sie sieht von den Unterschieden der Personen nach Rang und Verdienst ab. Ihr ist in Wirtschaft und Recht zu folgen, beim Tauschen und Vergelten. Die verteilende Gerechtigkeit (*iustitia distributiva*) dagegen berücksichtigt die unterschiedlichen Leistungen und die Würdigkeit von Personen. Sie teilt nicht jedem das Gleiche, sondern jedem das Seine, das ihm Zustehende zu (geometrische Proportionalität). Diese Form von Gerechtigkeit ist insbesondere bei der Zuteilung von Ämtern und Ehren zu beachten. Hier wird das allgemein die Gerechtigkeit auszeichnende Prinzip besonders deutlich: Gleiches ist gleich, Ungleiches ist ungleich zu behandeln. Als Ergänzungen der Gerechtigkeit spielt insbesondere die Billigkeit (*epieikeia*) eine wichtige Rolle. Billigkeit (auch Schicklichkeit, Milde) ist vonnöten, um dem Einzelfall gerecht zu werden. Sie korrigiert die Gerechtigkeit im Einzelnen, mildert das strenge Gesetz, das gegebenenfalls zu unbilliger Härte führen kann.

Soweit die ethischen Tugenden, die sich auf den irrationalen, aber der Vernunft, der Leitung und Formung zugänglichen Teil der Seele beziehen. Die dianoetischen Tugenden sind im Gegensatz dazu keine Charaktertugenden, sondern Verstandestugenden. „Dianoetisch“ – wohl gemerkt: ohne „h“ – hat nichts mit „ethisch“ zu tun. Es leitet sich ab von *dianoia*: Verstand, und das meint die intellektuelle Erkenntnistätigkeit, das Denken, insbesondere das Seelenvermögen, das das diskursive Denken und logische Schließen ermöglicht. Dianoetische Tugenden sind die folgenden: Kunst / technisches Wissen (*techne, poiesis*), Klugheit (*phronesis*), Wissenschaft bzw. Erkenntnis (*episteme*), intuitiver Verstand bzw. Geist (*nous*) und schließlich Weisheit (*sophia*). Es sei erwähnt, dass in der Literatur zuweilen lediglich die Weisheit und die Klugheit als dianoetische Tugenden angesprochen werden. Was für diese Sichtweise spricht, wird im Folgenden deutlich werden.

Die dianoetischen Tugenden betreffen also den Verstand, nicht den Charakter des Menschen. Sie betreffen Dinge, die man lernen kann, und werden entsprechend durch Belehrung und nicht durch Gewöhnung ausgebildet und geschult. Wir haben bereits gesehen, dass es keine Frage des Verstandes ist, tapfer zu werden. Ein guter Mathematiker hingegen wird man durch Belehrung sehr wohl, ja nur durch Belehrung bzw. Lernen. Und das wiederum hat, wie man weiß, nichts mit einem guten Charakter zu tun. Aber nicht alle dianoetischen Tugenden sind für das Handeln so belanglos wie die Mathematik. Sie lassen sich vielmehr nach der oben bereits erläuterten Unterteilung von Wissensformen bzw. -zielen ordnen: Für Herstellen, Handeln und Erkennen sind jeweils unterschiedliche Verstandestugenden relevant. Wir sagten schon, dass das Erkennen sich auf das Ewige und Unveränderliche bezieht, auf Dinge, die der Mensch nicht beeinflussen kann, auf das, was notwendig so ist, wie es ist. Diesem Erkennen dienen *episteme*, *nous* und *sophia*. Die wichtigste Form des Wissens ist das Wissen von einer Sache im Sinne der Kenntnis der oben bereits genannten Ursachen. Daraus bildet sich das System eines geordneten demonstrativen Wissens, an dessen Spitze Prämissen stehen, oberste unvermittelte und nicht weiter demonstrierbare Erstsätze, aus denen wiederum deduziert werden kann. Entsprechend lassen sich zwei Erkenntnisformen unterscheiden: Der *nous*, der intuitive Verstand, erfaßt die Prinzipien, vermittelt die Evidenz erster Sätze; *episteme*, Wissen bzw. Wissenschaft, leitet aus den Prinzipien ab, zieht zwingende Schlüsse aus diesen und erforscht, nach Disziplinen geordnet, die einzelnen Wissensgebiete. Die Weisheit (*sophia*) umfaßt beides: *nous* und *episteme*. Sie ist die vollendete theoretische Erkenntnisweise.

Wenn wir kurz auf die Frage nach der *eudaimonia* zurückkommen, so sehen wir im Zentrum der *vita contemplativa* eben diese theoretischen Erkenntnisweisen, allen voran die Weisheit. Sie verbürgen das Glück des betrachtenden Lebens. Die Tätigkeit der Seele gemäß der dianoetischen Tugend der Weisheit macht glücklich. Aber, so schränkt Aristoteles ein, die Weisen würden zwar großartige Dinge im Bereich des Ewigen und Unvergänglichen erkennen, hätten jedoch keine spezifische Kompetenz für Fragen des menschlichen Lebens. Für die *praxis* des Menschen ist eine andere dianoetische Tugend entscheidend: die Klugheit.

Klugheit, *phronesis*, steht im Zentrum der *vita activa*. Zusammen mit den ethischen Tugenden verbürgt sie das Glück des Handelnden. Klugheit hat das zum Gegenstand, „was sich so und anders verhalten kann“, im speziellen: die Praxis des Menschen. Aristoteles definiert sie als „ein mit richtiger Vernunft verbundenes handelndes Verhalten [...] im Bezug auf das, was für den Menschen gut oder schlecht ist“ (NE 1140 b 5). Sie betrifft jene Dinge, die man überlegen kann, nicht die, die man erkennen kann. Die aristotelische Klugheit hat ihren Ursprung in der *Rhetorik*, im Sich-Bereden und Miteinander-Beraten. Sie ist zentral für die Entscheidungen des Handelnden. Sie stützt sich nicht auf theoretisches Wissen, sondern vor allem auf Erfahrung. Kluges Handeln kann sich nicht an mathematischen Gesetzen orientieren, sondern an Sitten, Gewohnheiten und dem guten Beispiel des tüchtigen (*spoudaios*) und klugen (*phronimos*) Mannes. Gemäß ihrem besonderen Gegenstandsbereich ist sie „ein durch Erfahrung belehrtes Wissen“, „ein Sich-Verstehen auf etwas, und zwar auf ein gutes und glückliches Leben“ (Ottmann 2001: 155).

Das gute und gerechte Handeln entsteht freilich nicht aus Klugheit allein, sondern aus ihr und der ethischen Tugend:

> „Ferner kommt das Handeln durch die Klugheit und die ethische Tugend zustande. Denn die Tugend macht, daß das Ziel richtig ist, und die Klugheit, daß der Weg dazu richtig wird.“ (NE 1144 a 8)

Das heißt nicht, dass die Klugheit technisch-instrumentell beschränkt wäre auf eine reine Mittel-Rationalität. Zwar hängt sie mit der „Gewandtheit“ zusammen, also mit der Fähigkeit, „das zu tun und erreichen zu können, was zum vorgegebenen Ziele führt“. Doch Aristoteles differenziert: Wenn das Ziel schlecht ist, dann wird diese Gewandtheit zur „Gerissenheit“. Nur wenn das Ziel gut, ist sie lobenswert. Wir haben es hier also nicht mit jener Klugheit zu tun, die Machiavelli lehren wird, und auch nicht mit der bloß „instrumentellen

Vernunft", die Max Horkheimer im 20. Jahrhundert als vorherrschenden Rationalitätstypus kritisieren wird. Bei Aristoteles weiß das „Auge der Seele" des Tugendhaften, was gut und was schlecht ist. „Also ist klar, daß man nicht klug sein kann, wenn man nicht tugendhaft ist." (NE 1144 a 35) Ethische Tugend und Klugheit bilden im tugendhaften Handeln eine Einheit, die eine Trennung von Mittel und Zweck gar nicht ermöglicht. Ethos und Logos, Habitus und Klugheit gehören zusammen. Tugendhaftes Handeln ist nie allein Sache des Erkennens.

4. Die Tugenden des Politischen und das höchste Glück des Philosophen

Für die im engeren Sinn politische Theorie haben wir nun beinahe alle wichtigen Tugenden beisammen. Mit der Klugheit und den ethischen Tugenden gewinnt der gute und gerechte Polis-Bürger bereits Gestalt. Entscheidend für die politische Gemeinschaft und ihr Funktionieren ist aber noch ein Weiteres, dem Aristoteles immerhin zwei Bücher seiner *Nikomachischen Ethik* widmet: die Freundschaft (*philia*). Auch die Freundschaft ist eine Tugend oder zumindest mit ihr verbunden (NE 1155 a 3). Als Substanz menschlicher Gemeinschaft genießt sie bei Aristoteles eine besondere Hochschätzung. Aristoteles unterscheidet drei Arten von Freundschaft, und zwar nach den Motiven bzw. den Zielen, denen sie dient. Die Freundschaft des eigenen Nutzens wegen ist der unvollkommenste der drei Typen. Bei ihr wird der Freund letztlich instrumentalisiert. Sie ist zudem unbeständig. Der zweite Typus, die Freundschaft um der Lust und des Vergnügens willen, wird immerhin in begrenztem Maße um ihrer selbst willen erstrebt, ist aber ebenfalls eine recht vergängliche Form von Freundschaft und bedarf nur geringer Tugend. Diese beiden Formen sind unvollkommen, bilden nicht in sich erstrebenswerte Ziele. Die Beziehung bleibt äußerlich, vom eigenen Interesse dominiert. Der Andere kann hier leicht zum reinen Mittel werden. Erst beim dritten Typus, der substanziellen Art der Freundschaft, wünscht und tut der Freund dem anderen um dessen selbst willen Gutes. Es ist eine Freundschaft *im* Guten, im gemeinsamen Wissen um und Streben nach dem Guten. Sie kommt zustande unter tugendhaften Menschen, die in ihrem Streben nach dem Guten zunächst einmal auch in Übereinstimmung mit sich selbst leben. Selbstliebe und Freundesliebe bilden hier keinen Gegensatz, sondern ergänzen einander, teilen sie doch dasselbe Fundament. Harmonie mit sich selbst und Übereinstimmung mit den Mitbürgern ist denn auch Grundlage der spezifisch politischen Bürgerfreundschaft, der Eintracht (*homonoia*). Die Fähigkeit bzw. Tugend der Freundschaft hängt auch aufs Engste mit der politischen Gemeinschaft zusammen. Die *homonoia* bildet das eigentliche Fundament des Zusammenlebens in der Stadt, insofern dieses weit mehr ist als ein Zweckbündnis. Wir werden darauf gleich noch kommen.

Mit den beiden Büchern über die Freundschaft ist insofern auch bereits eine Überleitung zur Politik gegeben. Der enge Zusammenhang von Ethik und Politik wird zudem am Schluß des zehnten Buches der *Nikomachischen Ethik* eigens betont. Zuvor aber hat Aristoteles in diesem letzten Buch der Ethik noch die Frage zu klären, welche der eingangs skizzierten Lebensformen denn nun die beste ist. Mit welcher Art des Lebens erreicht der Mensch die höchste Form von Glückseligkeit: *bios theoretikos* oder *bios politikos*? Zunächst erscheint die Antwort eindeutig. Nach allen eingangs aufgestellten Kriterien hat man das betrachtende Leben als das glücklichste und beste zu betrachten. Die *vita contemplativa* verweist das politische Leben eindeutig auf den zweiten Platz. Wir müssen uns den Weisen als einen in höchstem Maße glücklichen Menschen vorstellen. Aber, so schränkt Aristoteles ein, für die meisten Menschen – und insofern der Mensch ein Mensch ist und kein Gott – findet sich das Glück in der *vita activa*. Das kann bei Aristoteles auch nicht anders sein, ist der Mensch doch das *zoon physei politikon*. Es erscheint angemessen, bei der Frage nach dem Menschen-Glück nicht von einer allzu strikten und unbedingten Überordnung des *bios theoretikos* zu sprechen, sondern eher von einer Nebenordnung. Vor allem – und das ist für die politische Theorie maßgeblich – behält das politische Leben bei Aristoteles zweifelsohne sein Recht und seine ganz spezifische Würde. Man muß sich vor Augen führen, mit welcher Hochschätzung Aristoteles die ethischen Tugenden, die Gerechtigkeit, die Freundschaft beschreibt, ja anpreist. Mögen die wenigen Weisen mit ihrem betrachtenden Leben das höchste denkbare Glück erfahren und in wenigen Momenten gar am Göttlichen teilhaben – für Aristoteles mindert das in keiner Weise das Glück und die Schönheit des politischen Lebens. Das Glück des Weisen sticht das Glück des *zoon politikon* nicht aus.

Der Weise lebt allein, und in weitestgehender Autarkie: Er braucht beim Betrachten ja nicht einmal mehr Freunde! Bei Aristoteles hat er auch nicht die Aufgabe, als Philosophenkönig in die Politik der Stadt einzugreifen. Die Schau des Unveränderlichen bringt der Polis und ihrem guten Leben auch gar nichts. Was die Stadt braucht, das sind tugendhafte und kluge Männer wie Perikles, keine vergeistigten Wissenschaftler. Und die Differenzierung nach Lebensweisen bedeutet ja nicht, dass das bürgerliche Leben in der Polis ohne Vernunft wäre, ganz im Gegenteil. Endlich: Wenn die *Politik* sich mit dem beschäftigt, „was die Stadt angeht", so zielt sie zwar auf das Glück der Stadt und ihrer Bürger, aber man kann durchaus sagen, dass das Leben der im höchsten Sinne glückseligen Philosophen die Stadt selbst im Grunde nichts mehr angeht.

Was die Stadt indes sehr viel angeht und was sie zu ihrem Glück unbedingt braucht, darauf kommt Aristoteles noch ganz am Schluß der *Nikomachischen Ethik* zu sprechen: Erziehung und gute Gesetze. Sie sind Bedingung eines guten Lebens und Grundlage der Polis-Gemeinschaft. Dass Erziehung so wichtig ist, wurde schon mit Blick auf die ethischen Tugenden sehr deutlich. Der Mensch wird nicht von selbst zu einem tugendhaft Handelnden. Aristoteles ist in diesem Zusammenhang alles andere als ein Idealist, der den Menschen wirklichkeitsfremd verzeichnet. Insofern ist es auch ganz unangebracht, der aristotelischen Anthropologie wie auch Politik mangelnden „Realismus" vorzuwerfen – wie dies bis heute immer wieder geschieht. Aristoteles weiß sehr genau: Die meisten Menschen lassen sich vom Schlechten nur durch Strafe abhalten – deshalb braucht die Stadt entsprechende Gesetze. Und um die Menschen tugendhaft zu machen, muß sehr viel in eine entsprechende Erziehung investiert werden. Fundamental ist in diesem Zusammenhang die Gewöhnung, die Herausbildung und Prägung des Charakters. Gewöhnung, Belehrung und gute Gesetze zusammen bilden den Rahmen, um die Erziehung zur Tugend und ein gedeihliches Leben der Polis zu ermöglichen. Ohne diese kulturellen Kontexte, ohne das pädagogisch gefestigte Ethos der Gemeinschaft ist keine gute und gerechte Ordnung möglich. Und ohne diese, ohne Gesetz, Recht und Moralität, ist der Mensch „das ruchloseste und roheste und in Bezug auf Geschlechts- und Gaumenlust das allergemeinste Geschöpf" (Pol. 1253 a 36), schlechter als jedes Tier. Thomas Hobbes konnte dem mit seinem *homo homini lupus* im Grunde gar nichts Entscheidendes mehr hinzufügen. Und tatsächlich beobachtet der Empiriker Aristoteles, der „normativ" Tugend und Klugheit fördern will, um sich herum ja ebenso und sogar zumeist Ungerechtigkeit und Gerissenheit. Eben deshalb schreibt Aristoteles ja seine Ethik: damit wir, geleitet vom Wissen um das Gute, „tugendhaft werden".

5. Die Polis und das zoon physei politikon

Die *Politik* als Theorie der Polis und des guten Lebens ihrer Bürger ist ein sehr vielschichtiges Werk. Sie vollendet die „Wissenschaft vom Menschen" und hat damit einen „normativen" Kern: Die Stadt, in der das *zoon politikon* lebt, ist nicht einfach irgendeine Ansammlung von Menschen. Aristoteles verbindet sie untrennbar mit der Frage nach dem guten Leben und dem Glück, den Fragen der Ethik. Zugleich – und das erscheint lediglich heute als Widerspruch – ist sie eine empirisch unglaublich reiche Sammlung und Systematisierung von Verfassungen, die zunächst einmal deren Eigenarten und Merkmale zu beschreiben und die Voraussetzungen des Erhalts oder Wandels von Verfassungen zu erklären versucht. Insofern gilt sie auch der heutigen empirischen Politikwissenschaft zu recht als bedeutsamer Klassiker mit hohem analytischen Wert. Dennoch sammelt Aristoteles sein empirisches Material nicht um des Sammelns willen, auch nicht um des bloßen Verstehens willen. „Die Hauptfrage der Politik lautet nicht: Was gibt es alles? Was hat man alles schon praktiziert oder über Politik gedacht? Die Hauptfrage ist, was aus den bisher gemachten Erfahrungen für eine gute Politik zu lernen ist. Was macht eine ‚gute' Verfassung aus?" (Ottmann 2001b: 172). Genau besehen folgt auch die heutige, angeblich „wertfreie" Regierungslehre oder Demokratieforschung noch eben diesen Fragen – Aristoteles hat sie freilich expliziter als Teil der Politischen Wissenschaft benannt, und er hat sie systematischer bearbeitet.

> „Da jeder Staat uns als eine Gemeinschaft entgegentritt und jede Gemeinschaft als eine menschliche Einrichtung, die ein bestimmtes Gut verfolgt […], so erhellt, daß zwar alle Gemeinschaften nach irgendeinem Gute streben, vorzugsweise aber und nach dem allervornehmsten Gute diejenige, die die vornehmste von allen ist und alle anderen in sich schließt. Das ist aber der sogenannte Staat und die staatliche Gemeinschaft." (Pol. 1252 a 1-7).

Diese einleitenden Sätze der Politik enthalten bereits im Kern zentrale Grundlagen der aristotelischen politischen Theorie und erinnern sogleich an die enge Verbindung von Ethik und Politik. Der Staat bzw. die Stadt ist eine Gemeinschaft (*koinonia*), die ein Gut (*agathon*) erstrebt, und zwar – wie bereits in der *Nikomachischen Ethik* hervorgehoben – das vornehmste und höchste Gut. Zugleich macht Aristoteles von Beginn an – und gegen das platonische Einheitsdenken – deutlich, dass es eine Vielzahl von Gemeinschaften gibt, die sich qualitativ und nicht bloß quantitativ unterscheiden. Und bei Aristoteles behalten diese anderen, kleineren Gemeinschaften auch ihr Recht. Das gilt insbesondere für das Haus (*oikos*), also für den privaten Bereich.

Aristoteles unterscheidet die Gemeinschaft der Familie im Haus (*oikos*), die Gemeinschaft aus mehreren Häusern im Dorf (*kome*) und schließlich die politische Gemeinschaft der Stadt (*polis*). Diese unterschiedlichen Gemeinschaften haben einen je unterschiedlichen Zweck. In der häuslichen Gemeinschaft etwa geht es neben der Fortpflanzung und der Erziehung der Kinder um ökonomische Belange – und damit um ganz Anderes als in der *koinonia politike*. Die Polis ist keine Großfamilie. Ihre Zwecke sind genuin politisch. Die Trennung von Haus und Stadt wird noch deutlicher dadurch, dass wir in den einzelnen Formen von Gemeinschaften auf sehr unterschiedliche Formen der Herrschaft treffen. Insbesondere die Herrschaft des Herren (*despotes*) über die Sklaven unterscheidet sich von allen anderen, auch bereits deutlich von der des Hausvorstandes (*oikonomikos*) über die rangnahe Ehefrau. Wieder eine andere Form begegnet bei der Herrschaft des Königs (*basilikos*) über seine Untertanen, die immerhin im Privaten selbst Haushaltsvorstände sind. Die höchststehende Herrschaftsform aber ist die des Staatsmannes (*politikos*) über seinesgleichen, mit denen er sich im Regieren und Regiertwerden abwechselt. Die Polis ist eine Herrschaft von Freien und Gleichen über Freie und Gleiche. Und so läßt sich auch die Entstehung der Stadt historisch zwar gleichsam als ein Anwachsen und Zusammenwachsen kleinerer Gemeinschaften beschreiben. Mit der Errichtung der Stadt aber ereignet sich ein qualitativer Umschlag:

> „Endlich ist die aus mehreren Dorfgemeinden gebildete vollkommene Gesellschaft der Staat, eine Gemeinschaft, die gleichsam das Ziel vollendeter Selbstgenügsamkeit erreicht hat, die um des Lebens willen entstanden ist und um des vollkommenen Lebens willen besteht. Darum ist alles staatliche Gemeinwesen von Natur, wenn anders das gleiche von den ersten und ursprünglichen menschlichen Vereinen gilt. Denn der Staat verhält sich zu ihnen wie das Ziel, nach dem sie streben; das ist aber eben die Natur. Denn die Beschaffenheit, die ein jedes Ding beim Abschluß seiner Entstehung hat, nennen wir die Natur des betreffenden Dinges […].“ (Pol. 1252 b 27)

Die Schlüsselbegriffe dieser Polis-Definition sind bereits aus der Ethik und ihrer Frage nach der Glückseligkeit bekannt: Selbstgenügsamkeit, vollkommenes Leben, Natur und Ziel, also das teleologische Konzept. Aristoteles weiter:

„Hieraus erhellt also, daß der Staat zu den von Natur bestehenden Dingen gehört und der Mensch von Natur ein staatliches Wesen ist, und daß jemand, der von Natur und nicht bloß zufällig außerhalb des Staates lebt, entweder schlecht ist oder besser als ein Mensch [...].“ (Pol. 1253 a 1)

Die Polis und das Leben in ihr – als Bürger – entsprechen der menschlichen Natur im oben ausgeführten Sinne. Die Stadt ist die Verwirklichung (*energeia*) der spezifisch menschlichen Möglichkeit (*dynamis*). Die Stadt verdankt sich nicht bloßer Konvention, sie entsteht nicht bloß durch einen Vertrag von Individuen, die damit ihren persönlichen Nutzen optimieren. Die Polis ist kein Kunstprodukt, wie es die neuzeitliche Vertragstheorie behaupten wird. Im übrigen kann Aristoteles deswegen den Bürger auch nicht wie der neuzeitliche Liberalismus als „Individuum“ denken, das dem Staat gegenübergestellt werden könnte und das vor allem gegen die Übergriffe eben dieses Staates geschützt werden müßte. Ein *zoon physei politikon* kann gar nicht getrennt von seiner Gemeinschaft gedacht werden.

Nun sind freilich auch Bienen, Ameisen, Wespen und Kraniche „politische“ Tiere, die im Zusammenleben eine gemeinschaftliche Leistung (*ergon*) erbringen. Was indes den Menschen und seine *koinonia politike* von diesen Tieren unterscheidet, wird erst mit der bereits bekannten zweiten zentralen anthropologischen Bestimmung deutlich, die sich unmittelbar anschließt:

„Nun ist aber einzig der Mensch unter allen animalischen Wesen mit der Sprache begabt. [...] Das Wort aber oder die Sprache ist dafür da, das Nützliche und das Schädliche und so denn auch das Gerechte und das Ungerechte anzuzeigen. Denn das ist den Menschen vor den anderen Lebewesen eigen, daß sie Sinn haben für Gut und Böse, für Gerecht und Ungerecht und was dem ähnlich ist. Die Gemeinschaftlichkeit dieser Ideen aber begründet die Familie und den Staat.“ (Pol. 1253 a 10)

Die Polis ist gegründet auf die Tugend. Das „vollkommene und sich selbst genügende Dasein“ ist Zweck des Staates: „ein glückliches und tugendhaftes Leben“ (Pol. 1281 a 1). Der Staat besteht nicht nur um eines Vorteiles oder Nutzens wegen. Er ist auch mehr als ein bloßes Verteidigungsbündnis. Eintracht (*homonoia*), Bürgerfreundschaft hält die Polis zusammen, als eine Eintracht „unter den Guten“. Sie wird getragen vom *ethos* tugendhafter Bürger und der vorherrschenden guten Sitten. Das bedeutet natürlich auch, dass die Stadt sich um die Pflege der Tugend kümmern muss – über den Stellenwert guter Erziehung wurde bereits in der Ethik gesprochen. Noch einmal:

Die Polis ist ein *Personen*verband; mit untüchtigen Bürgern ist kein Staat zu machen. „Bürgerschaft und Verfassung sind Grundbegriffe dieser Politik. Die Stadt ist ihre Bürgerschaft. Bürger wiederum ist, wer an den großen Institutionen der Stadt teilnehmen darf. Die Stadt ist ihre Verfassung." (Ottmann 2001b: 173) Und unter Verfassung ist dabei keineswegs nur das juristische Gerüst an Regeln und Zuständigkeiten zu verstehen. Verfassung meint hier in einem weiteren Sinne die „Verfaßtheit" einer Stadt, und das schließt insbesondere die Bürger mit ein. In seinen Untersuchungen über den Wandel der Verfassungen und dessen Ursachen spielen die Einstellungen, Tugenden und Untugenden der Bürger ebenfalls eine gewichtige Rolle. Man kann Aristoteles diesbezüglich durchaus als Pionier auch der politischen Kulturforschung betrachten.

Wer sind nun die Bürger der Polis? Aristoteles unterscheidet verschiedene „Teile" der Polis. Nicht alle ihrer Teile sind echte, „wesentliche" Bestandteile der Polis. Aristoteles unterscheidet streng zwischen den im eigentlichen Sinne staatsbildenden Teilen und den bloß notwendigen aber nicht wesentlichen Teilen und Aufgaben. Was die Polis als Gemeinschaft ausmacht, das sind ihre wesentlichen Teile, diejenigen, die das gemeinschaftliche Gute tragen, verkörpern und praktizieren: die Vollbürger. Sie bilden die *koinonia politike*, sie widmen sich den zentralen Aufgaben der Polis: Verteidigung, Kultus, politische Beratung und Richteramt. Aristoteles zeichnet das Bild eines sehr aktiven Bürgers, dessen politisches Handeln ihn allererst zum Bürger macht. Partizipation ist das Kernelement dieser politischen Theorie. Für diese anspruchsvolle Form der Aktivbürgerschaft braucht man natürlich Zeit, Muße und entsprechende Ressourcen. Im Grunde ist es nur konsequent – wenn auch mit modernen Gleichheitsvorstellungen unvereinbar –, dass Aristoteles den Bürgerstatus für jene reserviert, die die genannten Bedingungen erfüllen; und das heißt: für diejenigen, die zunächst einmal ökonomisch selbständig und damit ihr eigener Herr sind. Wer sich tagtäglich abrackern muss, um wenigstens zu überleben, dem fehlen Zeit und Voraussetzung für gehaltvolle politische Teilhabe. Entsprechend zählt ein Großteil der Bewohner einer Stadt nicht zu den Vollbürgern, nicht zu ihren wesentlichen Bestandteilen. Dies gilt für Aristoteles selbstverständlich für jene, die ohnehin nur Mittel zu anderen Zwecken sind, die Sklaven – Aristoteles nennt sie, an einer der umstrittensten und argumentativ schwächsten Stellen seines Werkes, „belebten Besitz", „belebtes Werkzeug". Zwischen den politischen Bürgern und den Sklaven kann es keine Gemeinschaft geben. Despotische Herrschaft über Sklaven ist gerecht. In höchstem Maße ungerecht ist hingegen die despotische Herrschaft über von Natur Freie und Gleiche. Aber auch Bauern, Handwerker und natürlich die Barbaren gehören nicht zur politischen Gemeinschaft, haben keinen Anteil an der Herrschaft von Freien und Gleichen über Freie und Gleiche. Gleichwohl begnügt sich Aristoteles nicht mit diesen allgemeinen und allgemein gültigen Bestimmungen. Wer letztlich im einzelnen Fall Bürger sein kann, das hängt von der jeweiligen Verfassung ab. Und damit kommen wir zur Vielfalt der von Aristoteles untersuchten Verfassungen.

6. Die beste Polis und die vielen Verfassungen

Die *Politik* enthält beides: eine Theorie der besten Polis wie auch eine Verfassungsformenlehre, die eine Vielzahl von Erscheinungsformen und Typen umfaßt. Die Lehre von der besten Stadt, die Aristoteles in den letzten beiden Büchern der *Politik* entfaltet, steht weithin im Einklang mit dem bislang über die politische Gemeinschaft Gesagten. Die beste Stadt ist eine Stadt des Glücks. Ihre Bürger zeichnen sich durch jene Tugenden aus, die wir aus der Ethik kennen. Entsprechend werden die Ämter in der besten Stadt nach Würdigkeit vergeben. Relativ detailliert beschreibt Aristoteles die nötigen Voraussetzungen und Rahmenbedingungen der besten Stadt: neben der Tüchtigkeit ihrer Bürger werden Einwohnerzahl, Lage, Größe und Anlage der Stadt bestimmt, die in ihr beheimateten Stände und – natürlich – die optimale Erziehung ihrer Bürger. Die beste Stadt ist eine Gemeinschaft, in der das *zoon politikon* seiner Natur gemäß leben kann. Und nur in ihr fallen die Tugenden des guten Menschen und die Tugenden des guten Bürgers zusammen. In allen anderen Verfassungen können sie nicht deckungsgleich sein. Dem Monarchen beispielsweise ein guter Untertan zu sein, bedeutet noch nicht, die Tugenden des guten Menschen zu besitzen.

Aristoteles interessiert sich nicht nur für die beste Polis. Er ist zugleich Empiriker, und er ist zudem auch ein recht pragmatischer politischer Denker, jedenfalls weit mehr als Platon. Welche Verfassung jeweils geeignet ist, das hängt stark von den jeweils gegebenen Umständen ab, und es ist zunächst einmal unter dem Aspekt der Stabilität zu erwägen. Die Frage nach der relativ besten Verfassung ist für Aristoteles von erheblichem Gewicht.

In seiner Verfassungsformenlehre stoßen wir zunächst wieder auf ein „normatives" und für Aristoteles unumstößliches Kriterium. Für die Einteilung der Verfassungen in gute und entartete wird nach der jeweiligen Orientierung der Herrschenden differenziert: Gute Verfassungen sind solche, bei denen die Herrschenden das Gemeinwohl verfolgen, schlechte Verfassungen (Parekbasen) sind solche, bei denen die Herrschenden nur an ihren eigenen Vorteil denken. Nimmt man das zweite Kriterium hinzu, die Anzahl der Herrschenden, so ergeben sich drei gute und drei schlechte, entartete Verfassungen. Gute, am Gemeinwohl orientierte Verfassungen sind das Königtum (einer herrscht), die Aristokratie (wenige, das heißt die Besten herrschen) und Politie (das Volk herrscht). Entsprechend sind entartete Verfassungen die Tyrannis (einer herrscht zum eigenen Nutzen), Oligarchie (wenige herrschen zum Vorteil der Reichen) und Demokratie (das Volk bzw. die Masse herrscht zum Vorteil der Armen).

Neben diesem Sechser-Schema, das nahe an dem aus Platons *Politikos* liegt, findet sich in der *Politik* eine umfassende Untersuchung von vielerlei Misch-, Übergangs-, Sonder- und Unterformen. Aristoteles widmet sich all dem differenzierter und empirisch gründlicher, als Platon dies getan hat. Auch erkennt er die real existierende Pluralität von Staaten und Staatsprinzipien vorbehaltloser an. Die Frage nach der besten Polis ist flankiert von der Frage nach der den Umständen entsprechend besten wie auch nach der in allen Lagen und Umständen durchschnittlich besten. „Normativ" indes ist Aristoteles von Platon so weit nicht entfernt. Unzweideutig ist bei beiden die Ablehnung der Tyrannis als der schlechtesten aller Verfassungen. Auch Aristoteles verachtet sie. In ihr gerät die Tugend vollständig unter die Räder. Alle schlechten Eigenschaften des Menschen kommen in ihr zum Vorschein. Die Tyrannis befördert Kleinmut, Misstrauen und Ohnmacht. Zudem ist sie in höchstem Maße instabil. All das macht die Tyrannis weitaus unerträglicher als die Demokratie, die Aristoteles gleichfalls ablehnt, wenn auch durchaus ausgewogen als Verfassung der Freiheit und Gleichheit aller beschreibt. Problematisch erscheinen Aristoteles insbesondere jene Unterformen der Demokratie, in denen die demokratische Gleichheit absolut gesetzt und durch keine gegenläufigen Kriterien (der proportionalen Gerechtigkeit) abgemildert wird. In der extremen Demokratie kommt es schließlich zur gesetzlosen Herrschaft der Demagogen.

Was aber unter Berücksichtigung aller relevanten Faktoren die beste Verfassung ist, das läßt sich nicht mehr ohne weiteres sagen. Deutlich sympathisiert Aristoteles mit der Aristokratie, der Herrschaft der Besten. Wie sollte es anders sein! Aber zugleich sieht er realistisch und pragmatisch, dass man im Sinne der Stabilität und

Dauerhaftigkeit, aber auch in Anerkennung der legitimen Ansprüche verschiedener Schichten einer allzu großen Zahl von Bürgern die Ehre der Partizipation nicht verweigern darf. Insbesondere dies sind die Gründe, die Aristoteles für eine Mischverfassung ins Feld führt: für die *politie* als einer Mischung aus oligarchischen und demokratischen Elementen. In ihr ist nicht mehr Tüchtigkeit (*arete*) allein das Kriterium für die Auswahl der Regierenden. Aber unter den gegebenen Umständen, mit denen sich Aristoteles historisch konfrontiert sieht, scheint diese Mischverfassung doch als die relativ beste Lösung. Die *politie* ist die bürgerpolitische, republikanische Verfassung, mit allen Vorteilen, die ihr noch lange nach Aristoteles zugeschrieben werden: Sie vermag die unterschiedlichen Schichten und ihre Ansprüche zum Ausgleich zu bringen, sie befördert Mäßigung und Kooperation und bewirkt eine Teilung der Macht. All das macht sie insbesondere stabil.

Die Art und Weise, wie Aristoteles in seiner *Politik* Fragen nach der besten und der relativ besten Polis, politikwissenschaftliche Detailanalyse und philosophische Grundsätzlichkeit verbindet, ist beispielhaft. Empirische, ethische und pragmatische Dimensionen des Politischen kommen zu ihrem Recht. Das Aristotelische Denken entzieht sich allzu planen Unterscheidungen, wie sie heute gerne verwendet werden: „normativ" hier, „empirisch-analytisch" dort. Auch in dieser Hinsicht kann die heutige politische Wissenschaft von ihrem Begründer immer wieder lernen.

Schluß: Aristoteles und die Neuzeit

Aristoteles gehört zu den großen Klassikern des politischen Denkens, bis heute. Seine Lehre übt zunächst enormen Einfluss auf das politische Denken des christlichen Mittelalters aus, insbesondere auf Thomas von Aquin. Hier freilich erfährt die aristotelische Lehre einige Veränderungen, muss sie doch der christlichen Lehre angepasst werden: Das *zoon politikon* und seine „vita activa" werden dem Vorrang des jenseitigen Heils untergeordnet. Der große Bruch mit dem politischen Aristotelismus kommt mit der Neuzeit, insbesondere in Gestalt der Vertragstheorien. Wir werden gleich darauf zurückkommen. Aristoteles bleibt gleichwohl bis heute Bezugspunkt für republikanische Ansätze und solche, die den repräsentativen und bürgerfernen Systemen der modernen Demokratie das Ideal einer aktiveren Bürgerpolitik entgegenhalten. Besonders prominent wurde Hannah

Arendts Versuch, der „vita activa“ und dem menschlichen Handeln gegenüber einem technokratischen, instrumentellen Politikverständnis wieder mehr Geltung zu verschaffen. Auch in der Kritik, die der Kommunitarismus am vorherrschenden Liberalismus geübt hat, ist das aristotelische Politikverständnis zu neuer Bedeutung gelangt.

Die systematische Einordnung der aristotelischen „Wissenschaft vom Menschen“ fällt nicht so leicht, wie es zunächst scheinen mag. Ein Stück weit kommt es hierbei auf die jeweils gewählte Perspektive an und auf die jeweilige Gewichtung bestimmter Aspekte seines Denkens. Das betrifft vor allem das Verhältnis zu Platon. Einerseits wurde bereits deutlich, dass Aristoteles in entscheidenden Punkten von seinem Lehrer abweicht. Wählt man andererseits eine genuin moderne Perspektive, dann treten bedeutsame Parallelen beider Ansätze hervor, in denen sich das klassische Denken beider Philosophen signifikant von modernen Überzeugungen unterscheidet.

Im direkten Vergleich zu Platon fallen zunächst eine Reihe von Unterschieden auf, die Aristoteles ja auch selbst betont. Von der platonischen Ideenlehre hält Aristoteles nicht viel, und ebenso wenig vom Einheitsdenken seines Lehrers. An die Stelle der Einheit tritt bei Aristoteles die Vielheit, auf dem Gebiet der Wissenschaften wie auch auf dem der Politik. Die politische Theorie ist nicht mehr auf die Philosophenherrschaft ausgerichtet, sondern auf die Gemeinschaft der Bürger, auf den *bios politikos*, auf die *praxis* und ihre spezifischen Tugenden, die Klugheit und die ethischen Tugenden. Aristoteles trennt diese und die politische Wissenschaft von der theoretischen Erkenntnis des *bios theoretikos*. Zudem sind Ethik und Politik stark an der Lebenspraxis und den Erfahrungen der Menschen orientiert, am „common sense“ und nicht an den Einsichten der Weisen. Aristoteles widmet sich ausgiebig den Sitten, dem Ethos der attischen Polis. Dieses Ethos ist auch inhaltlich für seine politische Theorie von zentraler Bedeutung. Aristoteles knüpft an die bestehende Sittlichkeit an, die er zu klären und in ihren positiven und vernünftigen Gehalten zu stärken trachtet. Das Bestehende wird dabei nicht kritiklos akzeptiert, aber eben auch nicht von einer enthobenen Sphäre reiner Ideen als notorisch defizient betrachtet. Aristoteles weiß sich dem Ethos auch deswegen verpflichtet, weil die eingewöhnten Haltungen den Kern der ethischen Tugenden ausmachen.

All das sind durchaus markante Unterschiede zur metaphysischen politischen Theorie der *Politeia*. In Abkehr von seinem Lehrer löst Aristoteles die praktische Philosophie „aus ihrer unmittelbaren Verklammerung mit der Metaphysik“ (Ottmann 2001: 111) und begründet sie als eine eigenständige praktische Disziplin. Andererseits wurde deutlich, dass zentrale Aussagen in Ethik und Anthropologie ohne ihren metaphysischen Untergrund nicht zu verstehen wären, insbesondere das teleologische Konzept der Ethik. Die Frage, wie man diese metaphysischen Gehalte gewichten soll, ist bis heute Gegenstand kontroverser Debatten. Wir müssen diese Frage hier offen lassen.

Deutlicher wird die Nähe zu Platon in anderer Hinsicht – und damit kommen wir zur zweiten genannten Perspektive. Insbesondere aus moderner Sicht tritt eine markante Gemeinsamkeit beider klassischer Ansätze hervor: die Einheit bzw. die starke Verbindung von Politik und Ethik. Für beide lässt sich die Frage nach der politischen Ordnung nicht von der Frage nach dem Guten und Gerechten trennen. Insbesondere die Frage nach dem guten Leben, die nur anthropologisch zu beantworten ist, spielt bei beiden eine zentrale Rolle. Und für beide wäre gänzlich undenkbar gewesen, was der moderne Liberale John Rawls vorschlagen wird: Fragen des Guten und des Gerechten zu trennen und letzteren einen Vorrang einzuräumen.

Der Bruch mit dem klassischen Paradigma wird ideengeschichtlich zumeist mit dem Denken eines Philosophen verbunden, der die politische Theorie auf ein ganz neues Fundament stellt: Thomas Hobbes. Dessen bewusste Abkehr vom politischen Aristotelismus macht beide, Hobbes und Aristoteles, zu einem prominenten Gegensatzpaar, an dem sich vereinfacht Grundpositionen des politischen Denkens einander gegenüberstellen lassen. Mit Günther Bien lassen sich demgemäß fünf Grundsätze der politischen Philosophie und Anthropologie des Aristoteles noch einmal resümieren: „1. Der Staat ist koinonia teleios, societas perfecta et finalis, d.h. die ranghöchste […] und alle anderen Gemeinschaften/Gesellschaften umfassende Form menschlicher Gemeinschaft, weil er auf die Realisierung des höchsten und umfassendsten Gutes, die menschliche Wesenserfüllung zielt […]. 2. Der Staat gehört zu den von Natur bestehenden Dingen. 3. Der Mensch ist von Natur ein staatliches Lebewesen. 4. Der Staat ist früher als die Hausgemeinschaft und der Einzelne: er ist deren Substanz, Natur und Erfüllung. 5. Der Mensch hat darum als einziges Lebewesen Sprache, weil er zur Gerechtigkeit und Sittlichkeit bestimmt ist.“ (Bien 1990: XXXVI f.) Von diesen Grundsätzen wendet sich das neuzeitliche Staatsdenken in Person des Thomas Hobbes ab. „Zu jedem Aristotelischen Axiom formuliert Hobbes bewußt und konsequent die Gegenthese.“ (ebd.: XXVII) In der hobbesschen Vertragstheorie erscheint der Staat als künstlich, er wird vom Menschen geschaffen und verdankt sich dem Nutzenkalkül des Individuums, das dem kriegerischen „Naturzustand“ entkommen will – ein völlig anderer „Natur“-Begriff, ein ganz anderes Menschenbild, eine ganz andere Art und Weise, den Staat zu betrachten und die Legitimität seiner Herrschaft zu hinterfragen. Anders, nicht richtiger.

Literatur

Schriften von Aristoteles:

NE *Nikomachische Ethik*, übers. u. erläut. v. Olof Gigon, München 1991.

Pol. *Politik*, übers. v. Eugen Rolfes, Einltg. v. Günther Bien, Hamburg 1990.

Met. *Metaphysik. Zweiter Halbband: Bücher VII – XIV*, übers. v. Hermann Bonitz, hrsg. v. Horst Seidl, Hamburg 1991.

Physik *Physik. Vorlesung über die Natur. Erster Halbband: Bücher I-IV*, übers. u. hrsg. v. Hans Günter Zekl, Hamburg 1987.

Darstellungen:

Bien, Günther, *Die Grundlegung der politischen Philosophie bei Aristoteles*, Freiburg / München 1973.

–, Einleitung zu: Aristoteles, *Politik*, übers. v. Eugen Rolfes, Hamburg 1990, S. XIII-LXI.

Gutschker, Thomas, *Aristotelische Diskurse. Aristoteles in der politischen Philosophie des 20. Jahrhunderts*, Stuttgart 2002.

Höffe, Otfried (Hg.), *Aristoteles: Die Nikomachische Ethik*, Berlin 1995 (Reihe Klassiker Auslegen; Band 2).

— (Hg.), *Aristoteles: Politik*, Berlin 2001 (Reihe Klassiker Auslegen; Band 23).

— (Hg.), *Aristoteles-Lexikon*, Stuttgart 2005.

Kuhn, Helmut, Aristoteles und die Methode der politischen Wissenschaft, in: Riedel, Manfred (Hg.), *Rehabilitierung der praktischen Philosophie, Band 2: Rezeption, Argumentation, Diskussion*, Freiburg 1972, S. 261-290.

Ottmann, Henning, *Geschichte des politischen Denkens*, Band 1: Die Griechen, Teilband 1: Von Homer bis Sokrates, Stuttgart / Weimar 2001a.

–, *Geschichte des politischen Denkens*, Band 1: Die Griechen, Teilband 2: Von Platon bis zum Hellenismus, Stuttgart / Weimar 2001b.

Ritter, Joachim, Zur Grundlegung der praktischen Philosophie des Aristoteles, in: Riedel, Manfred (Hg.), *Rehabilitierung der praktischen Philoso-*

phie, Band 2: Rezeption, Argumentation, Diskussion, Freiburg 1972, S. 479-500.

Weber-Schäfer, Peter, Aristoteles, in: Maier, Hans / Denzer, Horst (Hg.), *Klassiker des politischen Denkens*, Band 1, München 2001, S. 33-52.

Augustinus und die christliche Relativierung der Politik

Einleitung: Das christliche Mittelalter in der Geschichte des politischen Denkens

Das Mittealter erstreckt sich über tausend Jahre, in etwa vom 5. bis zum 15. Jahrhundert. Sucht man nach einer exakten Datierung, so mag man den Untergang Westroms im Jahre 476 als seinen Anfang, die Entdeckung Amerikas 1492 oder die Reformation 1517 als seinen Abschluss nehmen. Wichtiger und aufschlussreicher für die Abgrenzung des Mittealters von Antike und beginnender Neuzeit ist zweifelsohne das, was diese Zeit im Besonderen geprägt hat: eine enorme Bedeutung, ja Dominanz von Christentum und Kirche. Was der Philosophie dieser Zeit seinen Stempel aufdrückt, das ist eine beispiellose Fokussierung aufs Jenseits, durch die auch alle Begriffe der Politik und der Ethik christlich gefärbt werden.

Das Denken des Mittelalters kreist um ein zentrales Thema: den Glauben. Alles ist dem Glauben und dem jenseitigen Heil unter- oder nachgeordnet, auch die weltliche und politische Ordnung. Das Mittelalter ist eine vom Jenseits tief geprägte Epoche. Der Primat des Glaubens formt das Weltbild des gesamten Mittelalters, des christlichen „Abendlandes". Er bedingt eine radikale Abwertung des Diesseits, die dem Denken und der Praxis der griechischen und römischen Klassik völlig fremd war – und ebenso dem modernen Weltbild fremd geworden ist, wenn auch in anderer Weise.

Die moderne politische Philosophie interessiert sich wohl auch deswegen kaum für das Mittelalter. Zumindest glaubte man im Westen noch bis vor relativ Kurzem, dass sich das Thema Religion im säkularisierten modernen Staat ohnehin erledigt habe. Religion ist hier Privatsache. Und all die Fragen, mit denen sich die Denker des christlichen Mittelalters so ausgiebig beschäftigt hatten, seien heute nur mehr für Theologen von Interesse. Folgt man dieser radikalen Orientierung an rein diesseitigen Problemstellungen, dann ist die Missachtung der mittelalterlichen politischen Philosophie auf den ersten Blick nachvollziehbar: Lässt man nämlich alle primär theologischen Fragen beiseite, dann scheinen die großen Philosophen dieser Epoche dem genuin politischen Denken wenig Neues hinzugefügt zu haben, was nicht schon bei Platon oder Aristoteles zu finden wäre. Schließlich bilden diese beiden Klassiker ja auch die zentralen Bezugspunkte für das politische Denken der Zeit, so für Augustinus und Thomas von Aquin. Und worum diese sich vor allen Dingen bemühen, das könnte man – bei einiger Verkürzung – als den Versuch beschreiben, die klassischen Lehren zu „christianisieren", mit der christlichen Lehre in Einklang zu bringen.

Doch damit ist es nicht einfach getan. Abgesehen davon, dass schon dies ein wichtiger neuer Beitrag zum politischen Denken ist, wirft diese Epoche eine ganz neue, noch heute politisch und politikwissenschaftlich zentrale Frage auf: In welchem Verhältnis sollen Religion und Politik, Kirche und Staat zueinander stehen? Das christliche Europa findet auf diese Frage in Jahrhunderte währenden Auseinandersetzungen eine ganz spezifische Antwort, die für das Selbstverständnis der modernen liberalen Demokratie von überragender Bedeutung ist: die Trennung von Staat und Kirche. Sie ist das Ergebnis eines erbitterten Machtkampfes zwischen Papst und Kaiser, zwischen Kirche und den allmählich entstehenden europäischen Staaten. Von ebenso großer Bedeutung sind für die politische und philosophische Entwicklung Europas die Religionskriege und der Kampf um zwei Fundamentalprinzipien westlicher Politikauffassung: Religionsfreiheit und Toleranz. All diese Auseinandersetzungen wie auch ihre noch heute gültigen Ergebnisse wären ohne das Christentum kaum denkbar gewesen: nicht ohne zentrale Gehalte christlicher Theologie und Philosophie, freilich auch nicht ohne den Kampf *gegen* die christliche Kirche und Lehre. Das Resultat dieser Entwicklungen, unsere moderne liberale Welt des Westens, hat seine Wurzeln in jener Welt des Mittelalters, die uns heute so unendlich weit entfernt scheint.

Wenn im Folgenden aus dem vielschichtigen und durchaus sehr kontroversen Denken des Mittelalters lediglich auf Augustinus ausführlicher eingegangen wird, so deshalb, weil bei ihm die genannten

Spezifika des christlichen Weltverständnisses in aller Deutlichkeit und auch Radikalität hervortreten. Augustinus hat das Mittelalter tief geprägt, und als bedeutendster der Kirchenväter beeinflusst er die christliche Theologie und Philosophie bis heute. Ausgespart werden damit andere wichtige Ansätze, etwa die von Thomas von Aquin, Dante, Marsilius von Padua oder Wilhelm von Ockham. Ebenso muss das philosophische und politische Denken des Islam weitgehend ausgeklammert werden – was seiner Bedeutung und seinem Rang gewiss nicht gerecht wird. Stattdessen soll eingehender das bereits erwähnte Verhältnis von Politik und Religion betrachtet werden, auch mit Blick auf den heutigen säkularisierten Westen. Dabei soll auch auf die kontrovers diskutierte Frage eingegangen werden, ob das, was ideengeschichtlich zweifelsohne bedeutsam war, nicht auch der Sache nach noch eine erhebliche Rolle spielt – also: Welchen Einfluss haben religiöse Überzeugungen bzw. religiös geprägte oder auch nur religiös beeinflusste Weltbilder auf politische Ordnungsvorstellungen?

1. Augustinus und das „Licht der Wahrheit"

Aurelius Augustinus (354-430), geboren in Thagaste, Nordafrika, ist einer der bedeutendsten Kirchenväter des Christentums. Mit ihm endet ideengeschichtlich die (Spät-) Antike und beginnt das Mittelalter. Als erster bedeutender Denker betrachtet Augustinus die Politik mit den Augen des Christen und Theologen. Theologie, Philosophie und politisches Denken sind bei Augustinus nicht voneinander zu trennen. Sein Denken ist exemplarisch für die Art und Weise, wie im Mittelalter Politik begriffen wird. In seinem Hauptwerk *De civitate Dei* (*Vom Gottesstaat*) formuliert Augustinus den zentralen Gedanken, wonach der Christ Bewohner zweier Welten, zweier Städte (*civitates*) ist: der himmlischen und der irdischen. Vorrang, absoluten Vorrang, hat die himmlische Bürgerschaft. Diesseits und diesseitige Politik erfahren gegenüber der christlichen Ausrichtung des Lebens auf das jenseitige Heil eine radikale Abwertung. „Die Politik wird zur Kunst der Regelung vorletzter Dinge, weil die Religion zuständig für das Letzte ist." (Ottmann 2004: 3)

Nicht nur biographisch von Interesse ist, was am Anfang dieses christlichen Denkens steht: Augustins berühmtes Bekehrungserlebnis im Jahre 386. Aus einfachen Verhältnissen stammend und nach einer sehr guten Ausbildung gibt sich Augustinus zunächst einem Leben der Genusssucht und der moralischen Freizügigkeit hin. Als Professor der Rhetorik kommt er nach Mailand, und eben hier, in einem Garten, unter einem Feigenbaum erlebt er die befreiende Bekehrung zum christlichen Glauben. In seinen *Bekenntnissen* schildert Augustinus, wie ihm „in bitterster Zerknirschung“ seines Herzens mit einem Mal die Nutzlosigkeit seiner bisherigen Bemühungen um Wahrheit wie auch die Verwerflichkeit seiner bisherigen Lebensführung vor Augen stehen. „Confessio“, Bekenntnis, ist dabei beides zugleich: Bekenntnis und Lobpreis, Eingestehen der eigenen Schwäche und das Preisen der Größe Gottes. Sein ganzes Leben wendet sich mit diesem Bekehrungserlebnis. Er erlebt es als eine Erlösung aus vielfachen Irrungen und tiefer Unruhe. Dieses persönliche Erlebnis ist von durchaus systematischer Bedeutung: Es entspricht der christlichen Erkenntnislehre, wonach der Aufstieg zur Wahrheit dem Aufstieg zu Gott gleicht: als eine Bewegung des Geistes von außen (*foris*) nach innen (*intus*) und von innen in das Innere (*interius*). Glückseligkeit ist „Freude an der Wahrheit“, und Wahrheit ist für Augustinus der geglaubte personale Gott: „Inquietum est cor nostrum donec requiescat in te”: Unruhig ist unser Herz, bis es ruht in Dir (Bek.: I, 1).

Das Augustinische Denken wird indes nicht allein durch die christliche Lehre geprägt. Ideengeschichtlich relevant ist ebenso die Art und Weise, wie Augustinus vom Neuplatonismus (vor allem von Plotin und Porphyrius) beeinflusst wird und diesen mit dem Christentum zusammenführt (zum Wandel seines Verhältnisses zum Neuplatonimus wie auch seines eigenen Denkens vgl. Flasch 2000). Schon vor seinem Bekehrungserlebnis setzt er sich mit den Neuplatonikern auseinander, und es ist diese Form neuplatonischer Geistigkeit, in der Augustinus den Glauben aufnimmt. Führt man sich zentrale Gehalte des platonischen Denkens, insbesondere die „Ideenlehre“ vor Augen, so verwundert diese Nähe nicht. Von großer Bedeutung ist zunächst die platonische Unterscheidung eines wahren und beständigen jenseitigen Seins einerseits und der Welt des Vergänglichen, des Werdens und Vergehens andererseits, wie auch die Gleichsetzung jenes wahren Seins mit dem Guten (*bonum*). In seinem Werk *Über die Akademiker* lobt Augustinus die neuplatonische Philosophie dafür, dass sie gegen allen Skeptizismus und Materialismus der Epikureer und Stoiker an der Erkennbarkeit einer unveränderlichen Wahrheit festhält. Dieses Festhalten findet in der christlichen Religion eine Parallele, ja Verstärkung. Platons Aufstieg aus der Höhle zur Schau der ewigen Idee des Guten wird von Augustinus nun als Aufstieg und Wendung zum christlichen Gott beschrieben. Die Art von Erkenntnis, die sich bei dieser Schau einstellt, entwickelt Augustinus in seiner „Illuminationslehre“, insbesondere in seiner Schrift *Über den Lehrer*. Der Erkennende, so heißt es dort, erwirbt Wissen über die Dinge nicht durch Sprache, sondern durch die Schau der Dinge selbst. Die Sprache als Zeichensystem ist zwar Voraussetzung von Lernen und Lehren, aber all dies führt zum Akt der eigentlichen Erkenntnis nur hin. Wie bei Platon schaut der menschliche Geist, der „innere Mensch“, die Objekte des Geistes unmittelbar – von einem „inneren Licht der Wahrheit“ gleichsam beleuchtet (*illuminatio*). Für den Kirchenvater ist dieses Licht der Wahrheit – mit Mt. 23,8 – der „einzige Lehrer“: nämlich Christus. Gott allein ist Lehrer. Und die Unterwerfung unter Gott ist Voraussetzung aller Erkenntnis. Das ist nicht so gemeint, dass Wissen durch Glauben ersetzt wird. Vielmehr fallen beide zusammen. Augustinus hat den Rationalitätsanspruch der christlichen Glaubenslehren stets aufrechterhalten.

Eine erste praktische und auch politisch wichtige Konsequenz betrifft die Frage, wie der so erleuchtete Christ sein Leben auszurichten und zu führen hat – die klassische Frage nach dem guten Leben, nach der Glückseligkeit. Vollendung und Seelenheil, so Augustinus, findet der Mensch nur in der Hinwendung zum Ewigen, Wahren und Göttlichen, und das heißt in der Weltabwendung. Was für den Christen und sein Leben zentral ist, formuliert Augustinus programmatisch in Form eines Gebetes am Anfang seiner „Alleingespräche“, in denen es ebenfalls um die transzendente und ewige Wahrheit und die Rolle der Vernunft bei der Suche nach ihr geht: Als seinen einzigen Wunsch nennt er „Deum et animam scire“, „Gott und die Seele erkennen“ (SG: I 2). Auch in seiner Schrift *Über das Glück* führt Augustinus aus, dass zum wahren Glück des Menschen nicht Besitz und Genuß irdischer Güter führen, sondern allein die Güter und Dinge von zeitloser Dauer, die unwandelbaren Dinge des Geistes. Glück korreliert bei Augustinus mit „Sein“, „Seinsfülle“ und „Weisheit“. Und dieses „Sein“ identifiziert er mit Gott: Wer Gott begehrt und besitzt, der ist glücklich. Denn auf diesem Wege allein wendet sich die Geistseele ihrem Ursprung zu.

In der Schrift *De doctrina christiana* findet sich dazu die wichtige Unterscheidung von Gütern bzw. Sachen (*res*) in solche, die zum Genießen (*frui*) bestimmt sind, und solche, die nur zum Gebrauchen (*uti*) bestimmt sind. Die ersteren machen uns selig, die letzteren brauchen wir nur als Voraussetzung, um zu jenen wahren Gütern zu gelangen (vgl. *Doctrina*: I 3). Auch diese Unterscheidung finden wir schon in antiken Güterlehren. Erst im modernen Utilitarismus wird das Kriterium eines *wahren* Genusses, der dem Menschen und seinen

Anlagen in höchstem Maße gerecht wird, weitgehend fallen gelassen zugunsten von möglichst quantifizierbaren Nutzenfunktionen, die ohne solch „objektive" Gütekriterien auszukommen suchen. Auf diesem Wege werden dann auch Bezugsgrößen relevant, die für Augustinus gerade das Gegenteil von wahrem Glück sind: Eigennutz und Selbstliebe etwa. Der moderne „Genussmensch" und sein Zwillingsbruder, der *homo oeconomicus*, der individuelle Nutzenmaximierer, sind eher an innerweltlicher Bedürfnisbefriedigung und materiellem Reichtum interessiert. Sie wissen nicht um die Unterscheidung von *frui* und *uti*, und sie glauben ihr Leben zu genießen, wenn sie Dingen nachlaufen, die man nach Augustinus nicht einmal „gebrauchen" sollte – so jedenfalls der Tenor der vielstimmigen Kulturkritik, die die westliche Entwicklung bis heute begleitet.

Bei seiner Unterscheidung eines geglückten und eines nichtigen, verfehlten Lebens geht Augustinus – ähnlich wie Platon – vom freien Willen und der alleinigen Verantwortung des Einzelnen für sein Leben und sein Heil aus. In seinem Werk *Über den freien Willen* verortet Augustinus die Herkunft des Bösen (*malum*) in der freien Willensentscheidung des Menschen. Das Böse versteht er als sittliches Vergehen. Solches Handeln verletzt das Gesetz, das dem Verstand als zeitliches und als ewiges entgegentritt. Das glückliche Leben erreicht der Mensch, indem er die unveränderlichen Normen des ewigen Gesetzes (*lex aeterna*) wahrt, an welchem sich alles Zeitliche zu orientieren hat. Freilich relativiert sich die Vorstellung eines völlig freien und zu allem befähigten Willen durch das der christlichen Lehre wesentliche Moment der Gnade.

Eine durchaus große Nähe hat die augustinische Deutung der christlichen Existenz auch zu Platons Ideal des „philosophischen Lebens", zum höchsten Glück des *bios theoretikos*. Im Gegensatz vor allem zum aristotelischen Lob des *bios politikos* stoßen wir hier auf einen uneingeschränkten Vorrang der Erkenntnis vor dem tätigen Leben, der *vita contemplativa* vor der *vita activa*. Freilich verschieben sich die Akzente auch im Vergleich zu Platon, dessen Philosophenkönig ja untrennbar mit der Politik und der Stadt verbunden ist. Augustinus treibt die alte philosophische Weltflucht bis zur christlichen Entwertung der Welt entscheidend weiter. Der *bios theoretikos* kappt beinahe vollständig seine Bezüge zur innerweltlichen Politik, wendet sich von der Gesellschaft ab. Nicht nur haben alle rein innerweltlichen Güter keinen eigenen Wert mehr, sind intrinsisch nicht mehr wertvoll oder erstrebenswert und also bestenfalls Mittel zum höheren Zweck. Das Feld der *praxis*, des politischen Handelns versinkt in weitgehende Bedeutungslosigkeit. Und endlich: Die Erhebung zur Wahrheit als Erhebung zu Gott ist nicht mehr Sache einzelner Weiser und ihrer durchaus „individualistischen" Lebensform, sondern ist eingebettet in die Lebensordnungen der Kirche.

Mit diesen ersten wichtigen Grundzügen des augustinischen Denkens ist bereits deutlich geworden, wie stark das Christentum das neue Weltbild prägt – und sich so von der Antike wegentwickelt bzw. emanzipiert. Bei aller Nähe zum Neuplatonismus ist der Bruch mit einigen Grundüberzeugungen und Selbstverständlichkeiten des klassischen antiken Denkens doch sehr weitgehend. Dabei wird die antike Kultur keineswegs einfach fallen gelassen – sie wird vielmehr, als Vorstufe des Christentums, in das neue christliche Weltbild und den Rahmen christlicher Bildung aufgenommen. Wissenschaft und Bildung sind nun neutrale Güter: brauchbar, sofern sie der christlichen Verkündigung dienlich sind, abzulehnen, sofern sie dieser widersprechen. Ganz in diesem Sinne schlägt Augustinus in *De doctrina christiana* (II 29-41) eine enzyklopädische Auswahl des heidnischen Wissens vor, nach der alles auszuscheiden ist, was nicht für das christliche Denken und das Studium der Heiligen Schrift fruchtbar gemacht werden kann. „Die antike Kultur ging als weltliches Gut in den Gebrauch der Christen über, nachdem die Philosophie – jetzt endgültig christliche Philosophie geworden – sich alles irdische Wissen unterworfen hatte." (Maier 1986: 101) Bei aller Abwertung, die dies mit sich bringt, ist doch nicht zu vergessen, dass die Zeugnisse der antiken Kultur in den Klöstern des Mittelalters vor dem Untergang bewahrt und tradiert wurden – und nur so in der Renaissance ihre „Wiedergeburt" erleben konnten.

2. De civitate Dei: Augustins Degradierung der weltlichen Politik

Für Aristoteles war der Mensch ein *zoon physei politikon*, ein Wesen, das „von Natur aus" in der Stadt, der *polis*, lebt. Das Leben in der Stadt verbürgt die dem Menschen gemäße Form der Glückseligkeit. Das gemeinsame politische Handeln von Freien und Gleichen, die Freundschaft der Bürger und die politischen Tugenden bestimmen das Leben in der *koinonia politike*, der politischen Gemeinschaft. Aristoteles hat damit das Selbstverständnis Athens auf den Begriff gebracht. Und ganz ähnlich versteht man in der römischen Republik ein tugendhaftes und ehrvolles Leben. Das von Rom errichtete Imperium endlich erreicht ein bis dahin nicht gekanntes Maß an weltlichem Ruhm.

Augustinus verwirft diese alten Ideale vollständig. Es wurde bereits deutlich, dass für den Christen bei seiner Suche nach dem Guten anderes zu zählen habe. Wie sehr Augustinus sich dabei von antiken Politikvorstellungen verabschiedet, wird vollends deutlich in seinem Hauptwerk, der von ihm selbst als „grande opus" bezeichneten Schrift über den *Gottesstaat* (*De civitate Dei*). Hier findet sich seine „politische Theorie" – wenn man sie überhaupt so nennen mag –, seine Staats-, Sozial- und Geschichtstheologie. Entstanden zwischen 413 und 426 n.Chr. ist *De civitate Dei* eigentlich eine Verteidigungsschrift des Christentums. Im Jahre 410 hatte der Westgotenkönig Alarich Rom erobert und geplündert – und nun macht man dies dem Christentum zum Vorwurf: Hätte man nur an den alten Göttern festgehalten, dann wäre dies dem ehemals so stolzen und mächtigen Rom niemals passiert!

Mit *De civitate Dei* verteidigt Augustinus das Christentum und geht zum Gegenangriff über. Die ersten zehn der 22 Bücher greifen den genannten Vorwurf auf und wenden sich gegen die antiken Konzepte von Theologie und politischer Theologie. Augustinus greift heidnische Vorstellungen an, wonach ein Zusammenhang zwischen Gottesdienst (*cultus deorum*) und irdischem Wohlergehen bestehe. Er wendet sich insbesondere gegen die dabei doch allzu offensichtliche Instrumentalisierung des Glaubens, die Indienstnahme der Religion für rein politische Zwecke – eine Position, auf die wir bei Machiavelli wieder stoßen werden, der eben deshalb die alte römische Religion dem Christentum vorziehen wird. Augustinus hingegen verurteilt die antiken Vorstellungen einer Einheit von Religion und Polis, er verurteilt jede Art von politischer oder Ziviltheologie und natürlich alle heidnischen Volks- und Pseudoreligionen. Christus allein hat die einzig wahre Stadt gegründet – aber dieser christliche Gott ist kein innergeschichtlicher Heilsbringer. Seine Wahrheit und sein Heil sind radikal transzendent, sie münzen sich nicht in diesseitigem Erfolg aus. Um die Größe und den Ruhm innerweltlicher Reiche geht es bei dieser Wahrheit überhaupt nicht. Die irdischen Reiche kommen und gehen – das himmlische Reich allein ist ewig. Das Reich des Christen ist von einer anderen Welt.

In Form dieses Dualismus grenzt Augustinus zwei Reiche bzw. zwei Staaten oder Bürgerschaften scharf voneinander ab: die *civitas Dei* und die *civitas terrena*, die himmlische und die irdische Bürgerschaft. Im zweiten Teil des Werkes, den Büchern 11 bis 22, beschreibt er Entstehung, Geschichte und schließliches Ende der beiden *civitates*. Die *civitas Dei* ist die im Jenseits begründete Gemeinschaft der von Gott Erwählten. Die *civitas terrena* hingegen ist die Gemeinschaft derer, die dieser Welt verpflichtet sind. Charakterisiert sind beide durch die ihnen je eigene Form der Liebe: (*Gottesstaat*: XIV, 28). Die irdische *civitas* ist von einer sich bis zur Gottesverachtung steigernden Selbstliebe (*amor sui*) geprägt. In ihr regieren Stolz (*superbia*) und Abkehr von Gott (*aversio*). Sie ist eine Frucht des Sündenfalls. Bezeichnender Weise steht am Anfang der *civitas terrena* und aller irdischen Herrschaft ein Brudermord: Kain ist der Begründer des Weltstaates (ebd.: XV, 5). Die himmlische *civitas* dagegen ist geprägt von der bis zur Selbstverachtung sich erhebenden Gottesliebe (*amor Dei*). Beide Bürgerschaften haben ihren eigentlichen Ort in den Seelen der Menschen, ihr Ursprung und ihr Wesenselement sind spiritueller Art. Augustinus geht es nicht um Dinge wie Staatsaufbau, Verfassungsformen und Institutionen. Im Übrigen sind die beiden Bürgerschaften auch nicht mit Kirche und Staat gleichzusetzen. In dieser Welt sind beide Gemeinschaften vielmehr ineinander verschlungen.

Insbesondere die himmlische *civitas* ist nicht als „Staat" im üblichen Sinn zu verstehen, sondern als Gemeinschaft des „wandernden Gottesvolkes", das sich auf „Pilgerschaft" (*peregrinatio*) befindet. „Pilgerschaft" bedeutet In-der-Fremde-sein, nicht Pilgerschaft zu einem Ziel hin – obgleich das jenseitige Ziel diesen Pilger natürlich vor Augen steht. Die *civitas Dei* wandelt auf Erden nur als Fremdling und Pilger in Erwartung baldiger Heimkehr. Damit tritt auch ein völlig neues Geschichtsbild an die Stelle antiker Geschichtsvorstellungen. Augustinus legt es insbesondere in seiner Zeitlehre in den *Bekenntnissen* XI dar. Wir stoßen hier auf die Vorstellung von der völligen Nichtigkeit der Zeit, ihrer Loslösung vom Kosmos und der Bewegung der Gestirne, mit denen sie zuvor zusammengedacht wurde. Die Zeit, an der sich der Christ orientiert und die für ihn bestimmend wird, ist nicht mehr die der kosmischen Zeitläufe, sondern diejenige, die aus diesen Kreisläufen ausbricht und linear auf das welttranszendente Ziel gerichtet ist. Die rein innerweltliche Zeit und das, was in ihr passiert, alles Zeitliche und Vergängliche werden damit völlig entwertet. Sie ist nichts gemessen an der Ewigkeit. Geschichte wird nicht in antiken Kreislaufmodellen gedacht, nicht in Form einer endlosen Wiederkehr des Gleichen in Perioden. Geschichte – sofern sie überhaupt von Interesse ist – bewegt sich jetzt linear. Geschichte und ihre Struktur sind allein von Gott her zu denken, und dieser wird der Geschichte ein Ende setzen. Am Ende dieser Geschichte steht die Wiederkunft Christi und das letzte Gericht – dann auch werden die beiden *civitates* ihr verdientes Ende entgegennehmen: ewige Verdammnis für die eine, ewige Seligkeit für die andere. Nur auf dieses Ende hin ist Geschichte zu sehen. Etwas anderes interessiert nicht, etwas anderes ist nicht relevant. Alle Geschichte ist Heilsgeschichte. Und insofern auch wird deutlich, dass Augustinus im Grunde gar keine Geschichtsphilosophie im üblichen Sinne hat (vgl. Flasch 2000: 46ff.).

Vor diesem Hintergrund verwundert es nicht, wenn die Frage nach der politischen Ordnung oder der Qualität der *koinonia politike* zweitrangig wird: „Was verschlägt es, unter welcher Herrschaft der Mensch lebt, der doch sterben muß, wenn ihn nur die Machthaber nicht zu Gottlosigkeit und Unrecht nötigen." (*Gottesstaat*: V, 17) Der irdische Staat ist nicht die oberste Stufe der Daseinsordnung, er wird *sub specie aeternitatis* relativiert: im Lichte, unter dem Blickwinkel der Ewigkeit. Der weltliche Staat hat keinen Anspruch auf kultische Verehrung oder patriotische Hingabe um seiner selbst willen. Er muss sich erst kraft seiner Dienst- und Hilfsfunktion rechtfertigen. Seine Macht und sein Einfluss sind ebenso nichtig wie aller weltliche Ruhm. Und sofern das Vaterland etwas gegen Gott befiehlt, kann dies für den Christen nicht verpflichtend sein: Darauf soll man als Christ nicht hören. Die wohl berühmteste Stelle von *De civitate Dei* bringt diese Degradierung weltlicher Politik auf den Punkt:

> „Was sind Reiche ohne Gerechtigkeit anderes als große Räuberbanden? Sind doch auch Räuberbanden nichts anderes als kleine Reiche! Denn es sind Menschengruppen, geleitet vom Willen eines Führers, die durch einen Gesellschaftsvertrag zusammengehalten werden und die Beute nach vereinbartem Gesetz verteilen. […] Darum war die Antwort fein und wahr, die ein Seeräuber jenem großen Alexander gab, als der König fragte, wie er denn dazukäme, das Meer unsicher zu machen. Da sagte der Mann mit freimütigem Stolz: ‚Und wie kommst du dazu, den Erdkreis unsicher zu machen? Ich freilich mit meinem winzigen Schiff werde Räuber genannt, aber dich mit der großen Flotte nennen sie den siegreichen Feldherrn'." (ebd.: IV, 4)

Freilich ist Augustinus alles andere als ein Idealist, der davon träumte, weltliche Staaten oder Reiche könnten je anders sein oder werden, könnten von ihrer Eigenliebe und Herrschsucht lassen und sich von den Prinzipien christlicher Ethik leiten lassen. Im Gegenteil, der Kirchenvater ist das, was man heute einen Realisten nennt. Es ist freilich ein Realismus mit theologischem Fundament: Politik ist eine Folge der Erbsünde. Weil zudem alle Geschichte auf ihr jenseitiges Ziel hin zu betrachten ist, lohnt es gar nicht, alle Energien auf den weltlichen Staat zu richten.

Ganz so unpolitisch, wie dies nach antiken und auch modernen Vorstellungen klingen mag, ist dieser Ansatz trotzdem nicht. Wenn die genannten Prioritäten erst einmal klar sind, dann stellen sich auch für Augustinus Fragen nach innerweltlicher Gerechtigkeit und Ordnung, vor allem die Frage nach dem Frieden als dem wichtigsten politischen Ziel. Bei aller Verworfenheit der *civitas terrena* kann und soll es selbst in dieser Welt Frieden geben. Zwar sind der wahre Friede und die ewigen Güter nur vom Jenseits zu erwarten. Doch auch der irdische Friede ist trotz seiner Begrenztheit ein erstrebenswertes Ziel. Als „geordnete Eintracht" ist er das höchste Gut der irdischen Stadt. Dass Augustinus auch dabei kein Idealist, sondern Realist ist, zeigt seine Lehre vom gerechten Krieg. Kriege wird es auf dieser Welt immer geben. Und wer den Frieden erreichen will, muss zuweilen auch Krieg führen. Gerecht sind für Augustinus Kriege, sofern sie einen gerechten Grund haben und aus der rechten Gesinnung geführt werden. Nicht aus Herrschsucht, unversöhnlicher Feindschaft oder anderen niederen Motiven wird ein gerechter Krieg geführt, sondern zur Verteidigung des Friedens einer Nation gegen gravierendes Unrecht von außen. Das Ziel des Krieges muss der Friede und seine Wiederherstellung sein.

Diese Fragen sind schon deshalb von einiger Bedeutung, weil die Bürgerschaft Gottes auf ihrer diesseitigen Pilgerschaft unausweichlich mit dem Weltstaat verbunden ist. Auch der Gläubige wird den weltlichen Frieden anstreben, auch er braucht manche Dinge dieser Welt. Der Christ hat sich mit dem weltlichen Staat zu arrangieren. Er wird also – obwohl sein wahres Ziel im Jenseits liegt – nicht zögern, „den Gesetzen des Weltstaates zu gehorchen, durch die all das geregelt wird, was für die Erhaltung des sterblichen Lebens von Vorteil ist" (*Gottesstaat*: XIV, 17, 26). Mehr freilich nicht. Gemäß der Unterscheidung von *frui* und *uti* bleiben auch hier die Prioritäten klar: „Wenn wir nun in die Heimat zurückkehren wollen, wo wir allein unser Glück finden, so müssen wir diese Welt zwar gebrauchen, aber nicht genießen […]." (*Doctrina*: I, 4)

Augustinus schenkt der weltlichen Politik also durchaus einige Aufmerksamkeit. Mehr noch: Wir finden bei Augustinus sogar Ansätze zu einem regelrecht „theokratisch-klerikalen Programm" (Flasch 2000: 55), das den Staat der Religion unterordnet und beispielsweise die polizeiliche Vernichtung abweichender Bekenntnisse empfiehlt. Auf dieser Linie und unter Berufung auf Augustinus wird im mittelalterlichen Streit der Gewalten immer wieder für eine Christianisierung der Macht argumentiert werden (vgl. das folgende Kapitel). Eine totale Abwendung von allen irdischen Fragen findet sich bei Augustinus also nicht, wohl aber eine „welthistorische Abwertung der politischen Sphäre“ (Flasch 2000: 53): „Im Vergleich zur antiken Hochschätzung des politischen Lebens wird Politik depotenziert. Als Teil des irdischen Lebens tritt sie hinter das jenseitige Heil zurück. Diese Depotenzierung bedeutet allerdings nicht, dass es keinerlei Unterscheidung von guter und schlechter Politik, guter und schlechter Verfassung mehr geben kann.“ (Ottmann 2004: 30) Friede, Ordnung und Eintracht sind durchaus erstrebenswerte und realistische Ziele des Politischen – die letzten Ziele sind es dennoch nicht. Entsprechend werden die klassischen politischen Tugenden, einschließlich der platonischen Kardinaltugenden, von den zentralen christlichen Tugenden überragt: von Glaube, Hoffnung und Liebe. Und anders als bei Platon und Aristoteles hat es der Politik und dem weltlichen Staat auch nicht um die wahre Gerechtigkeit und das wahre Glück zu gehen, und schon gar nicht um das Heil der Seele. Der weltliche Staat ist hier gar nicht kompetent. Beschränkt auf vorletzte Fragen, ist sein möglicher Zuständigkeitsbereich stark beschnitten.

In dieser Beschränkung staatlicher Zuständigkeit und politischer Zugriffsmöglichkeit stoßen wir auf den Keim einer erstaunlich „modernen“ Sichtweise – oder anders gesagt: Die moderne liberale Demokratie folgt dieser Beschränkung aufs Vorletzte und macht sie zu einem ihrer Fundamentalprinzipien. Der liberale Rechtsstaat hat sich aus allen Fragen letzter moralischer und religiöser Wahrheit herauszuhalten. Er tut dies freilich gerade deshalb, weil er von einem unvermeidlichen Pluralismus religiöser Vorstellungen ausgeht und nicht, wie Augustinus, von der *einen* transzendenten Wahrheit. Damit hängt bei Augustinus eine weitere fundamentale Beschränkung weltlicher Macht und ein Maßstab staatlicher Legitimität zusammen: Über dem Staat und seinen Gesetzen stehen die unveränderlichen Normen des ewigen Gesetzes (*lex aeterna*), an welchem sich die zeitlichen Gesetze mit ihrer bloß relativen Geltung zu orientieren haben.

Die Warnung vor jeglicher Religion, die Veränderliches verehrt, weist in dieselbe Richtung. Auch hier könnte man Parallelen sehen zur liberalen Zurückweisung der modernen totalitären Bewegungen und politischen Religionen, von Nationalsozialismus und Kommunismus. Augustinus freilich hat dabei wiederum die antiken Vorstellungen einer Einheit von Religion und Polis, der Lebensgemeinschaft von Göttern und Menschen vor Augen. Und seine Zurückweisung ist natürlich nicht liberal, sondern theologisch begründet. Die antiken Religionen kennen zwar Götter, aber sie kennen keinen transzendenten Gott, haben keine christliche Heilsbotschaft zu verkünden. Die wahre Religion bindet (*religare*) den Menschen allein an die göttliche Wahrheit. Wir hatten schon gesehen, dass die christliche Verkündigung für Augustinus in diesen Punkten gut mit der platonischen Philosophie harmoniert. Und auch die platonische Ethik finde, so Augustinus, in der christlichen Religion gleichsam ihre Erfüllung. Schließlich treffen sich beide Philosophen in einem Ordnungsdenken, das auch für die Sicht des Politischen von großer Bedeutung ist: Die Ordnung der Dinge, die Einsicht in diese Ordnung und die Ordnung der Seele hängen zusammen. Die Vernunft ist dabei als eine in der Bewegung des Geistes gründende Fähigkeit zu verstehen, die Ordnung und die in diesem „ordo rerum" vorhandene Einheit zu erkennen. In *Über die Ordnung* wird Ordnung als ethisches Prinzip bestimmt, das den Ordnungssuchenden zu Gott führt. Dieser Gott ist der Seinsgrund aller Dinge. In dieser Ordnung hat alles seinen Platz. Ethik und Ontologie fallen hier zusammen.

Freilich – und das geht über allen bloß philosophischen Platonismus hinaus – gehört zur wahren Religion, was keine Philosophie zu bieten hat, auch die platonische nicht: die Heilswahrheiten der christlichen Offenbarung. Das Christentum ist die wahre Religion. Und es ist auch die wahre Philosophie. Das Christentum beantwortet die Fragen, die die Philosophen stellen, die sie aber ohne Gnade und Glaube nicht beantworten können. Diese Grundposition findet sich bei allen christlichen Philosophen, auch wenn nicht alle nach Augustinus einen derart schroffen metaphysischen Dualismus vertreten, wie er dessen Lehre von den zwei Bürgerschaften prägt. Thomas von Aquin (1224/25-1274) etwa wird eine abgestufte Folge einer natürlichen Ordnung vertreten, in der auch der Weltstaat seinen Platz findet. Thomas knüpft dabei vor allem an Aristoteles an, zu dessen Werken er bedeutsame Kommentare schreibt und der mit dem 13. Jahrhundert eine wahre Renaissance erfährt. Thomas schafft eine maßgebliche Synthese von christlicher Lehre und aristotelischem Denken, die die Scholastik nachhaltig prägt. Bei Thomas wird die menschliche Vernunft auch in ihren diesseitigen Dimensionen neben dem Glauben wieder ihren Platz erhalten, und an die Stelle der Augustinischen Weltabwendung wird eine „Wiederanerkennung der Welt" (Ottmann 2004: 204) treten. Insbesondere in seiner politischen

Philosophie folgt Thomas weithin dem Denken des Aristoteles, von der Anthropologie bis hin zur Verfassungslehre. Thomas favorisiert dabei die gemeinwohlorientierte Monarchie, nicht mehr das aristotelische Ideal der bürgerlichen *polis*-Gemeinschaft. Vor allem aber steht neben dem Monarchen die Heilsgemeinschaft der Kirche, die auch bei Thomas in den letzten und damit wichtigsten Fragen des Seelenheils dem weltlichen Regenten übergeordnet bleibt. Die Relativierung alles bloß Weltlichen und aller weltlichen Politik bildet eine Konstante des christlichen Denkens des Mittelalters.

3. Zwei Gewalten – zwei Schwerter: Vom Kampf zwischen Papsttum und Kaiser zur modernen Trennung von Staat und Kirche

Augustinus steht mit seinem Denken paradigmatisch am Anfang der christlichen Philosophie und Theologie des Mittelalters. Historisch steht er zwischen Antike und Mittelalter, am Beginn einer äußerst bewegten und konfliktreichen Zeit. Nachdem sich mit dem Byzantischen Reich nur die östliche Hälfte des Imperium Romanum behaupten kann, betreffen diese Veränderungen vor allem den Westen bzw. die Mitte Europas. Neue Völker, insbesondere Germanen und Slawen, werden zu entscheidenden Akteuren, mit dem 7. Jahrhundert beginnt die islamische Expansion. Die europäische Landkarte ändert sich in den folgenden Jahrhunderten immer wieder dramatisch. Das karolingische Großreich bietet der abendländischen Christenheit zwischenzeitlich einen Ordnungsrahmen; mit seinem Zerfall beginnen sich dann allmählich die europäischen Staaten herauszubilden – neben dem Heiligen Römischen Reich (später mit dem Zusatz „deutscher Nation“), in dem die Reichsidee bis 1806 fortleben wird. In den dramatischen Auseinandersetzungen dieser Zeit spielen Kirche und Religion eine wichtige Rolle. Es sind politische Auseinandersetzungen um weltliche Macht und weltlichen Einfluss wie auch philosophische und theologische Auseinandersetzungen um das angemessene Verhältnis der miteinander ringenden Mächte. Zwei Begriffe stehen bei diesem Streit im Mittelpunkt: „regnum“ als das Königreich bzw. allgemein die weltliche Herrschaft und „sacerdotium“ als die geistliche Gewalt. Es ist ein Streit um das Verhältnis dieser beider Gewalten zueinander, um das Verhältnis von Kirche und Staat, von Papst und Kaiser – und um die Frage, welche dieser Mächte ein Vorrecht für sich beanspruchen könne.

Diese Frage, allgemeiner formuliert als Frage nach dem Verhältnis von Religion und Politik, ist weit über das Mittelalter und seine Antworten hinaus von fundamentaler Bedeutung für alle politische Philosophie. Augustins Lehre von den beiden Reichen hat im Folgenden großen Einfluss. Viel deutlicher und drängender als bei Ausgustinus stellt sich nach ihm die (durchaus weltliche) Frage kirchlicher Macht. Eine erste bedeutsame Formulierung der Problematik finden wir bei Papst Gelasius I., der 494 mit seiner Zwei-Gewaltenlehre das Verhältnis von sakraler und weltlicher Gewalt folgendermaßen bestimmt: „Zwei nämlich sind es… durch die an oberster Stelle die Welt regiert wird: die geheiligte Autorität der römischen Bischöfe und die kaiserliche Macht. Unter ihnen wiegt das Gewicht der Priester um so schwerer, als sie sogar für die Könige der Menschen im göttlichen Gericht Rechenschaft ablegen werden." (zit. Ottmann 2004: 45) Die zuletzt genannte „Mahnung" verweist zwar darauf, dass alles Weltliche letztlich nachrangig ist. Aber dennoch wird das Verhältnis beider Gewalten hier als harmonisch gedacht: Sie bekämpfen sich nicht, sondern ergänzen einander. Beide Gewalten sind als gottunmittelbar zu begreifen, und beiden wird – sozusagen arbeitsteilig – ihr eigener Bereich zugewiesen.

Dieses Modell wird im gesamten Mittelalter in der einen oder anderen Form immer wieder empfohlen. Als Zwei-Schwerter-Lehre begegnet es unter anderem im „Sachsenspiegel", dem bedeutendsten Rechtsbuch des deutschen Mittelalters (entstanden 1221-1230). Ein Bild zeigt hier den auf einem Thron sitzenden Gott, der Kaiser und Papst je ein Schwert überreicht. Dazu heißt es: „Zwei Schwerter überließ Gott dem Erdreich, die Christenheit zu beschützen: dem Papst das geistliche, dem Kaiser das weltliche". Ähnlich komplementär denkt auch Thomas von Aquin das Verhältnis von Kirche und Staat: Beide Instanzen sind unabhängig voneinander, ergänzen sich aber. Größeres Gewicht erhält bei Thomas der aristotelische Gedanke, dass auch der König für das sittliche Leben seiner Untertanen, für ein Leben in Tugend Sorge zu tragen hat. Freilich ist auch bei ihm die Heilsgemeinschaft der Kirche allein zuständig für das höchste Ziel des Menschen, die „perfectio super-naturalis". Und weil unter dieses Ziel auch das irdische Gemeinwesen untergeordnet ist, kann Thomas die Könige sogar „Vasallen der Kirche" nennen. Wenn der höchste Zweck gefährdet ist, dann ist die weltliche Gewalt der kirchlichen nachgeordnet, muss sie ihr bedingungslos folgen.

Es ist nicht verwunderlich, dass dieses Verhältnis in der Praxis zu einigen Konflikten führte. Dazu haben nicht zuletzt einige Päpste mit ihren sehr viel weiter gehenden Ansprüchen beigetragen. Einen beispielhaft hohen „hierokratischen“ Anspruch (Hierokratie: Priesterherrschaft) hat Papst Gregor VII (1073-1085) erhoben. Er definierte die Stellung des Papsttums in der Kirche und sein Verhältnis zur weltlichen Macht als unbeschränkte Vollgewalt und Überordnung der geistlichen Gewalt. Sein „Dictatus Papae“ (1075) versammelt 27 Rechtssätze über die Grundlagen päpstlicher Herrschaft und päpstlichen Handelns. Danach steht es dem Papst unter anderem zu, den Kaiser abzusetzen und die Untertanen von ihrer Treuebindung an ungerechte Herrscher zu lösen. Gregor beansprucht die Unfehlbarkeit der Kirche nicht nur in Glaubensfragen, sondern in allen ihren Entscheidungen. Mit der Forderung nach striktem Gehorsam gegen den Papst begründet er das zentralistische Kirchensystem, das ein Erstarken von Kurie und Kardinalskollegium mit sich bringt. Mit seiner Absetzung Heinrichs IV. (1076) entkleidet er die Herrscher ihres Sakralcharakters – und trägt damit nicht unwesentlich zur Trennung von Geistlichem und Weltlichem bei, die sich am Ende freilich als Freisetzung weltlicher Herrschaft erweisen wird. Unmittelbare Folge des „Dictatus Papae“ ist der „Investiturstreit“, also der Streit um die Ernennung (Investitur) von Bischöfen und Äbten. Er endet im Heiligen Römischen Reich mit dem Wormser Konkordat (1122), einem Kompromiss.

Der hohe Anspruch der Kirche gegenüber der weltlichen Macht zeigt sich im Folgenden in einer Politisierung des Papsttums und besonders deutlich in der Führungsrolle bei den Kreuzzügen. Die zunehmende Verweltlichung des Papsttums indes bringt auch seinen Niedergang mit sich. Diese Entwicklung ist bereits im Gange, als Bonifaz VIII (1294-1303) die Weltherrschaftsansprüche des Papsttums noch einmal auf die Spitze treibt. In der Bulle „Unam Sanctam“ (1302) (Bulle: feierlicher päpstlicher Erlass) beansprucht der Papst, nicht nur die Kirche, sondern auch die Welt zu regieren. Der Papst habe alleinige Verfügung über das weltliche Schwert, nur ihm stehe es zu, es zu verleihen. Die päpstliche Gewalt stehe höher, weil das Spirituelle alles Weltliche und Zeitliche überragt. Bei diesem extremen Machtanspruch klaffen freilich Anspruch und Realität bereits weit auseinander: Nicht nur ist Bonifaz im Streit unter anderem mit Philip IV. von Frankreich unterlegen. Die weltlichen Herrscher sind längst dabei, ihre Staaten zu arrondieren und ihre Macht auszubauen, also jene Souveränität zu etablieren, die die neuzeitliche Staatenwelt prägen wird – und die als uneingeschränkte und absolute Souveränität insbesondere keinen Papst mehr neben oder gar über sich zulassen wird.

Das Papsttum erlebt im Folgenden, über das Exil in Avignon und das „Große Schisma“, über einige Reformversuche und schließlich seine Verstrickung in die Machtkämpfe und Intrigen der Renaissance einen beständigen Niedergang. So jedenfalls wird sich dies unter anderem für Martin Luther darstellen. Luther und die von ihm ausgelöste Reformation sind nicht nur bedeutsam, weil sie die Spaltung der Christenheit bewirken. Sie sind zudem für die Frage nach dem Verhältnis von Religion und Politik und im Besonderen nach dem Verhältnis des Christen zu weltlicher Ordnung und Autorität von größter und folgenreicher Bedeutung.

Die reformatorische Lehre folgt drei zentralen Prinzipien: *sola fide, sola gratia, sola scriptura.* Nicht durch gute Werke, Fürbitten der Heiligen und sakramentale Vermittlung durch geweihte Priester erlangt der Einzelne das Seelenheil, sondern es wird ihm allein aufgrund seines Glaubens (*sola fide*) von Gott aus reiner Gnade (*sola gratia*) geschenkt. An die Stelle der amtskirchlichen Lehrautorität tritt allein die Heilige Schrift (*sola scriptura*), die sich selbst auslege. In den Mittelpunkt rückt bei Luther der fromme Einzelne, der „Christenmensch“. Theologisch und philosophisch bedeutet dies, dass die traditionellen Fragestellungen der Schultheologie nach der umfassenden Ordnung des Seins (Ontologie) zweitrangig werden. Der Mensch wird nicht mehr von einer ihm vorgegebenen Seinsordnung her verstanden, sondern als Person, für die die eigene Bindung an Christus vorrangig ist. Das impliziert eine enorme Aufwertung des persönlichen Gewissens. Die Freiheit des Christenmenschen umfasst bei Luther zudem die Forderung, sich im Zeichen der Nächstenliebe zu engagieren, in *dieser* Welt zu handeln, im sozialen und politischen Bereich, und insbesondere im Beruf. Vor allem Letzteres bedeutet eine gravierende Aufwertung des Diesseits, eine Abkehr von mönchischer Weltabwendung. In ihrer calvinistischen Variante begünstigt die Protestantische Ethik damit – so Max Webers berühmte These – den „Geist des Kapitalismus“.

Die reformatorische Lehre ist ein massiver Angriff auf die Autorität der Kirche. Alle reformatorischen Richtungen, von Luther bis zu den radikalen Täufern, teilen diesen gemeinsamen Grundzug: die Ablehnung oder doch starke Relativierung einer Vermittlungsinstanz zwischen dem einzelnen Gläubigen und Gott. Damit war die Kirche als Sakramentsanstalt insgesamt in Frage gestellt. Gegenüber früheren Ansprüchen wird die Kirche auf ihr Kernaufgabe beschränkt: auf die Verkündigung des Evangeliums.

Im engeren Sinne politisch bedeutsam ist nun Luthers Sicht auf den weltlichen Staat, wie er sie insbesondere in seiner Schrift „Von weltlicher Obrigkeit, wie weit man ihr Gehorsam schuldig sei" (1523) dartut. Luther knüpft dabei an Augustinus und dessen Unterscheidung der zwei *civitates*, der zwei Reiche an. Luther unterscheidet das Reich Christi und das Reich der Welt. Diese beiden Reiche stehen sich schroff gegenüber. Mit Blick auf die Frage nach dem Verhältnis von *sacerdotium* und *imperium* (bei Luther: *ecclesia* und *politia*) unterscheidet er zwei „Regimente": das geistliche Regiment durch den heiligen Geist unter Christus, und das weltliche Regiment, das sich den Unchristen entgegenstellt und für Friede, Ruhe und Ordnung sorgt. Beide sind Regimente Gottes, und durch beide regiert Gott die Welt. Die weltliche Obrigkeit führt das Schwert, um die Schwachen zu schützen, dem Bösen zu wehren, das Beste der Untertanen zu erreichen und den Frieden zu wahren. Den weltlichen Ordnungen und politischen Obrigkeiten erkennt Luther eine eigene Würde zu, er wertet sie erkennbar auf. Auch ist er ihnen gegenüber sehr viel weniger kritisch als der Institution der Kirche gegenüber. Luther wendet sich mit aller Schärfe vor allem gegen die weltliche Macht des Papstes, gegen jede Form der Vermengung von weltlicher und geistlicher Gewalt. Die Repräsentanten des geistlichen Regiments dürfen nicht zugleich weltliche Herrscher sein. Für die Trennung von Politik und Religion ist dies ein ganz entscheidender Punkt.

Wie hat sich nun der Christ gegenüber der weltlichen Obrigkeit zu verhalten? Ihr schuldet der Christ weitgehenden Gehorsam. Die weltliche Ordnung verdient aufgrund ihrer genannten Aufgaben Erhaltung, Verteidigung und Gehorsam. Nur eines darf sie nicht, und hier liegt die entscheidende Grenze legitimer weltlicher Macht: Die Obrigkeit darf nicht beanspruchen, über die Seele zu regieren. Tut sie dies nicht, haben die Untertanen ihr zu folgen. Die Staatsauffassung Luthers ist stark patriarchalisch geprägt, sie leitet sich aus dem Hausregiment des Vaters ab. Die Familie ist für Luther die Kernsinstitution des weltlichen Regiments. Und wie die Kinder dem Vater, so schuldet der Untertan der Obrigkeit Gehorsam. Insbesondere die weitere Entwicklung des Luthertums in Deutschland hat denn auch zu massiven Vorwürfen geführt: Sie habe in Deutschland einen sozialen und politischen Konservatismus, Quietismus und eine verhängnisvolle Untertanenmentalität befördert und so die Entwicklung politischer Freiheit erheblich beeinträchtigt. Manche wollten gar eine Linie von Luther zu Hitler ziehen. Letzteres ist gewiss unangemessen. Zweifelsohne aber hat zum einen die Ausbildung von Landeskirchen und Volkskirchen im Luthertum eine sehr enge Beziehung zwischen Kirche, Volkstum und Nationalbewusstsein begünstigt, die sich dann unter veränderten politischen und gesellschaftlichen Bedingungen als durchaus problematisch erweisen konnte. Und zum anderen waren es, so der Historiker Thomas Nipperdey, die angedeuteten „metapolitischen Implikationen der lutherischen Tradition in Deutschland", insbesondere das „Ethos des Gehorsams und der Autorität", die im zweiten deutschen Kaiserreich das „Bündnis von Thron und Altar" möglich gemacht haben und die Grundlage des preußisch-protestantischen Nationalismus bildeten. Doch dies soll nur ein Seitenblick sein auf eine der vielfältigen Formen und Möglichkeiten, wie Glaube und Konfession sich politisch auswirken können.

Kehren wir noch einmal ins 16. Jahrhundert zurück. Der Schock der Reformation brachte zunächst auch eine Erneuerung des Papsttums: eine moralische Erneuerung unter einer Reihe sittenstrenger Päpste, sodann aber auch institutionell auf dem Wege einer stärkeren Zentralisierung. In der Gegenreformation gelang es, die Reformation einzudämmen. Wichtige Folge der Reformation waren die vielen Religionskriege, die Europa in dieser Zeit heimsuchten – und wichtig waren vor allem die Art und Weise, wie sie endeten, und die Konsequenzen, die sich daraus bis heute ergaben. Die einheitliche christliche Welt war endgültig zusammengebrochen. Es wurde deutlich, dass keine der Parteien sich durchsetzen konnte: weder Papst noch Kaiser, weder Reformation noch römische Kirche. Für die Konfessionen musste irgendeine Form der Koexistenz gefunden werden, um den Frieden zwischen den Staaten, aber auch innerhalb eines einzelnen Staates zu gewährleisten. Vor allem das zuletzt genannte Problem, der konfessionell begründete Bürgerkrieg, hat nicht nur die weltlichen Fürsten, sondern insbesondere die politische Philosophie der Neuzeit ausgiebig beschäftigt. Für Thomas Hobbes etwa ist dieses Problem Ausgangs- und Bezugspunkt seines gesamten politischen Denkens – und die Hobbessche Lösung weist der politischen Philosophie einen ganz neuen Weg. Der uneingeschränkt souveräne und durch seine Friedensstiftung legitimierte Staat emanzipiert sich sowohl von der Autorität der Kirche wie auch von allen „metaphysischen" Rechtfertigungen und Fundamenten. Er wird sich auf diesem Wege – in der philosophischen Reflexion wie auch in der politischen Wirklichkeit – zum säkularisierten modernen Staat unserer Tage entwickeln. Zu diesem weltanschaulich neutralen Staat gehören zwei weitere fundamentale Prinzipien, die ebenfalls Ergebnis der Jahrhunderte währenden Auseinandersetzungen um das Verhältnis von Religion und Politik sind: Religionsfreiheit und Toleranz. Der Staat garantiert die Freiheit eines jeden einzelnen, seinem eigenen Glauben zu folgen. Religion ist Privatsache. Kirche und Staat sind strikt voneinander getrennt.

Damit hat sich der politisch-theologische Kreis auf durchaus überraschende Weise geschlossen: Die Trennung der zwei Reiche, die Augustinus gegen die gesamte antike Tradition einführt, besteht heute noch, oder besser: sie besteht heute, im säkularisierten Westen, mehr denn je. Nur hat sich die Wertigkeit dramatisch verschoben. Die vollständige Fokussierung der augustinischen „Pilger" aufs Jenseits und die ebenso vollständige Degradierung des Diesseits haben – zumindest im Lebensgefühl der meisten modernen Menschen – einer Ausrichtung aufs Diesseits Platz gemacht, die historisch einmalig ist. Zugleich hat sich die weltliche Politik, die bei Augustins Suche nach dem transzendenten Heil keinerlei Rolle spielt, gründlich emanzipiert: nicht nur von der Kirche, sondern von der Religion insgesamt. Dazu freilich hat das christliche Denken – zumindest ideengeschichtlich – gleichsam den Boden bereitet: Die Emanzipation des weltlichen Staates von Kirche und Religion ist nur denkbar, wenn Politik von den letzten Fragen menschlicher Existenz entlastet wird und sich aufs Vorletzte beschränken darf.

Schluss: Die politischen Ideen des Westens und ihre religiösen Grundlagen

Politik und Religion hängen eng miteinander zusammen, jedenfalls so eng, dass eine umfassende Analyse des Politischen nicht einfach von der Religion absehen kann. Das muss keineswegs bedeuten, Politik in einer Weise theologisch zu überformen oder zu relativieren, wie dies bei Augustinus der Fall war. Das Verhältnis beider Sphären verlangt aber in jedem Fall nach einer Regelung, und die jeweilige Art dieser Regelung verrät viel über die Grundlagen und Funktionsvoraussetzungen einer Gesellschaft. Wenn solche Regelungen auch als genuin politische bezeichnet werden können, so hängen sie doch auch von bestimmten religiösen Überzeugungen ab – womöglich auch dann noch, wenn die Kraft dieser Überzeugungen mit der Zeit deutlich verblasst.

Diese Zusammenhänge verweisen auf einige Fragen von hoher Aktualität, die einerseits die religiösen Grundlagen des Politischen im Allgemeinen betreffen, andererseits das Verhältnis unterschiedlicher Religionen zum Demokratieverständnis und zur Menschenrechtskultur des Westens. Diese zweite Frage ist eine höchst brisante

Frage, wird sie doch von manchem als Teil eines „Kampfes der Kulturen“ verstanden. Hier geht es unter anderem um die Frage, ob manche Religion mit der westlichen Vorstellung von Demokratie überhaupt kompatibel ist. Das betrifft vor allem „den“ Islam. Man hat sich hierbei vor Vereinfachungen sorgsam zu hüten. Dennoch lässt sich sagen, dass das Verhältnis von Religion und Politik im Islam einige Besonderheiten aufweist, die ihn vom Christentum unterscheiden, jedenfalls von dessen moderner Lesart. So wird der Koran nicht nur als religiöser und liturgischer Text gelesen, sondern als Regelung aller Lebensbereiche interpretiert, auch der Politik. Eine Trennung von geistlicher und weltlicher Macht ist hier mindestens erschwert, letztlich aber zugunsten einer Einheit von Politik und Religion verworfen: Mohammed ist nicht nur Religionsstifter, sondern auch Herrscher. Die politische Grundidee des Islam ist das Kalifat, eine theokratische Herrschaftsform. Der Kalif ist „Nachfolger“ oder „Stellvertreter“ des Propheten. Man darf hierbei nicht die unzähligen innerislamischen Schismen und Streitigkeiten übersehen, um dennoch die Hemmnisse zu erkennen, die dem säkularisierten Staatsverständnis des Westens hier prinzipiell entgegenstehen.

Idee und Prinzip der Toleranz, der Religionsfreiheit und der Trennung von Staat und Kirche verdanken sich, wie gezeigt, einer *historischen* Entwicklung, die in dieser Form nur in Europa zu beobachten war, im christlichen Europa. Ist dieser geschichtliche Entstehungskontext darüber hinaus aber auch *systematisch* von (bleibender) Bedeutung? Diese Frage betrifft nun nicht nur das Verhältnis anderer Religionen zu Demokratie und Menschenrechten, sondern auch die westliche Kultur und Demokratie selbst: Gibt es, so kann man diese Frage formulieren, bestimmte Fundamente moderner liberaler Moral- und Wertvorstellungen, die über den rein diesseitigen Zuschnitt eben dieser Werte hinausragen? Ernst-Wolfgang Böckenförde hat diesen womöglich bestehenden Zusammenhang als Paradox wie folgt formuliert:

> „Der freiheitliche, säkularisierte Staat lebt von Voraussetzungen, die er selbst nicht garantieren kann. Das ist das große Wagnis, das er, um der Freiheit willen, eingegangen ist. Als freiheitlicher Staat kann er einerseits nur bestehen, wenn sich die Freiheit, die er seinen Bürgern gewährt, von innen her, aus der moralischen Substanz des einzelnen und der Homogenität der Gesellschaft, reguliert. Anderseits kann er diese inneren Regulierungskräfte nicht von sich aus, das heißt mit den Mitteln des Rechtszwanges und autoritativen Gebots, zu garantieren suchen, ohne seine Freiheitlichkeit aufzugeben und – auf säkularisierter Ebene

> – in jenen Totalitätsanspruch zurückzufallen, aus dem er in den konfessionellen Bürgerkriegen herausgeführt hat.“ (Böckenförde 1991: 112f.)

Es geht hier also um die Quellen und Motivationskräfte eines bestimmten moralischen Verhaltens. In den modernen westlichen Verfassungen sind lediglich *Rechte* der Bürger niedergelegt, die die individuelle Freiheit schützen, zumeist formuliert als Abwehrrechte gegen den Staat. Wie aber wird der Bürger zu mehr als einem Nutzen maximierenden „homo oeconomicus“? Woher kommen die sozialen Werte und solidarischen Verpflichtungen, ohne die auf Dauer kein demokratisches System bestehen kann? Sind sie postmetaphysisch zu begründen und rein säkular reproduzierbar? Oder braucht man am Ende doch bestimmte Bezüge zur Religion, um etwa die „Würde des Menschen“ als unverfügbares, allem staatlichen Zugriff entzogenes Wertfundament plausibel zu machen? Fragen dieser Art haben eine philosophische wie auch eine soziologische Dimension. Sie sind schwerlich abschließend zu beantworten. Immerhin: Die Tatsache, dass über diese Fragen eifrig gestritten wird und gestritten werden *kann*, ist Zeichen einer liberalen, demokratischen und pluralistischen Gesellschaft. Egal, welche religiösen Vorstellungen dies begünstigen mögen, eine solche Gesellschaft zeichnet sich zunächst einmal durch eines aus: eine Absage an allen Fundamentalismus und Dogmatismus. Und von diesem, auch und gerade dem religiösen Dogmatismus, musste sich schließlich auch Europa erst mühsam emanzipieren.

Ganz in diesem Sinne finden wir bei einem der prominentesten Vertreter des modernen postmetaphysischen Denkens, bei Jürgen Habermas, eine heute weit verbreitete Haltung bezüglich des „abendländischen“ Erbes des demokratischen Westens: „Ich will nur sagen, dass mich der Nachweis theologischer Erbschaftsverhältnisse nicht stört, solange die methodische Differenz der Diskurse erkennbar ist, solange also der philosophische Diskurs der eigensinnigen Forderung einer begründeten Rede gehorcht.“ (Habermas, 2001: 187). Die politische Philosophie wie auch die liberale Demokratie der Moderne suchen vernünftige Antworten und faire Prozeduren, um nicht zuletzt den religiösen Pluralismus zu organisieren. Es sind dies bewusst weltliche Antworten auf vorletzte Fragen. Einer Politik, die im Mittelalter durch das jenseitige Heilsversprechen dramatisch relativiert wurde, ist es gelungen, die Religion ihrerseits politisch zu relativieren.

Literatur

Schriften von Augustinus:

Gottesstaat *Vom Gottesstaat*, übers. v. Wilhelm Thimme, eingel. u. komm. v. Carl Andresen, München 1991.

Bek. *Bekenntnisse*, Einl. v. Kurt Flasch, Übers., Anm. u. hrsg. v. Burkhard Mojsisch, Stuttgart 2003.

SG *Selbstgespräche; Von der Unsterblichkeit der Seele*, Einf., Übertr., Erl. u. Anm. v. Hanspeter Müller, Düsseldorf 2002.

Doctrina *De doctrina christiana, De vera religione*, in: *Corpus Christianorum. Series Latina*, Band 32, Turnhout 1962.

Lehrer *De magistro / Über den Lehrer*, lat./dt., hrsg. u. übers. v. Burkhard Mojsisch, Stuttgart 1998.

Glück *De beata vita / Über das Glück*, lat./dt., Übers., Anm. u. Nachw. v. Ingeborg Schwarz-Kirchenbauer u. Willi Schwarz, Stuttgart 1989.

Darstellungen:

Böckenförde, Ernst-Wolfgang, Die Entstehung des Staates als Vorgang der Säkularisation, in: ders., *Recht, Staat, Freiheit. Studien zur Rechtsphilosophie, Staatstheorie und Verfassungsgeschichte*, Frankfurt a.M. 1991, S. 92-114.

Flasch, Kurt, *Augustin. Einführung in sein Denken*, Stuttgart 2003.

–, Über Augustinus. Einleitung, in: *Augustinus*, ausgewählt und vorgestellt von Kurt Flasch, hrsg. von Peter Sloterdijk, München 2000, S. 12-58.

–, *Das philosophische Denken im Mittelalter. Von Augustin zu Machiavelli*, Stuttgart 2001.

Forschner, Maximilian, *Thomas von Aquin*, München 2005.

Fuhrer, Therese, *Augustinus*, Darmstadt 2004.

Geerlings, Wilhelm (Hg.), *Augustinus, Leben und Werk*, Paderborn 2002.

Gornbocz, Wolfgang, *Die Philosophie der ausgehenden Antike und des frühen Mittelalters* (Geschichte der Philosophie, u. Mitarbeit Wolfgang Röd, Bd. 4), München 1997.

Habermas, Jürgen, Ein Gespräch über Gott und die Welt, in: ders., *Zeit der Übergänge. Kleine Politische Schriften IX*, Frankfurt a.M. 2001, S. 173-196.

Heinzmann, Richard, *Philosophie des Mittelalters*, Stuttgart 1998.

–, *Thomas von Aquin. Eine Einführung in sein Denken*, Stuttgart 1994.

Horn, Christoph, *Augustinus*, München 1995.

– (Hg.), *Augustinus, De Civitate Dei* (Klassiker auslegen Bd. 11), Berlin 1997.

Kreuzer, Johann, *Augustinus zur Einführung*, Hamburg 2005.
Le Goff, Jacques (Hg.), *Der Mensch des Mittelalters*, Frankfurt a.M./New York 1989.
Libera, Alain de, *Die mittelalterliche Philosophie*, Paderborn 2005.
Maier, Hans, Augustin, in: Maier, Hans / Rausch, Heinz / Denzer, Horst (Hg.), *Klassiker des politischen Denkens, Erster Band: Von Plato bis Hobbes*, München 1986, S. 94-109.
Mensching, Günther, *Thomas von Aquin*, Frankfurt a.M. / New York 1995.
Ottmann, Henning, *Geschichte des politischen Denkens. Band 2/2: Das Mittelalter*, Stuttgart/Weimar 2004.
Schönberger, Rolf, *Thomas von Aquin zur Einführung*, Hamburg 2002.

Niccolò Machiavelli und die Trennung von Politik und Moral

Einleitung: Politikberatung für „Machiavellisten"?

Niccolò Machiavelli (1469-1527), Sohn eines humanistisch gebildeten Juristen, ist eine der schillerndsten Figuren in der Geschichte des politischen Denkens. Berühmt-berüchtigt, steht sein Name für den Machiavellismus, für krude und rücksichtslose Machtpolitik, der jedes Mittel recht ist, um den eigenen Erfolg zu sichern. Ob das dem politischen Denken des Florentiners gerecht wird oder ob er nicht lediglich als Vertreter eines recht modernen Realismus zu betrachten ist, bestimmt die Diskussionen bis heute.

Machiavelli versucht, seine politische Theorie auf Erfahrung zu gründen, nicht zuletzt auf den Erfahrungen, die er selbst als Praktiker gesammelt hat: als politischer Berater und Sekretär der Republik Florenz, als Gesandter an mehreren europäischen Höfen wie auch als Militärreformer, der das Florentinische Volksheer aufbaut. Seine Passion gilt der Praxis, nicht der Philosophie. Entsprechend „praxis-orientiert" ist sein politischer Ansatz. Ja, seine schriftstellerische Tätigkeit verdankt sich nur dem Umstand, dass er im Streit zwischen den Medicis und der Florentiner Republik zwischen die Fronten gerät und auf lange Jahre aus der praktischen Politik verbannt wird.

Machiavelli gilt als einer der Begründer des politischen Denkens der Neuzeit. Das ist insofern angemessen, als er tatsächlich in jeder Hinsicht mit den Grundsätzen der mittelalterlichen wie auch der klassischen politischen Philosophie bricht. Seine Betrachtung der politischen Welt ist getragen von einem dezidierten Realismus, der alle Fragen nach dem Guten, Gerechten und Wünschbaren konsequent verabschiedet. Politik und Moral werden bei Machiavelli voneinander getrennt. Er tut dies freilich ohne den Versuch, seinen Ansatz philosophisch irgendwie zu begründen. Sein Realismus ist empirisch-historischer Natur und arbeitet überwiegend mit historischen Fallanalysen. Deshalb sehen manche erst in Thomas Hobbes den wahrer Begründer der politischen Philosophie der Neuzeit: Erst hier stößt man auf eine Staatsphilosophie, die – zumindest dem eigenen Anspruch nach – exakte Wissenschaft sein will. „Hält man die Methode für das Wichtigste, dann ist Hobbes der erste politische Denker der Neuzeit. Würdigt man den Bruch in der Zielsetzung, dann erhält Machiavelli den Vortritt." (Ottmann 2006: 11)

Machiavellis Praxis-Bezug ist aber auch noch in anderer Hinsicht wichtig: Bei seiner Form der Politikberatung hat er ein sehr konkretes politisches Ziel, ja sein Herzensanliegen vor Augen: die dramatische politische Krise seiner Heimat Italien überwinden zu helfen. Das Italien seiner Zeit zeigt sich als ein heillos zerstrittenes und zersplittertes Neben- und Gegeneinander kleinerer und mittlerer Mächte. Der Antagonismus von Florenz, Mailand, Venedig, Neapel und dem sich in alles einmischenden Vatikan macht Italien zum Spielball fremder Großmächte. Vor diesem Hintergrund wendet sich Machiavelli am Ende seines *Principe* an einen „neuen Herrscher", an einen „Retter" des Vaterlandes, mit dem „Aufruf, in Italien die Macht zu ergreifen und es von den Barbaren zu befreien" (P: XXVI). Zur Erreichung dieses Zieles erscheint dem Patrioten Machiavelli jedes Mittel recht. Endlich ist der historische Kontext für ein angemessenes Verständnis Machiavellis auch insofern wichtig, als dieser ein – wenn auch eigenwilliger – Vertreter einer Epoche von weltgeschichtlicher Bedeutung ist: der italienischen Renaissance. Das Weltbild der Renaissance und ihr Humanismus stehen Pate bei der Geburt des neuzeitlichen politischen Denkens.

1. Humanismus und italienische Renaissance

„Dies Jahrhundert ist ein goldenes Zeitalter, das seinen Glanz über die so lange verdunkelten freien Künste ausstrahlt – über Grammatik, Dichtkunst und Beredsamkeit, Malerei, Baukunst und Bildhauerei, Musik und den Gesang zur alten orphischen Lyra, die alle in Florenz in Blüte stehen." (zit. nach Münkler, 1988: 19) So preist der italienische Humanist Marsilio Ficino das Florenz der zweiten Hälfte des

15. Jahrhunderts. Es ist eines von vielen Zeugnissen des nachgerade euphorischen Selbstbewusstseins einer Zeit, die sich als „Wiedergeburt“ der Antike feiert: als *rinascimento*, als Renaissance. Gefeiert wird die Wiedergeburt des antiken Geistes, antiker Bildung und Kultur. Die Antike avanciert in jeder Hinsicht zum Vorbild. Zugleich bedeutet diese Renaissance aber auch die Geburt eines ganz neuen Zeitalters, eines neuen Lebensgefühls und eines neuen Zeit- und Epochenbewusstseins. Es ist das Bewusstsein eines echten Bruches: zwischen der eigenen Zeit und dem zurückliegenden Mittelalter wie auch rückblickend zwischen Antike und Mittelalter.

Scharf ist die Absetzung der eigenen Zeit vom Mittelalter. Dieses gilt nun als Periode der Finsternis, der kulturellen Leere und des Unwissens. Das Mittelalter wird als „Todesschlaf“ beschrieben, aus dem der Mensch nun glücklich erwacht ist. Es macht sich ein ganz neues Lebensgefühl breit, das insbesondere zur mittelalterlichen Fokussierung aufs Jenseits in denkbar scharfem Gegensatz steht. Wenn die heilsgeschichtliche Erwartung des Welten-Endes verhindert hatte, dem rein Innerweltlichen einen Eigenwert zuzugestehen, so ändert sich in der Renaissance vor allem dies. Das theozentrische Weltbild des Mittelalters wird abgelöst vom anthropozentrischen Weltbild der beginnenden Neuzeit, die Weltabwendung und -relativierung von einer umfassenden Welthinwendung und -bejahung, von der „Entdeckung des Menschen und der Welt“ (Jacob Burckhardt).

Diese neue Lebenshaltung manifestiert sich insbesondere in den bis heute bewunderten kulturellen Leistungen der italienischen Renaissance. Das Schaffen eines Leonardo da Vinci oder Michelangelo steht stellvertretend für den enormen Reichtum dieser Zeit. Sie verkörpern diese neue Hinwendung zur Welt in ihren wichtigsten Dimensionen: ästhetische Feier der Schönheit der Welt, wissenschaftliche Neugier wie auch technische Beherrschung der Welt im Gefolge ihrer wissenschaftlichen Durchdringung. Gesucht wird nicht mehr nach der göttlichen Ordnung des Seins, sondern die Welt wird zum Gegenstand neugieriger Untersuchung und Durchforschung. Wissenschaft und Philosophie emanzipieren sich von Glaube und Theologie. Damit ist der Weg frei geräumt für die neuzeitliche Erfahrungswissenschaft einer entgöttlichten Natur.

Ebenso folgenreich und für den Humanismus der Renaissance kennzeichnend ist die Hinwendung zum Einzelnen, zum Menschen in seiner Besonderheit. Nicht nur wird der Mensch aus seiner Eingebundenheit in die Ordnung der mittelalterlichen Gesellschaft gelöst, es entsteht ein neues Bewusstsein der *Autonomie* des Individuums.

Im Italien dieser Zeit, so Jacob Burckhardt, bildet sich der „moderne Mensch“, das neuzeitliche Individuum: Neben der „objektiven Betrachtung und Behandlung des Staates und der sämtlichen Dinge dieser Welt überhaupt“ und durch diese Weltsicht begünstigt „erhebt sich mit voller Macht das Subjektive; der Mensch wird geistiges Individuum und erkennt sich als solches“ (Burckhardt 1988: 99). Dieser „entwickelte Sinn für das Individuelle“ (ebd.: 239) manifestiert sich unter anderem in der „Erfindung“ des Porträts in den bildenden Künsten und der Biographie in der Literatur. Die Renaissance weiß den Menschen zu feiern, ja zu verherrlichen, seine Möglichkeiten und Entfaltungspotentiale.

Dieser Sichtweise entspricht auf gesellschaftlicher Ebene eine enorme wirtschaftliche und soziale Dynamik. Sie ist Ergebnis der Auflösung der statischen Gesellschaftsformation des Mittelalters, der Transformation der mittelalterlichen „Gemeinschaft“ in die frühneuzeitliche „Gesellschaft“. Mobilität, Konkurrenz, wirtschaftliche Dynamik und ökonomisches Kalkül kennzeichnen diese beginnende neue Epoche, deutlich sichtbar insbesondere am neu entstehenden Bankwesen. Hier hebt der Aufstieg des Bürgertums an, das sich im Laufe der weiteren westlichen Entwicklung gegen Klerus und Adel durchsetzen und zur beherrschenden Klasse des Okzidents aufschwingen wird. Philosophisch wird dies als die Geburtsstunde des *homo oeconomicus* gedeutet werden, des primär an Eigeninteressen orientierten Nutzenmaximierers.

Es entspricht dem neuen Weltbild und Anthropozentrismus, dass nun auch Politik und politische Ordnung neu gedacht werden. Mit der Abkehr von der mittelalterlichen Scholastik wird der Staat nicht mehr als Abbild göttlicher Ordnung betrachtet, sondern als Artefakt, als etwas zu Gestaltendes, „als berechnete, bewußte Schöpfung, als Kunstwerk“ (Burckhardt 1988: 4). Die politischen Denker der Epoche begreifen es als ihre Aufgabe, eine neue Ordnung allein aus der Vernunft zu schaffen – aus einer verdiesseitigten Vernunft.

Bei keinem anderen Denker wird die Radikalität des Bruchs so deutlich wie bei Machiavelli. Man muss auch sagen: Kein anderer geht so weit wie er. Das wirft zugleich die Frage auf, wie Machiavelli in die durchaus unterschiedlichen Strömungen der Renaissance einzuordnen ist. Betrachtet man die geistigen Träger der Renaissance, die Humanisten, so lassen sich vereinfacht zwei wichtige Gruppen unterscheiden (vgl. Münkler 1995: 32ff.): ein eher literarisch-individualistischer Humanismus und ein bürgerlich-politischer Humanismus. Beim ersten stehen die persönliche Autonomie des Menschen und die Bildung als im Wesentlichen ästhetischer, politikferner Genuss im Mittelpunkt. Hingegen betont der bürgerlich-politische Humanismus das Ideal der Republik, in der das Wohl des Staates vor dem Streben nach abstrakter Wahrheit oder ästhetischem Lebensgenuss rangiert, und fordert vom Einzelnen dessen patriotische Hingabe ans Vaterland. Machiavelli ist der zweiten Linie zuzurechen, so sehr er in seiner Art der Welt- und Politikbetrachtung auch Produkt der Renaissance insgesamt ist. Ein Republikaner ist Machiavelli zweifelsohne – ob man ihn mit seinem kompromisslosen Realismus aber überhaupt noch als einen Humanisten bezeichnen kann, ist eine andere Frage. Zumindest erscheint sein Humanismus als ein wenig „verwildert" (Ottmann 2006: 11).

2. Machiavellis „Realismus": Menschen und Staaten im Auf und Ab der Geschichte

Machiavellis Bruch mit den Traditionen politischen Denkens besteht inhaltlich in einer weitgehenden Trennung von Politik und Moral. Grundlage dafür ist, nach Machiavellis eigener Auffassung, ein konsequenter „Realismus", der das wirkliche Wesen der Dinge erfassen will, die „verità effettuale della cosa":

> „Da es aber meine Absicht ist, etwas Brauchbares für den zu schreiben, der Interesse dafür hat, schien es mir zweckmäßiger, dem wirklichen Wesen der Dinge nachzugehen als deren Phantasiebild. Viele haben sich Vorstellungen von Freistaaten und Alleinherrschaften gemacht, von denen man in Wirklichkeit weder etwas gesehen noch gehört hat; denn zwischen dem Leben, wie es ist, und dem Leben, wie es sein sollte, ist ein so gewaltiger Unterschied, daß derjenige, der nur darauf sieht, was geschehen sollte, und nicht darauf, was in Wirklichkeit geschieht, seine Existenz viel eher ruiniert als erhält. Ein Mensch, der immer nur das Gute möchte, wird zwangsläufig zugrunde gehen inmitten von so vielen Menschen, die nicht gut sind." (P: XV)

In diesem programmatischen Ausspruch ist bereits ein zentraler Bestandteil dieses Realismus genannt: Die meisten Menschen sind nicht gut. Machiavelli macht einen anthropologischen Pessimismus zur Grundlage seiner politischen Theorie, in dessen Zentrum die Begehrlichkeit der menschlichen Natur steht. Was den Menschen zu allererst kennzeichnet, das ist sein unersättlicher Ehrgeiz (*ambizione*). Kaum haben die Menschen etwas, wollen sie noch mehr. Ewige Unzufriedenheit, Maßlosigkeit und Habsucht sind die Haupttriebkräfte ihres Handelns.

> „Wenn nämlich die Menschen einmal nicht aus Not zu kämpfen brauchen, so tun sie es aus Ehrgeiz; denn dieser ist in der Brust eines jeden Menschen so mächtig, dass er ihn nie verlässt, wie hoch er auch steigen mag. Die Ursache dieser Erscheinung liegt darin, dass die Natur die Menschen so geschaffen hat, dass sie zwar alles begehren, aber nicht alles erreichen können." (D: I 37)

Das nährt ihre dauernde Unzufriedenheit, und daraus wiederum erwachsen Feindseligkeiten und Krieg. Machiavelli will diese Eigenschaften den Menschen keineswegs loben – als politischer Realist hat man sie aber zur Kenntnis zu nehmen:

> „Alle, die über Politik schreiben, beweisen es, und die Geschichte belegt es durch viele Beispiele, daß der, welcher einem Staatswesen Verfassung und Gesetze gibt, davon ausgehen muß, daß alle Menschen schlecht sind und dass sie stets ihren bösen Neigungen folgen, sobald sie Gelegenheit dazu haben." (D: I 3)

Diese Anthropologie hat für keine Art von „Idealismus" Verwendung. Auch wendet sie sich ab von der aristotelischen Teleologie, die nach dem „summum bonum", nach den Entwicklungspotentialen und der Bestimmung menschlicher Natur fragte. Freilich: Abgesehen davon, dass Aristoteles in keiner Weise „idealistisch" dachte, ist er durchaus auch Realist in Machiavellis Sinn, wenn er sogar vom „tierischen" Verhalten jener Menschen spricht, die nicht durch gute Erziehung und gute Gesetze beeinflusst bzw. geformt werden. Insofern verändert sich bei Machiavelli vor allem der Fokus: Die Auseinandersetzung mit dem Menschen setzt nicht bei einer Seelenlehre an, die die Tugenden des Menschen analysiert, sondern sie gibt sich als – durchaus: moderne – Psychologie, die von den empirischen Defekten des durchschnittlichen Menschen ihren Ausgang nimmt. Mit diesen jedenfalls müsse man rechnen, wenn man Erfolg in der Politik haben will. Der Mensch ist für Machiavelli nicht mehr das *zoon politikon*, dessen Natur und Wesen sich idealiter in der besten *polis* entfalten, sondern zunächst einmal ein schwer kalkulierbarer Unsicherheitsfaktor: „Dem Therapeuten der sittlich-politischen Krankheit erscheinen die Menschen als Ordnungsrisiko, das nach einer politischen Disziplinierung und einer wirksamen politischen Erziehung verlangt." (Kersting 1988a: 33) Zu diesem Zweck muss ein erfolgreicher Herrscher sich aller Mittel der Disziplinierung bedienen, gegebenenfalls auch der Manipulation seiner Untertanen. Vor allem im *Principe* finden sich dazu eine ganze Reihe „realistischer" Rezepte politischer Herrschaftskunst. Andererseits aber sei schon hier darauf hingewiesen, dass sich Machiavellis Anthropologie und sein politisches Denken nicht auf die Manipulation schlechter Menschen reduzieren lassen: Wenn man die Zähmung dieses Menschen richtig anstellt, dann kann man durch politische Erziehung sogar patriotische Bürger mit Gemeinwohlorientierung formen. Insofern stoßen wir bei Machiavelli nicht nur auf ein „pessimistisches“ Konzept der Domestikation der menschlichen Natur, sondern auch auf eines ihrer „Politisierung“ (vgl. Kersting 1988a: 43ff.). Auch diese republikanische Dimension bleibt freilich dem Realismus des je Gebotenen untergeordnet.

Worauf stützt sich nun aber dieser Realismus? Was ist das methodische Fundament seiner Aussagen? Für Machiavelli ist es die Geschichte, die als „magistra vitae“, als Lehrmeisterin des Lebens, die Wirklichkeit des Politischen erkennen hilft:

> „Was das theoretische Studium betrifft, so muß sich ein Herrscher mit der Geschichte vertraut machen und hierbei die Taten bedeutender Männer studieren. Er muß sein Augenmerk darauf richten, wie sie sich im Krieg verhalten haben, er muß die Ursachen ihrer Siege und Niederlagen erforschen, um diese zu vermeiden und jene sich zum Vorbild zu nehmen.“ (P: XIV)

Die Geschichte zeigt uns, wie Politik wirklich funktioniert. Nur aus ihr kann man Brauchbares lernen. Und nur durch Nachahmung des historischen Beispiels, durch „imitazione“, kann man politisch Erfolge erzielen.

Wichtige Grundannahme für dieses Konzept historischen Lernens ist Machiavellis Auffassung, dass es in der Geschichte bestimmte Gesetzmäßigkeiten gibt, die sich beobachten lassen und die sich historisch bewahrheitet haben. Geschichte besteht nicht aus einem Nacheinander beliebiger, jeweils ganz unterschiedlicher und damit auch unvergleichbarer Einzelereignisse. Geschichte wird durch die *necessità*, die Notwendigkeit, bestimmt. Die erkennbaren Gesetzmäßigkeiten verdanken sich nun ihrerseits der Konstanz der menschlichen Natur: In ähnlichen Situationen reagieren Menschen ähnlich, und ihre Handlungen haben ähnliche Wirkungen – ob zu Machiavellis Zeiten oder zur Zeit der Gründung Roms. Nur dadurch kann die Geschichte als „magistra vitae“ dienen. „Wer sich mit der gegenwärtigen und antiken Geschichte beschäftigt, erkennt leicht, daß alle Staaten und alle Völker von jeher die gleichen Wünsche und die gleichen Launen hatten.“ (D: I 39) Auf diese Weise lässt sich ein empirisches Wissen ansammeln, an dem sich politisches Handeln unmittelbar orientieren kann:

> „Untersucht man also sorgfältig die Vergangenheit, so ist es ein leichtes, in jedem Staat die Zukunft vorherzusehen und die gleichen Mittel anzuwenden, die auch von den Alten angewandt wurden, oder bei ähnlichen Ereignissen neue auszudenken, wenn bereits erprobte Mittel nicht zur Hand sind." (D: I 39).

Wer angemessen aus der Geschichte lernt, der kann den Lauf der Dinge durch sein Handeln beeinflussen. „Die Geschichte ist für Machiavelli also nicht ein sich permanent verändernder Prozeß, sondern eine durch die Konstanz der menschlichen Natur verbürgte Abfolge wiederkehrender Problemlagen, Situationsmuster und Handlungsstrukturen. Die Unveränderlichkeit der menschlichen Begierdenatur macht Menschen, die zu verschiedenen historischen Zeiten leben und handeln, hinreichend gleich und bietet so die Grundlage für die lehrreichen historischen Vergleiche, für die Extrapolation der Zukunft aus der Gegenwart und die Erklärung der Gegenwart aus der Vergangenheit." (Kersting 1988a: 60)

Die *necessità* also bestimmt die Geschichte, nicht die *providentia dei*. „In dieser ehernen Notwendigkeit, nicht aber in der göttlichen Vorsehung sah Machiavelli das aufgedeckte Geheimnis der Geschichte." (Münkler 1995: 101) Der Mensch erleidet nicht sein Fatum oder wendet sich, wie Augustinus, von der schlechten diesseitigen Welt ab. Vielmehr kann er sein Schicksal und die Sorge um seine Selbsterhaltung nun selbst in die Hand nehmen – ganz im Sinne des neuen Selbstbewusstseins der Renaissance, der Entdeckung des Individuums und seiner Welt. Die Kehrseite dieses neuen Bewusstseins wird freilich auch schnell deutlich: Wo die Notwendigkeit diktiert, was zu tun ist, da ist für andere, zum Beispiel moralische Erwägungen kein Platz mehr.

> „Daher muß sich ein Herrscher, wenn er sich behaupten will, zu der Fähigkeit erziehen, nicht allein nach moralischen Gesetzen zu handeln sowie von diesen Gebrauch oder nicht Gebrauch zu machen, je nachdem es die Notwendigkeit erfordert." (P: XV)

Die *necessità*, die dem Handelnden als Zwang der Notlage begegnet, entlastet von moralischen Erwägungen: „Entsprechend dem ‚Not kennt kein Gebot' oder ‚necessitas non habet legem' geht es um die dispensatorische Kraft des Not- und Ausnahmefalles. Der Begriff der ‚Notwendigkeit' soll von Moral und Gesetz entlasten. […] Die Notwendigkeit hat exculpatorische Funktion." (Ottmann 2006: 25)

Zu den Gesetzmäßigkeiten der Geschichte, die Machiavelli erkannt haben will, gehört ein Weiteres, was für seine politische Theorie von großer Bedeutung ist – und was der totalen Steuerbarkeit des politischen Geschehens Grenzen setzt: die Vorstellung von einem Kreislauf der Geschichte. Machiavelli sieht in der Geschichte keine lineare Bewegung, die auf irgendein bestimmbares Ziel hinausliefe. Weder bezieht er Geschichte mit Blick auf ein jenseitiges Ziel, wie es die christliche Theologie tat; noch sieht er in der innerweltlichen Entwicklung eine Geschichte des steten Fortschritts, wie man später in der Aufklärung glaubte. Machiavelli greift vielmehr antike Zyklus-Vorstellungen auf. Die Staaten durchlaufen demnach einen ewigen Kreislauf von Ordnung, Verfall und Wiederherstellung der Ordnung. In seiner *Geschichte von Florenz* beschreibt Machiavelli dieses „Auf und Ab der Staaten" so:

> „Die Länder pflegen zumeist bei ihren Veränderungen von der Ordnung zur Unordnung zu kommen, um dann von neuem von der Unordnung zur Ordnung überzugehen. Es ist von der Natur den menschlichen Dingen nicht gestattet, stille zu stehen. Sobald sie ihre höchste Vollkommenheit erreicht haben und nicht mehr steigen können, müssen sie daher sinken; ebenso, wenn sie gesunken sind, durch die Unordnung zur tiefsten Niedrigkeit herabgekommen und also nicht mehr sinken können, müssen sie notwendig steigen. So sinkt man stets vom Guten zum Übel und steigt vom Übel zum Guten." (GF: 318).

Auch bei diesem Kreislaufmodell spielt die menschliche Natur wieder eine herausragende Rolle. Insbesondere der *ambizione* ist es zuzuschreiben, dass sich Ordnung und Stabilität niemals vollständig auf Dauer stellen lassen, sondern durch Dekadenz ausgehöhlt und zerstört werden.

> „Denn die Tapferkeit gebiert Ruhe, die Ruhe Müßiggang, der Müßiggang Unordnung, die Unordnung Verfall. Ebenso entsteht aus dem Verfall Ordnung, aus der Ordnung Tapferkeit, hieraus Ruhm und Glück." (GF: 318).

Das ist das geschichtliche Grundmuster. In dieses Auf und Ab ordnet Machiavelli die gängigen Verfassungsformen ein. Unter Rückgriff auf Polybios geht Machiavelli dabei vom klassischen Sechser-Schema und von einem Kreislauf der Verfassungsformen aus, in dem sich alle Staaten notwendig bewegen (vgl. D: I 2). So kommt es zum steten Wechsel, zum Umschlagen einer Form in die nächste: von der Monarchie zur Tyrannis, von der Aristokratie zur Oligarchie, von der Demokratie zur Anarchie. Für den Verfall der guten Formen sind immer Zügellosigkeit, Egoismus, Selbstsucht verantwortlich.

Wenn man nun wissen will, welche politischen Maßnahmen jeweils erfolgversprechend sind, so muss man zunächst einmal wissen, an welchem Punkt dieses Kreislaufs sich ein Staatswesen gerade befindet. Denn unterschiedliche Zeiten und Umstände, die *qualità dei tempi*, verlangen unterschiedliche Maßnahmen. Von besonderer Bedeutung ist für Machiavelli dabei die Aufgabe des *uomo virtuoso*, des mit allen politischen Tugenden ausgestatteten Ordnungsstifters, der im Zustand des völligen Verfalls zunächst einmal Chaos und Anarchie überwindet. Diese herausragende Persönlichkeit auch hat Machiavelli vor Augen, wenn er an die Herausforderungen im danieder liegenden Italien seiner Zeit denkt. Wie viel er von diesem *uomo virtuoso* erwartet, zeigt sich freilich erst an seinen weiteren Aufgaben: Er soll nämlich daran arbeiten, die Republik auf den Weg zu bringen, soll sein Gemeinwesen „republikfähig machen“ (Kersting 1988a: 80) – und sich damit über kurz oder lang selbst überflüssig machen!

Mit der republikanischen Mischverfassung als der nach Machiavellis Auffassung stabilsten aller Verfassungen ist man zugleich an jenem Punkt seines Denkens angelangt, an dem sein empirisch-historischer Realismus, sein patriotisch-praktisches Interesse wie auch ein durchaus vorhandener „Normativismus“ zusammenkommen. Mit der Einrichtung einer Republik lässt sich der geschilderte Kreislauf der Geschichte zwar nicht dauerhaft durchbrechen. Wohl aber lässt sich so der irgendwann einsetzende Verfall relativ lange hinauszögern. Warum Machiavelli die Republik so schätzt, wird noch behandelt werden. An dieser Stelle ist zunächst nur festzuhalten, dass die zyklische Geschichtsauffassung nicht als einseitig pessimistisch zu deuten ist: „Das ewige Auf und Ab der Staaten und Völker […] erweisen sich in seiner Theorie als die unabdingbaren Voraussetzungen für die erfolgreiche Beherrschung der Geschichte durch den Menschen. Die Entdeckung der Gesetzmäßigkeit der Geschichte bei Machiavelli mündet nicht in Resignation vor deren unerbittlichem fatum, sondern wird zur Voraussetzung für den kontrolliert-erfolgversprechenden Eingriff des Menschen in die Geschichte.“ (Münkler 1995: 45) Und eben diesem Zweck allein sollen seine Ratschläge und sein Realismus dienen.

3. Il Principe und die Trennung von Politik und Moral

Auf der Grundlage dieser „realistischen“ Einsichten trennt Machiavelli Politik und Moral in einer für das politische Denken durchaus revolutionären Weise – sieht man einmal von den Sophisten ab, die bei Machiavelli gleichsam eine Art Rehabilitierung erfahren. „Er macht gerade das geltend, was seit Platon von der klassischen Philosophie bekämpft worden war: die Ausrichtung am Nutzen und am Erfolg.“ (Ottmann 2006: 11) Die Orientierung am Erfolg und nicht an der moralischen Qualität politischen Handelns tritt insbesondere in seinem 1513 geschriebenen *Il Principe* offen zu Tage. Untersuchungsgegenstand sind hier die unterschiedlichen Herrschaftsformen sowie die „Ursachen ihres Aufstiegs und Niedergangs“ (P: XII). Wer letztere genau erforscht, der kann sich als Realist nicht mit moralischen Erwägungen aufhalten – und zwar weder als Analytiker noch als Praktiker des Politischen:

> „denn wenn man alles genau betrachtet, so wird man finden, daß manches, was als Tugend gilt, zum Untergang führt, und daß manches andere, das als Laster gilt, Sicherheit und Wohlstand bringt.“ (P: XV)

Politik und Moral gehen nicht immer in derselben Rechnung auf. Sie gehören unterschiedlichen Sphären an. Diese Lektion muss ein erfolgreicher Fürst als erste lernen.

Damit steht der *Principe* konträr zu jener Literatur-Gattung, der er auf den ersten Blick zugehört: dem „Fürstenspiegel“. Solche waren – und sind noch zu Machiavellis Zeiten – als moralische Erziehungstraktate für den guten Fürsten weit verbreitet, etwa Thomas von Aquins *De regimine principum* oder Erasmus von Rotterdams *Institutio Principis Christiani*. Sie zeichnen ein Idealbild des vollkommenen, guten und gerechten Fürsten. Auch im politischen Denken Roms, auf das sich Machiavelli im Übrigen gerne bezieht, finden wir solche Idealbilder, etwa bei Cicero und Seneca. Sittlichkeit und Ehrenhaftigkeit (*honestas*) bilden den Kern der wahren Tugend (*vir*), an der sich die Politik zu orientieren hat. Moralische Richtigkeit und politische Nützlichkeit bilden keine Gegensätze. Gerade das aber bestreitet Machiavelli mit seinem *Principe*: Die Einheit von *honestum* und *utile*, dem Richtigen und dem Nützlichen, wird aufgelöst. Das ist der Kern der „Machiavellischen Revolution“ (vgl. Skinner 1990: 56ff.), in deren Zentrum eine Neudefinition des Begriffs der Tugend, der *virtù* steht. Machiavelli „verabschiedet den ethischen Normativismus aus der Betrachtung politischer Fragen und führt einen von allen Wertbindungen gelösten politischen Realismus und Pragmatismus in die politische Literatur ein. Vom Tugendhandeln zumal im Diesseits Glücksfolgen zu erwarten, ist für ihn hochgradig wirklichkeitsfremd.“ (Kersting 1988a: 91)

„Die Herrschaft behauptet man nicht mit dem Rosenkranz in der Hand.“ (GF: 336) Machiavelli hat diese Sentenz Cosimo de’ Medici in den Mund gelegt – sie bringt in schöner Deutlichkeit die Quintessenz seines eigenen politischen Denkens auf den Punkt. Das Ergebnis zählt, nicht der intrinsische Wert einer Handlung. „Aus dem Fürstenspiegel wird ein modernes Handbuch des Erfolgs, ein Handbuch der Techniken der Macht." (Ottmann 2006: 15) Es geht nicht um die moralische Perfektion des Fürsten, sondern um seine „Handlungsmächtigkeit" (vgl. Kersting 1988b). Der erfolgreiche Fürst zeichnet sich durch „Charakterlosigkeit" aus, durch eine „habituelle Offenheit, die eine pragmatische Äquidistanz zum Guten und zum Bösen und eine chamäleonhafte Anschmiegsamkeit an wechselnde Handlungshintergründe ermöglicht" (Kersting 1988a: 96). Politischer Erfolg gründet auf der „Fähigkeit, das in der jeweiligen Situation pragmatisch Gebotene zu erkennen und konsequent auszuführen" (Kersting 1988a: 88), auf „moralischer Flexibilität" (Skinner 1990: 69).

Moral wird von Machiavelli nicht als prinzipiell und überall irrelevant verabschiedet. Es wird „lediglich" der Politik absolute Autonomie zugesprochen. Auf dieser Grundlage kann Machiavelli dann nüchtern zwischen einem „schlechten" und einem „guten" Gebrauch von Grausamkeiten unterscheiden (vgl. P: VIII). Von einem guten Gebrauch lässt sich sprechen, wenn Grausamkeiten nur aus Notwendigkeit begangen werden, nämlich „um sich zu sichern", und wenn sie „zum größtmöglichen Nutzen der Untertanen" geschehen. Denn es ist – pragmatisch betrachtet – durchaus wichtig, bei den eigenen Untertanen beliebt und angesehen zu sein. Der *Principe* hält zahlreiche Ratschläge bereit, wie man sich als Herrscher einen guten Ruf erwirbt und erhält, wie man zu diesem Zweck Grausamkeit und Milde je richtig dosiert. Auch ermahnt Machiavelli dazu, stets Vorsicht walten zu lassen, auf alles gefasst und vor allem niemals blauäugig zu sein. Ganz in diesem Sinne fragt er, „ob es besser ist, geliebt oder gefürchtet zu werden", und rät, sich nicht auf Ersteres zu verlassen:

> „denn Liebe wird nur durch das Band der Dankbarkeit erhalten, das die Menschen infolge ihrer Schlechtigkeit bei jeder Gelegenheit aus Eigennutz zerreißen. Furcht dagegen beruht auf der Angst vor Strafe, die den Menschen nie verläßt." (P: XVII)

Analog verfährt Machiavelli bei der Frage „Inwieweit Herrscher ihr Wort halten sollen". Wieder sind Situation und Umstände abzuwägen:

> „Ein kluger Machthaber kann und darf daher sein Wort nicht halten, wenn ihm dies zum Schaden gereichen würde und wenn die Gründe

> weggefallen sind, die ihn zu seinem Versprechen veranlaßt haben. Wären die Menschen alle gut, so wäre dieser Vorschlag nicht gut; da sie aber schlecht sind und das gegebene Wort auch nicht halten würden, hast auch du keinen Anlaß, es ihnen gegenüber zu halten." (P: XVIII)

Moralische Bedenken müssen den Fürsten dabei nicht plagen. Wohl aber muss er seine Listigkeit gut verbergen, muss er ein „Meister in der Heuchelei und Verstellung" sein (ebd.). Ein Herrscher muss nicht alle Tugenden besitzen, „doch muß er sich den Anschein geben, als ob er sie besäße" (P: XVIII) – denn das sichert seine Macht.

> „So muß ein Herrscher milde, treu, menschlich, aufrichtig und fromm scheinen und er soll es gleichzeitig auch sein; aber er muß auch die Seelenstärke besitzen, im Fall der Not alles ins Gegenteil wenden zu können. […] Darum muß er die Seelenstärke haben, sich nach den Winden des Glücks und dem Wandel der Verhältnisse zu richten und, wie ich oben sagte, vom Guten so lange nicht abzugehen, als es möglich ist, aber im Notfall auch verstehen, Böses zu tun." (P: XVIII)

Auf Gewalt und List kann nicht zur Gänze verzichtet werden. Ein erfolgreicher Herrscher muss zugleich Löwe und Fuchs sein:

> „Denn der Löwe ist wehrlos gegen Schlingen, der Fuchs ist wehrlos gegen Wölfe. Man muß also Fuchs sein, um die Schlingen zu wittern, und Löwe, um die Wölfe zu schrecken." (P: XVIII)

All dies lehrt, so Machiavelli, die Geschichte. Man muss sie nur genau studieren. Auf diesem Wege gelangt man zu einem empirisch fundierten Repertoire an Verhaltensweisen und Tüchtigkeiten, das fern von allen Idealisierungen die wahre politische *virtù* sichtbar werden lässt. Und es ist die *virtù*, auf die es für Machiavelli vor allem anderen in der Politik ankommt. Freilich begegnet bei Machiavelli ein weitgehend gewandeltes Tugend-Verständnis. Nur dem Namen nach gibt es Parallelen zur alten Tugend der Klugheit – der Sache nach handelt es sich nicht mehr um die sittliche *phronesis* des Aristoteles, sondern um eine ausschließlich am Erfolg orientierte Cleverness, die eher an die Gerissenheit des Odysseus erinnert. Machiavelli empfiehlt dem Fürsten ziemlich genau jene Verhaltensweisen, die bei Platon und Aristoteles zur Beschreibung der Tyrannis dienten. Ein Stück näher ist seine *virtù* da schon an einigen römischen Vorstellungen von Tugend, die diese mit Tapferkeit, Entschluss- und Tatkraft, Willensenergie und Durchhaltevermögen verbinden, also mit eminent militärischen Qualitäten (vgl. Kersting 1988a: 112ff.). Dennoch, auch hier gibt es neben Gleichklängen radikale Brüche, insbesondere mit den alt-römischen Vorstellungen vom *honestum*, von dem, was ein Ehrenmann tut und was er nicht tun darf, will er wahren Ruhm erlangen. Für Machiavelli zählt allein der Erfolg. Klugheit im Zeichen von „Handlungsmächtigkeit" bedeutet, die der Situation angemessenen Mittel zu erkennen und im richtigen Moment einzusetzen, das pragmatisch Gebotene konsequent umzusetzen.

Virtù bildet bei Machiavelli den Gegenpol zur menschlichen Korruptibilität, zur verderblichen *ambizione*. Ihre schärfsten Gegensätze sind *viltà* und *ozio*, Feigheit und Müßiggang. Zu bewähren hat sich *virtù* im Wirkungskontext bestimmter Einflüsse, von *fortuna*, *occasione* und *qualita dei tempi*. Man muss im Politischen die günstige Gelegenheit (*occasione*) zu nutzen wissen; insofern umfasst *virtù* eine Art politischen Instinkt, ein nicht erlernbares Gespür für die Gunst der Stunde. Des Weiteren ist nur der erfolgreich, der sich den „Zeitverhältnissen" anpasst (*qualita dei tempi*); hier vor allem geht es um Klugheit, als intellektuell-pragmatische Komponente der *virtù*, die das Notwendige zu erkennen und zu tun erlaubt. Ausgestattet mit diesen Fähigkeiten kann es dem Tüchtigen gelingen, mit *fortuna* fertig zu werden, der Göttin des unberechenbaren Schicksals. *Virtù*, als Inbegriff politischer Energie und Kompetenz, und *fortuna* bilden in Machiavellis politischer Theorie die „Fundamentalopposition" (Münkler 1995: 316). Fortuna – bedeutsam im antiken Rom und in der Renaissance wieder aufgewertet – gilt im Allgemeinen als Inbegriff der Zufälligkeit und Sinnlosigkeit der Geschichte. Gegenüber älteren Fortuna-Vorstellungen betont Machiavelli indes die Einflussmöglichkeiten, die sich ihr gegenüber durch kluges Handeln eröffnen. Bei aller Unberechenbarkeit des Schicksals – zur Hälfte lässt uns *fortuna* Spielraum. Er vergleicht das mit einem Hochwasser: Dass solche Hochwasser immer wieder überraschend kommen, daran kann man nichts ändern; sehr wohl aber kann man Dämme bauen und so die schädlichen Folgen minimieren. Fortuna „zeigt ihre Macht dort, wo es an der Kraft des Widerstands fehlt, und sie richtet dorthin ihren Angriff, wo sie weiß, daß sie nicht durch Dämme und Deiche gehemmt wird." (P: XXV) Im Übrigen, so Machiavelli, liebt *fortuna* die starken, mutigen und klugen Männer, und sie liebt die draufgängerischen mehr als die bedächtigen. Es gibt ein Glück des Tüchtigen, das mit bloßem Zufall nichts zu tun hat. Betrachtet man etwa den Aufstieg Roms, „so wird man mit dem Glück einzigartige Tapferkeit und größte Klugheit verbunden sehen" (D: II 1). Mit Blick auf große Staatengründer der Geschichte

> „sieht man, daß sie dem Glück nur die Gelegenheit verdankten, die ihnen den Stoff bot, in den sie die Form prägten, die ihnen gut schien: ohne diese Gelegenheit hätten ihre Kraft und Tüchtigkeit keine Wirkungsmöglichkeit gehabt, und ohne ihre Kraft und Tüchtigkeit hätte sich die Gelegenheit vergeblich eingefunden.“ (P: VI)

Machiavellis Trennung von Politik und Moral ist unzweideutig, der Bruch mit den klassischen abendländischen Traditionen politischen Denkens ist radikal. Das Kriterium des Erfolges dient zur Rechtfertigung noch der schändlichsten Taten. Doch das ist nur die eine Seite der Medaille. Machiavellis Ansatz erschöpft sich nicht in der Enttabuisierung von Gewalt und Mord, nicht in der Freistellung aller Mittel zu egal welchem Zweck. Der Zweck heiligt die Mittel – aber auf den Zweck kommt es dabei durchaus an! Ja, Machiavellis eigentliches Anliegen wird erst sichtbar, wenn diese Zwecke und Ziele in den Blick kommen – und mit ihnen der Republikanismus des Florentiners.

4. Die Größe Roms und das Ideal der Republik

Betrachtet man die Geschichte, die *magistra vitae*, so zeigt sie ein herausragendes Beispiel für die Größe eines Gemeinwesens: Rom. Machiavelli bewundert Rom. Er bewundert und rühmt die Begründer Roms, seine Institutionen und seine Stabilität. Dieses leuchtende Beispiel, von dem das Italien seiner eigenen Zeit so unendlich weit entfernt ist, dient Machiavelli insbesondere in den *Discorsi* als Bezugspunkt seiner Analyse. Wer dieses Beispiel aufmerksam studiert, der kann daraus Lehren für erfolgreiche Politik ziehen. Und er wird erkennen, dass die Glanzzeit Roms mit der Zeit der Republik zusammenfällt.

Doch zunächst zu den Anfängen. Eine Republik fällt nicht vom Himmel. Sie ist vielmehr ein voraussetzungsreiches Unterfangen. Ganz im Sinne des historischen Kreislaufmodells steht nicht schon am Anfang die bürgerliche Mischverfassung, sondern das Werk Einzelner, das Gründungswerk eines großen Errichters, eines *uomo virtuoso*. Und ganz im Einklang mit seinem Realismus, von dem Machiavelli nie abrückt, heiligt gerade hier wieder der Zweck die Mittel: Am Anfang steht der Brudermord des Romulus – und das ist keineswegs zu verurteilen, konnte er so doch den Grundstein legen zur späteren Größe Roms. Das Ergebnis zählt, nicht der intrinsische Wert einer Handlung – wie gehabt.

„Nie wird ein kluger Kopf einen Mann wegen einer außergewöhnlichen Handlung tadeln, die er begangen hat um ein Reich zu gründen oder einen Freistaat zu konstituieren. Spricht auch die Tat gegen ihn, so entschuldigt doch der Erfolg. Denn nur wer Gewalt braucht um zu zerstören und nicht, wer sie braucht um aufzubauen, verdient Tadel." (D: I 9)

Lobenswert sind für Machiavelli die Gründer von Freistaaten und Königreichen, „schimpflich" dagegen die Begründer einer Gewaltherrschaft.

Schon im *Principe* betont Machiavelli, dass ein Staat „gute Grundlagen" haben muss, um dauerhaft zu bestehen, insbesondere „gute Gesetze und ein gutes Heer" (P: XII) – eine bei Machiavelli immer wiederkehrende Formel für die wichtigsten Voraussetzungen eines stabilen Staatswesens. So auch im Falle Roms: Die Tapferkeit seiner Heere erkämpfte ihm sein Imperium, seine Verfassung und seine Staatskunst erhielten es. Bei einer Tyrannis ist nichts davon gegeben. Gute Könige und Kaiser, wie Marc Aurel, dagegen finden Machiavellis Verehrung, denn unter ihnen gab es eine „gute Regierung":

„Wenn ein Staat gut regiert wird, wird er auch immer sehen, daß der Herrscher sicher inmitten seiner zuverlässigen Bürger und die Welt in Frieden und Gerechtigkeit lebt; er wird den Senat geachtet und die Behörden mit den gebührenden Ehren bedacht sehen. [...] Adel und Verdienst werden herausgehoben; überall herrschen Ruhe und Wohlstand. Es gibt keinen Streit, keine Zügellosigkeit, keine Bestechung und keinen Ehrgeiz. Es ist das goldene Zeitalter, wo jeder seine eigene Meinung haben und vertreten kann. Kurz, er wird den Triumph der Welt erleben, den Herrscher verehrt und ruhmgekrönt und die Völker von Liebe und Vertrauen durchdrungen sehen." (D: I 10)

Doch es sind nicht einzelne römische Kaiser, die bei Machiavelli im Mittelpunkt stehen.

„Das Heil eines Freistaats oder eines Königreichs hängt daher nicht von einem Machthaber ab, der zu seinen Lebzeiten weise regiert, sondern davon, dass er dem Staat Einrichtungen gibt, durch die dieser sich auch nach seinem Tode erhalten kann." (D: I 11)

Die wahren Ursachen für die Größe Roms sind denn auch in eben diesen ihren Einrichtungen zu sehen, in den Einrichtungen der Republik:

„Aber das allerwunderbarste ist es, zu sehen, zu welcher Größe Rom gelangte, nachdem es sich von seinen Königen befreit hatte. Die Ursache ist leicht einzusehen; denn nicht das Wohl des einzelnen, sondern

> das Gemeinwohl ist es, was die Größe der Staaten ausmacht. Ohne Zweifel wird das Gemeinwohl nur in Republiken beachtet; denn dort geschieht alles, was seiner Förderung dient, auch wenn es zum Schaden dieses oder jenes Privatmannes ausschlagen sollte." (D: II 2)

Und: „Die Erfahrung zeigt, daß die Staaten immer nur an Gebiet und Reichtum zugenommen haben, solange sie in Freiheit lebten." (D: II 2) Gemeinwohl und Freiheit – mit seinem manchmal überschwänglichen Lob dieser Prinzipien kann man Machiavelli durchaus „als Exponenten einer ausgeprägten humanistischen Tradition des klassischen Republikanismus" (Skinner 1990: 7) sehen. Für Skinner ist er gar ein „Philosoph der Freiheit" (ebd.: 83).

Betrachten wir im Einzelnen die Gründe für dieses Lob der Republik. Machiavelli argumentiert auch hier pragmatisch. Zunächst und vor allem: Die Republik ist die stabilste aller Verfassungsformen. Sie ist es vor allem deswegen, weil ihre Mischverfassung die Einbindung der unterschiedlichen gesellschaftlichen Gruppierungen ermöglicht. Die unausweichlichen Konflikte einer Gesellschaft, insbesondere zwischen Adel und Volk, lassen sich in der Mischverfassung nicht nur entschärfen, sondern sogar nutzbar machen. Machiavelli ist damit einer der ersten Konflikttheoretiker: Gesellschaft – und zwar gerade eine freiheitliche – lebt aus dem Pluralismus, ja Antagonismus von Interessen, der durch kein Harmonieideal wegzudefinieren ist. Die unterschiedlichen Interessen und Parteien müssen sich arrangieren, keine von ihnen darf alleine herrschen. Alle freiheitlichen Gesetze verdanken sich ebensolchen Konflikten (vgl. D: I 4). Die Republik zeichnet sich zudem durch eine höhere Anpassungsfähigkeit aus:

> „Die Republik kann sich bei der verschiedenen Veranlagung ihrer Bürger besser den verschiedenen Zeitverhältnissen anpassen als ein Alleinherrscher. Denn ein Mensch, der an eine bestimmte Art zu handeln gewöhnt ist, ändert sich, wie gesagt, nie und muß, wenn die veränderten Zeitverhältnisse zu seinen Methoden nicht mehr passen, notwendig scheitern." (D: III 9)

Republikanische Gemeinwesen sind wohlgeordnet (*bene ordinati*), sie haben gute Gesetze (*buone leggi*), gute Verfassungseinrichtungen (*buoni ordini*) und gute Sitten und Gewohnheiten (*buoni costumi*). Gute Gesetze und gute Sitten bedingen dabei einander. Hier wird die schon erwähnte „Politisierung" des Menschen relevant: Der Mensch wird von Machiavelli zwar äußerst skeptisch, ja pessimistisch beurteilt; gute Gesetze können aus ihm aber einen guten Bürger machen. Das vor allem ist, wie bereits gesagt, die langfristig angelegte Aufgabe des *uomo virtuoso* und seiner Ordnung stiftenden Tugend. Gelingt sie, dann tritt an die Stelle der *virtù* des Fürsten die republikanische Bürgertugend, die *virtù civile*. Der gute, patriotische Bürger zeichnet sich vor allem durch eine aktive Teilnahme am Gemeinwesen aus. Von dieser *virtù* lebt die Republik: „In der Republik muß alles von selbst geschehen. Der Zwang ist in ihr immer nur ein Notbehelf. Eigentlich bedarf sie der Bürger, die sich selbst regieren und selbst verteidigen. Selbst-Regierung, Selbst-Verteidigung, Selbst-Erneuerung. Selbst, Selbst, Selbst, das ist das Geheimnis der Republiken [...]." (Ottmann 2006: 39) Die gemeinschaftliche Lebensform der Bürger, das *vivere civile* bzw. *vivere libero*, das bürgerliche und freie Leben ist das Fundament der Republik. Sie wird getragen von einem „Sinn für Gleichheit" (D: I 55) und einem möglichst emphatischen Patriotismus. Um dieses Ethos und damit die Republik zu erhalten, empfiehlt Machiavelli, sich immer wieder auf die Ursprünge und auf die Tugenden des Ursprungs zu besinnen.

Als weitere Grundlage der Stabilität nennt Machiavelli „ein gutes Heer". Hier greifen Patriotismus und Wehrhaftigkeit ineinander. Denn ein gutes Heer, das ist für ihn nur die Miliz der Waffen tragenden Bürger, die ihre Republik zu verteidigen bereit sind. Von Söldnern und Hilfstruppen hält Machiavelli nichts. Auch hier ist die Geschichte Lehrmeisterin: Rom und Sparta zeigen, dass Erfolg und Freiheit nur durch eigene Heere zu erlangen sind. Karthago und Venedig dagegen belegen, dass auf Söldner-Heere kein Verlass ist. Freiheit im Inneren und äußere Freiheit hängen eng miteinander zusammen. Ja, man kann bei Machiavelli durchaus von einem „martialischen Republikanismus" (Kersting 1988a: 137ff.) sprechen – nicht nur, weil in dessen Zentrum der Bürger-Soldat steht, der republikanische Gesinnung, Tapferkeit und militärische Disziplin in sich vereint; sondern auch, weil Ruhm und Größe, die im Krieg erworben werden, zu einer starken Republik gehören: „Ein Staat mit einer freien Verfassung hat zwei Ziele; das eine ist, neues Land zu erobern, das andere, seine Freiheit zu erhalten." (D: I 29)

In diesen „martialischen" Republikanismus und Patriotismus fügt sich gut ein letztes wichtiges Element, das die Stabilität eines Gemeinwesens verbürgen hilft: die Religion. Wieder ist Rom das Vorbild. Seine Geschichte zeigt, „wie viel die Religion dazu beigetragen hat, die Heere in Gehorsam, das Volk in Eintracht zu halten, die guten Menschen zu stärken und die schlechten zu beschämen" (D: I 11). Daher auch stellt Machiavelli dem Romulus als zweiten Gründer Roms den Numa Pompilius zur Seite, der das Werk des Ersten vollendet. Numa ergänzt die politischen und militärischen Einrichtungen durch religiöse Institutionen. Er erkennt die Religion „als die unentbehrlichste Stütze der Zivilisation" (D: I 11). Ohne Gottesfurcht, so Machiavelli, wird ein Reich zerfallen. Denn die Religion ist als Fundament der Tugenden der beste soziale Kitt eines Gemeinwesens. Sie ist für Machiavelli „erzieherisches Mittel gegen die Korruptibilität der Menschen" (Münkler 1995: 276). Dabei denkt Machiavelli nun freilich mitnichten an die christliche Religion. Im Gegenteil: Um die von ihm bevorzugten politischen Tugenden zu befördern, erscheint sie vielmehr als ungeeignet:

> „Unsere Religion, die uns die Wahrheit und den rechten Weg des Heils lehrt, läßt uns die Ehren dieser Welt weniger schätzen, während die Heiden diese sehr hoch schätzten, ihr höchstes Gut darin erblickten und deshalb in ihren Taten viel kühner waren. […] Die Religion der Alten sprach ferner Männer von großem weltlichem Ruhm heilig wie Feldherren und Staatsmänner. Unsere Religion hat mehr die demütigen und in Betrachtungen versunkenen Menschen verherrlicht als die tatkräftigen. Sie sieht das höchste Gut in Demut, Selbstverleugnung und in der Geringschätzung der weltlichen Dinge. Die Religion der Alten dagegen sah es in der Größe des Muts, in der Kraft des Körpers und überhaupt in allen Eigenschaften, die die Menschen möglichst tapfer machen." (D: II 2)

Das Christentum befördert letztlich nur eine Form der Stärke: „die Stärke des Duldens" – und das ist nicht die Art von Stärke, die Machiavelli mit *virtù* meint. Die „Religion der Alten" war da ganz anders. Sie zählte zu den „guten Grundlagen" Roms, deren Erosion seinen Niedergang eingeleitet haben: Neben der Auflösung des Machtgleichgewichts zwischen Konsuln, Senat und Volk und der Anwerbung von Söldnern sind die Ursachen dieses Verfalls die Zerstörung der überlieferten Tradition und eben die Vernachlässigung ihrer alten Staatsreligion. Es geht dabei natürlich ganz und gar nicht um theologische Fragen. Religion wird von Machiavelli instrumentalisiert, wie andere Einflussfaktoren des politischen Erfolges auch.

Die Republik erhält bei Machiavellis umfassender Analyse der Stabilität von Verfassungen die besten Noten. Aber weder ist sie in jeder historischen Situation die empfehlenswerte Staatsform, noch kann man sie bei Machiavelli uneingeschränkt als *den* zentralen Leitwert seines politischen Denkens betrachten: „Die Stabilität und Dauerhaftigkeit des Staates, nicht die Freiheit der Bürger, macht den zentralen Imperativ des *Principe* und der *Discorsi* aus. Das heißt jedoch nicht, dass sich Machiavelli für die Freiheit der Bürger nicht interessiert hätte, im Gegenteil; aber er erhob sie nicht zur Konstanten seiner politischen Theorie, sondern beließ sie auf der Ebene einer Variablen." (Münkler 1995: 97) Als eigentliche Konstante habe daher bei Machiavelli letztlich die „Staatsräson" zu gelten.

5. Staatsräson avant la lettre: Selbsterhaltung des Staates als oberste politische Maxime

Dass die Selbsterhaltung des Staates mit egal welchen Mitteln *das* zentrale Gebot in Machiavellis politischer Theorie darstellt, wird nur von wenigen Interpreten in Frage gestellt. Strittig ist dabei, ob man bei Machiavelli bereits von „Staatsräson" sprechen kann, da er den Terminus in dieser Form nicht verwendet. Weil dieses Prinzip aber nicht nur für die politische Theorie, sondern auch für die neuzeitliche Politik von so großer Bedeutung ist, soll es zunächst in seinen Grundzügen vorgestellt werden. Die Parallelen zu Machiavellis Denken werden dabei schnell deutlich.

Der Begriff „Staatsräson" taucht erstmals im Italien des 16. Jahrhunderts auf, bei Francesco Guicciardini (1523), dann bei Giovanni della Casa (1547). Giovanni Botero definiert Staatsräson in seiner Schrift „Della Ragion di Stato libri dieci" (1589) als Kenntnis der Mittel und Maßnahmen, die notwendig sind, eine Herrschaft zu begründen, zu erhalten und zu vergrößern. Notwendigkeit und Nützlichkeit steigen dabei zu den bestimmenden Kategorien auf, an denen sich staatliches Handeln zum Zwecke der Selbstbehauptung orientiert. Nun wird argumentiert, dass der „casus necessitatis", der Notstand und Ausnahmefall, eine autonome, genuin politische Eigenlogik nötig mache, die eine kategorische Verpflichtung auf nicht-politische, etwa moralische oder religiöse Vorgaben unmöglich mache. Die Limiterungen, die insbesondere das klassische Naturrecht den Herrschern auferlegt hatte, werden durchbrochen. Die politische Zweckrationalität emanzipiert sich von der klassischen Regierungslehre des Mittelalters, den theologischen, ontologischen und moralphilosophischen Begrenzungen des Politischen. Unmoralisches Handeln wird dabei nicht um seiner selbst willen empfohlen, sondern es wird als notwendiges Übel dadurch legitimiert, dass es den Interessen des Staates förderlich ist. Politik wird nicht allen Normen entzogen, sondern einer neuen Norm unterstellt: „Ebenso wie die Befugnis zum Rechtsbruch eine Ausweitung herrscherlicher Handlungskompetenz bedeutet, wird in der Interessenrationalität herrscherliche Willkür eingeschränkt und festgelegt: auf die Wahrung der Interessen der von ihnen regierten Staaten." (Münkler 1998: 69f.)

Der Begriff der Staatsräson hat dabei meist legitimatorische und strategische Funktionen: „Auf diese Weise begleitet und kommentiert er den Prozeß der politischen Neugestaltung Europas, in dessen Verlauf der institutionelle Flächenstaat als politisches Ordnungsmodell an die Stelle des mittelalterlichen Personenverbandes tritt." (Münkler 1998: 67) Auf diesem Wege setzt sich der frühneuzeitliche Territorialstaat gegenüber allen intermediären Gewalten in Stadt und Land, gegenüber den Geflechten personaler Verpflichtungen und ständischer Hierarchien wie auch gegen die universalen Institutionen von Reich und Kirche durch. Diese Veränderung ist gesellschaftshistorisch in der Tat von weit reichender Bedeutung. Niklas Luhmann betont in diesem Zusammenhang, „daß Begriff und Literatur der ragion di stato nicht nur einen Entwicklungsschritt in der politischen Theorie vollziehen, sondern zugleich den Angelpunkt bilden in der Umstellung der politischen Funktion von gesellschaftlicher Stratifikation auf funktionale Differenzierung" – indem nämlich „das Verständnis der Machtpraxis von Herrschaft auf Politik im modernen Sinn umgestellt wird" (Luhmann 1993: 66). Herrschaft im vormodernen Sinn ist gekennzeichnet von Konflikten um Herrschaftsansprüche und -positionen, insbesondere innerhalb des Adels, und damit vom Problem der „Rivalität". Mit dem 16. Jahrhundert beginnt sich das Politische von diesen personalen Kategorien zu lösen: Das Problem der Souveränität verdrängt das der Rivalität, die „Nichtunterscheidbarkeit von Staat und Herrscher" wird abgelöst durch ein „abstrakteres Interesse an Stabilität" (ebd.: 111 und 78). Herrschaft entpersonalisiert sich zusehends. Es geht um Funktionen, die erfüllt werden müssen, nicht um einzelne Personen, und auch nicht um moralische Normen. Im Jargon der Systemtheorie heißt das dann: „Die Codes der Religion, der Moral und der Politik werden getrennt. Die Gegner lesen das als Empfehlung von Atheismus und Unmoral. Gemeint ist aber, modern gesprochen, nicht die Empfehlung des Gegenwertes, sondern die Rejektion der Unterscheidungen, an denen Religion und Moral sich in eigenen Angelegenheiten orientieren müssen." (ebd.: 121). Religion, Moral und Politik sind je eigene Systeme mit ihrer je eigenen Logik.

Von der Terminologie der Systemtheorie ist Machiavelli natürlich noch weit entfernt. Ja, zu einer Theorie der Staatsräson fehlt im Grunde sogar ein scharfer Staatsbegriff. Wenn er über die Stabilität und Dauerhaftigkeit der politischen Ordnung nachdenkt, spricht er von

„mantenere lo stato“. „Lo stato“ ist dabei nicht einfach mit „Staat“ zu übersetzen. Damit ist meist eher die politische Selbsterhaltung, die persönliche Machtposition des Herrschers gemeint: Der neue Fürst versucht *sich* politisch zu halten. Eine transpersonale Staatsidee ist hier noch nicht systematisch entwickelt (so u.a. Kersting 1988a: 103ff.). Dennoch: Der Sache nach ist bei Machiavelli der beschriebene Perspektivenwechsel eingeleitet (Münkler 1995: 282ff.; ders. 1998: 69; Ottmann 2006: 25). Darüber kann auch nicht hinwegtäuschen, dass er sich noch der „traditionsgefestigten Semantik“ (Luhmann) bedient, also meist noch von Klugheit und *virtù* des Einzelnen spricht und sich ausgiebig mit personalen Rivalitäten beschäftigt. Staatsräson *ist* – wenn auch *avant la lettre* – die Konstante seines Denkens. Was Friedrich Meinecke (1924) vier Jahrhunderte später über sie ausführt, hätte Machiavelli gewiss unterschrieben: „Zeitlos und generell ist der staatliche Egoismus, Macht- und Selbsterhaltungstrieb, das Staatsinteresse – wandelbar, einmalig und individuell sind die konkreten Staatsinteressen, die dem Staate aus seiner besonderen Struktur und Lagerung inmitten anderer Staaten erwachsen.“ (Meinecke 1924: 20).

In diesem Gedanken der Staatsräson liegt schließlich auch die Einheit der Theorie Machiavellis, die oft genug übersehen wurde. „Die absolute Norm staatlicher Selbsterhaltung ist jeglicher Diskussion entzogen; wovon Machiavellis Schriften handeln, ist die Analyse der geeigneten Mittel für die Erreichung dieses Zweckes.“ (Münkler 1995: 284). Insofern gibt es auch keinen Widerspruch zwischen den *Discorsi* und dem *Principe*. Der Imperativ der staatlichen Selbsterhaltung und das Ziel von Stabilität und Ordnung verbinden die *Discorsi* mit ihrem Lob der Republik und den *Principe* mit seinen Ratschlägen für den Ordnung stiftenden Fürsten. Untermauert wird dieser Einheit stiftende Imperativ von der *necessità* der historischen Gesetzmäßigkeiten – und von der Überzeugung, dass man sich diesen anzupassen hat.

Dass dabei dennoch einige Widersprüchlichkeiten nicht auszuräumen sind, dass Machiavelli in beiden Werken ein und dieselbe Handlung einmal lobt, ein anderes mal verwirft, darf indes auch nicht übersehen werden. Vor allem stellt sich die Frage, ob Machiavellis Republikanismus-Konzept wirklich konsistent ist. So finden sich in den *Discorsi* viele Stellen, an denen Machiavelli in seinen anthropologischen Annahmen nicht ganz sicher zu sein scheint: Einerseits werden die Menschen in allen seine Werken als denkbar schlecht dargestellt, andererseits gründet er seine Republik auf die *virtù civile* engagierter patriotischer Republikaner-Bürger. „Mit Menschen, die so wären, wie er sie beschreibt – habgierig, ehrgeizig, von Natur aus böse –, wäre keine Republik zu machen, sondern allenfalls eine absolutistische Zwangsherrschaft." (Ottmann 2006: 39). Für Ottmann sind die *Discorsi* daher auch „das Dokument einer einzigen Unschlüssigkeit" (ebd.). Man könnte dem freilich entgegen halten, dass die partielle Inkonsistenz dieser Theorie nur Abbild der tatsächlichen Ambivalenzen menschlicher Natur und Möglichkeiten ist. Historische Beispiele kann er für alles anführen, was er behauptet – um die Entwicklung widerspruchsfreier gedanklicher Systeme mögen sich die Philosophen kümmern, das ist nicht Machiavellis Geschäft. Schließlich: Dass die von ihm erhoffte republikanische Politisierung schwierig und voraussetzungsreich ist, betont Machiavelli selbst. Und gerade weil er auf das dauerhafte Gelingen dieses Unterfangens selbst nicht wetten mag, ist er mit seiner Norm der Staatsräson ohnehin auf der sicheren Seite.

Schluss: Realismus oder Relativismus?

Machiavelli wollte das wirkliche Wesen der politischen Dinge erfassen, die *verità effettuale della cosa.* Was er nach Maßgabe dieses „Realismus" an historischen Beobachtungen und praktischen Ratschlägen niederschrieb, hat den meisten seiner Leser gar nicht gefallen. Sein *Principe* wird als „machiavellistisches" Machwerk angeprangert und landet bald auf dem Index. Sein Werk sieht sich in den folgenden Jahrhunderten scharfer Kritik ausgesetzt: „Dämonie der Macht", brutale „Generalstabsmoral", „naiver Amoralismus", völlige „Umwertung der Werte" – das sind die gängigen Schlagworte dieser Kritik. Friedrich II. von Preußen nennt Machiavelli in seinem „Anti-Machiavel" einen „Unmenschen", für Leo Strauss ist der Florentiner ein „Lehrer des Bösen", ein Zerstörer des Naturrechts und Begründer einer nihilistischen Moderne. Machiavelli avanciert zur Symbolfigur einer folgenschweren Zeitenwende. Für Eric Voegelin ist Machiavellis Denken gar symptomatisch für die „spielerische Grausamkeit der Humanisten", die einen moralisch verheerenden Anthropozentrismus im westlichen Denken etablieren: Die von aller höheren Moral emanzipierte Eigenlogik des Politischen ist Ausdruck und Teil einer Selbstermächtigung, einer Selbstverherrlichung des Menschen, die im Folgenden keine Grenzen mehr akzeptieren wird. Die Renaissance und ihre „Entdeckung des Menschen und der Welt"

(Jacob Burckhardt) als Vorstufe der totalitären Hybris des 20. Jahrhunderts? Machiavelli als Urahn Heinrich Himmlers?

Bei nüchterner Betrachtung ist zunächst einmal der unbestreitbare Bruch mit dem zuvor dominanten Denken zu konstatieren: „In Machiavellis Konzept einer innerweltlich begründeten historischen Notwendigkeit und dem Imperativ der Selbsterhaltung der politischen Gemeinschaft um jeden Preis und mit allen Mitteln verschwindet mit der über die diesseitige Welt hinauszielenden Teleologie des mittelalterlichen Denkens auch seine transzendent gesicherte politische Moral." (Münkler 1995: 281) Machiavelli hat dabei den Eigenwert des Moralischen nie bestritten. Er sieht das moralisch Verwerfliche und nennt es auch beim Namen:

> „Diese Mittel sind grausam und lebensfeindlich. Nicht nur als Christ, sondern auch aus Menschlichkeit soll jeder sie meiden und lieber als unbekannter Bürger leben denn als König zum Verderben so vieler Menschen." (D: I 26)

Wer aber die Sphäre des Politischen betritt, der muss „zu diesen schlimmen Mitteln greifen, wenn er sich an der Macht halten will" (ebd.). Genau damit verabschiedet er freilich die Moral, zumindest aus der Politik. Und genau das beklagen seine Kritiker. „Machiavelli hat es seinen Gegnern leicht gemacht. [...] Seine Politik ist jedoch *kein totaler Amoralismus*. Die konventionelle Moral soll durchaus bestehen bleiben. Ausgehebelt wird sie erst in einem zweiten Schritt, wenn der Notstand den Bruch der Moral ‚erzwingt'. Der Amoralismus Machiavellis ist opportunistisch, aber nicht total." (Ottmann 2006: 55f., Hvbg. H.O.)

Wie immer man diesen „Amoralismus" nennen mag, ideengeschichtlich bedeutet er eine wichtige Wegmarke. Unabhängig von allen moralischen Erwägungen kann man diese auch als „Verwandlung der politischen Theorie in eine autonome Wissenschaft" (Münkler 1995: 295) beschreiben. Burnham hat diese Wandlung gar als einen Schritt zum modernen Wissenschaftsverständnis begrüßt: „Machiavelli schied Politik und Ethik nur soweit, als jede Wissenschaft sich von Ethik frei machen muß. Wissenschaftliche Beschreibungen und Theorien müssen sich auf Tatsachen und Beweise stützen, nicht auf mutmaßliche Forderungen eines ethischen Systems." (Burnham 1949: 70). In dieser Perspektive erscheint der Florentiner dann als einer der ersten Vertreter einer modernen Auffassung von Politikwissenschaft als einer „werturteilsfreien", empirischen „Wirklichkeitswissenschaft" (Max Weber). Freilich muss man dabei einschränken, dass Machiavellis politische Theorie „nicht nur wissenschaftlich-neutrale Deskriptionen umfasst, sondern durchgängig auch von einem politischen Handlungsimpetus getragen ist, der weit über die moralische Neutralität wissenschaftlich-analytischer Verfahren hinausgeht“ (Münkler 1995: 295). Hier hat insbesondere Machiavellis glühender Patriotismus seinen Platz.

Auch in anderer Hinsicht könnte man den Florentiner in Schutz nehmen. Machiavelli hat machiavellistisches Handeln nicht erfunden, sondern an seinen Zeitgenossen beobachtet: unter anderem am Verhalten der römischen Kirche und Päpste. Er beschreibt lediglich, was er sieht. James Harrington hat das Ende des 17. Jahrhunderts so formuliert: „Genausowenig wie Hippokrates Krankheiten in den menschlichen Körper brachte, hat Machiavelli die Korruption in den Staat eingeführt, denn beides gab es schon vor ihrer Zeit; und wenn man sieht, dass sie diese lediglich entdeckten, dann muß man zugeben, dass ihr Tun nicht auf Verschlimmerung dieser Erscheinungen, sondern auf deren Heilung ausgerichtet ist.“ (zit. nach Münkler 1995: 296). Im Geiste Machiavellis ließe sich fragen, was die schönsten normativen Theorien denn ausrichten, wenn die politische Realität sich offensichtlich nicht um sie schert! Am Ende verstellen sie mit ihrem „Idealismus“ nur den Blick auf die politische Wirklichkeit, verhindert die Ausrichtung am idealiter Wünschbaren die Umsetzung des realiter Möglichen. Die Gegenfrage lautet natürlich, ob es die zentrale Aufgabe politischer Theorie sein kann, die zuweilen traurige Wirklichkeit auch noch theoretisch zu affirmieren und die Techniker der Macht mit einem guten Gewissen auszustatten. Diese Frage freilich sprengt den Reflexionsrahmen des politischen Realismus. Und das wäre dann womöglich sein gravierendster Mangel.

Literatur

Schriften von Machiavelli:

D *Discorsi. Gedanken über Politik und Staatsführung*, übers., eingel. u. erläut. v. Rudolf Zorn, Stuttgart 1977.

F *Der Fürst*, übers. u. hrsg. v. Rudolf Zorn, Stuttgart 1978.

GF Geschichte von Florenz, in: ders., *Politische Schriften*, hrsg. v. Herfried Münkler, Frankfurt a.M. 1991, S. 273-340.

Darstellungen:

Bock, Gisela / Skinner, Quentin / Viroli, Maurizio (Hg.), *Machiavelli and Republicanism*, Cambridge 1990.

Burckhardt, Jacob, *Die Kultur der Renaissance in Italien*, Stuttgart 1988.

Burke, Peter, *Die europäische Renaissance. Zentren und Peripherien*, München 2005.

Burnham, James, *Die Machiavellisten, Verteidiger der Freiheit*, Zürich 1949.

Freyer, Hans, *Machiavelli*, Weinheim 1986.

Kersting, Wolfgang, *Niccolò Machiavelli*, München 1988a.

–, Handlungsmächtigkeit – Machiavellis Lehre vom politischen Handeln, in: *Philosophisches Jahrbuch*, 95.Jg., 1988b, S.235-255.

Luhmann, Niklas, Staat und Staatsräson im Übergang traditionaler Herrschaft zu moderner Politik, in: ders., *Gesellschaftsstruktur und Semantik. Studien zur Wissenssoziologie der modernen Gesellschaft*, Band 3, Frankfurt a.M.1993, S. 65-148.

Meinecke, Friedrich, *Die Idee der Staatsräson in der neueren Geschichte*, München 1924.

Münkler, Herfried, *Im Namen des Staates. Die Begründung der Staatsraison in der Frühen Neuzeit*, Frankfurt a.M. 1987.

–, *Machiavelli. Die Begründung des politischen Denkens der Neuzeit aus der Krise der Republik Florenz*, Frankfurt 1995.

–, Art. Staatsräson, in: Ritter, Joachim / Gründer, Karlfried (Hg.), *Historisches Wörterbuch der Philosophie*, Band 10, Basel 1998, S. 66-71.

– / Voigt, Rüdiger / Walkenhaus, Ralf (Hg.), *Demaskierung der Macht. Niccolo Machiavellis Staats- und Politikverständnis*, Baden-Baden 2004.

–, / Münkler, Marina, *Lexikon der Renaissance*, München 2005.

Ottmann, Henning, *Geschichte des politischen Denkens. Band 3: Die Neuzeit, Teilband 1: Von Machiavelli bis zu den großen Revolutionen*, Stuttgart / Weimar 2006.

Parel, Anthony J., *The Machiavellian Cosmos*, New Haven / London 1992.

Schroeder, Peter, *Machiavelli*, Frankfurt a.M. 2004.

Schulze, Hagen, *Staat und Nation in der europäischen Geschichte*, München 1994.

Skinner, Quentin, *Machiavelli zur Einführung*, Hamburg 1990.

Stolleis, Michael, *Staat und Staatsräson in der frühen Neuzeit. Studien zur Geschichte des öffentlichen Rechts*, Frankfurt a.M. 1990.

Voegelin, Eric, *„Die spielerische Grausamkeit der Humanisten“. Eric Voegelins Studien zu Niccolo Machiavelli und Thomas Morus*, hrsg. v. Peter J. Opitz, München 1995.

Thomas Hobbes und die neuzeitliche Vertragstheorie

Einleitung: Thomas Hobbes und der Beginn der neuzeitlichen politischen Philosophie

Thomas Hobbes (1588-1679) gilt vielen als der eigentliche Begründer der politischen Philosophie der Neuzeit. Zwar hatte sich schon Machiavelli mit seinem Realismus und seiner Trennung von Politik und Moral von antiken und christlichen Vorstellungen emanzipiert. Doch erst bei Hobbes wird der Anspruch formuliert, der Staatsphilosophie wissenschaftlich ein neues Fundament zu geben. Von bleibender Bedeutung ist dabei vor allem seine Vertragstheorie, genauer: die neuartige Grundlage und die besondere Gestalt, die er dieser schon im Mittelalter präsenten Theorie gibt.

Geradezu emphatisch betont Kersting Hobbes' innovative Modernität: „Im 17. Jahrhundert veränderten sich die philosophischen Grundlagen des politischen Denkens mit einem Schlag. Die gewandelten Lebens- und Denkverhältnisse verlangten auch nach neuen Formen der politischen Reflexion; das radikal umgestellte Selbst- und Weltverständnis des neuzeitlichen Menschen suchte nach neuartigem politischen Ausdruck. Die Neubegründung der politischen Philosophie ist das Werk des englischen Philosophen Thomas Hobbes. Er ist der Gründungsheros der neuzeitlichen Politik." (Kersting 1996: 14) Neuartig ist dabei vor allem der Rationalitätstypus, der dieser „strikt individualistischen Philosophie" zugrunde liegt. „Der neuzeitliche Mensch" – wenn man solche idealtypischen Zuspitzungen einmal verwenden mag – verfolge in allem sein rational erwogenes Eigeninteresse. Dieses Eigeninteresse wird zur Richtschnur, mit deren Hilfe er die Welt beurteilt und sich in ihr verhält. Demnach fragt dieser Mensch auch: Was nutzt mir der Staat? Was rechtfertigt seine Existenz und die Einschränkungen, die er mir auferlegt? Damit wird politische Herrschaft in einer neuen Weise legitimierungsbedürftig: Sie muss sich nun vor dem Individuum und seinen Interessen legitimieren.

Diese Aufwertung des Individuums führt zu einer Theorie der Herrschafts-Legitimation, die ihren Ausgangspunkt beim Individuum und nicht mehr bei der staatlichen Gemeinschaft hat, beim Einzelnen und nicht mehr beim Ganzen. Kern dieser neuen politischen Theorie ist der Vertragsgedanke, das dreiteilige kontraktualistische Argument. Es lädt zu einem Gedankenexperiment ein, bei dem wir uns den Staat als nicht vorhanden denken sollen. Damit befindet man sich im sogenannten Naturzustand. Die bei Hobbes als kriegerisch beschriebene Qualität dieses Zustandes führt zum zweiten Schritt des Arguments: Die Menschen schließen einen Vertrag, um dem Naturzustand zu entkommen. Auf diese Weise entstehen Gesellschaft und Staat. Es entsteht der politische Körper, der sich aus den vielen Vertragsschließenden zusammensetzt, wie es das berühmte Titelblatt des *Leviathan* illustriert (vgl. Brandt 1996).

Hobbes vollzieht einen radikalen Bruch mit der Tradition, insbesondere mit dem politischen Aristotelismus. Zu dessen Grundsätzen formuliert Hobbes konsequent die jeweilige Gegenthese: Existierte der Staat bei Aristoteles noch um des guten Lebens willen und war ethisch integrierte Gemeinschaft, so geht es bei Hobbes primär ums Überleben und die Schutzfunktion des Staates. War der Staat bei Aristoteles von Natur aus bestehend und dem *zoon politikon* Substanz, Natur und Erfüllung, so ist der Staat nun ein künstliches, vom Menschen geschaffenes Gebilde, ein nützliches Instrument. Staat und Mensch werden in einer Weise getrennt gedacht, die der klassischen Philosophie völlig fremd war. Das Individuum ersetzt den Menschen und die aristotelische Frage nach dessen Natur. Die „Natur“ des Naturzustandes ist eine gänzlich andere als die, die Aristoteles mit Blick auf die menschliche Zweckbestimmung untersuchte. „Die Natur wird bei Hobbes ihrer aristotelischen Teleologie beraubt.“ (Ottmann 2006: 265)

Hobbes sieht sich als den ersten echten Staatsphilosophen. Als Erster könne er die wahren Ursachen des Staates wissenschaftlich, nämlich „more geometrico“ erklären. Das Selbstbewusstsein, mit dem er seine Überlegungen vorträgt, entspricht dem, was er staatsphilosophisch beschreibt: den nach christlichen Vorstellungen an Hybris grenzenden Anspruch des neuzeitlichen Menschen, Schöpfer des Staates zu sein und darin Gottes Schöpfung der Welt zu imitieren! Der Mensch, so schreibt Hobbes, ahmt die Natur, er ahmt Gott nach, indem er nicht nur in der Lage ist, Maschinen herzustellen:

> „Die *Kunst* geht noch weiter, indem sie auch jenes vernünftige, hervorragendste Werk der Natur nachahmt, den *Menschen*. Denn durch Kunst wird jener große *Leviathan* geschaffen, genannt *Gemeinwesen* oder *Staat*, auf lateinisch *civitas*, der nichts anderes ist als ein künstlicher Mensch, wenn auch von größerer Gestalt und Stärke als der natürliche, zu dessen Schutz und Verteidigung er ersonnen wurde." (L: Einl.)

Das ist durchaus revolutionär. Indem Hobbes den Staat als ein vom Menschen geschaffenes Artefakt beschreibt und als seinen Zweck eine bestimmte Funktion (Schutz und Verteidigung) bestimmt, erweist sich Vergesellschaftung nicht mehr als ein in die Natur des Menschen eingeschriebenes Ziel, sondern als ein Mittel zur Erreichung eines bestimmten Zweckes.

Hobbes' Ansatz ist freilich vielschichtig, und so darf auch der „methodologische Individualismus" nicht zu vorschnellen, allzu eindeutigen Zuordnungen verleiten. Das betrifft vor allem die politischen Konsequenzen, die Hobbes aus seinem Argument zieht. Zwar hängt die Legitimität politischer Herrschaft nun prinzipiell am Individuum. Das ganze Argument zielt aber darauf ab, diesem Individuum klar zu machen, dass der Staat und sein Zwangsapparat absolut notwendig sind, und vor allem dass die Untertanen diesem Staat zu einem ebenso absoluten Gehorsam verpflichtet sind. Neben dem philosophischen Anspruch exakter Wissenschaftlichkeit steht Hobbes' durchaus praktisches und beinahe erzieherisches Anliegen: den Bürgern die uneingeschränkte Souveränität seiner absolutistischen Staatsmacht schmackhaft zu machen. Noch so harte Gesetze und alle Beschränkungen politischer Freiheit sind gleichwohl allem vorzuziehen, was ohne die Schutzmacht des Staates wäre: der Naturzustand bzw. der Bürgerkrieg.

Das verweist auf die Zeitumstände, die Hobbes' politisches Denken nicht unberührt lassen: das 17. Jahrhundert, das in England geprägt war vom Konflikt zwischen Krone und Parlament und von einem Bürgerkrieg, der nicht zuletzt ein konfessioneller Streit war und daraus seine Schärfe bezog. Frieden und Sicherheit werden vor diesem Hintergrund zu den zentralen politischen Zielen, wie auch die Furcht bei Hobbes zur zentralen anthropologischen Kategorie wird.

Auf diese Herausforderungen will Hobbes mit seiner Staatsphilosophie reagieren, die er explizit als eine „Friedenswissenschaft" begreift und die sich eben darin als besonders nützlich erweise. Gerade auf diesem Feld hätten alle politischen Denker vor ihm versagt:

> „Der Bürgerkrieg ist daher nur möglich, weil man die Ursachen weder von Krieg noch von Frieden kennt; denn nur sehr wenige gibt es, die die Pflichten, durch welche der Friede Festigkeit gewinnt und erhalten wird, d.h. die wahren Gesetze des bürgerlichen Lebens studiert haben." (K: I 1.7).

1. Staatsphilosophie „more geometrico": Das Wissen vom Staat und seiner Erschaffung

Hobbes entfaltet seine politische Theorie in mehreren Schriften: neben den erst posthum veröffentlichten *Elements of Law natural and politic* und der Schrift *Vom Bürger* (*De cive*), dem dritten Teil seiner *Elemente der Philosophie*, insbesondere in seinem 1651 veröffentlichten *Leviathan*. In diesem Meisterwerk des politischen Denkens stoßen wir nicht nur auf die ausgefeilteste Gestalt seiner Vertragstheorie, sondern ebenso auf die Grundlagen seines Wissenschaftsverständnisses, ohne die seine Staatsphilosophie „more geometrico" nicht angemessen verstanden werden kann.

Seit dem Beginn des 16. Jahrhunderts erleben die mathematischen Wissenschaften einen großen Aufschwung. Wissenschaftlichkeit erweist sich in einem axiomatischen Aufbau nach dem Muster der *Elemente* (der Geometrie) des griechischen Mathematikers Euklid (4. Jhdt. v. Chr.). Dieses Ideal einer reinen Wissenschaft „more geometrico" wird weit über die Mathematik hinaus vorbildhaft. Das gilt nicht zuletzt für Thomas Hobbes, der mit seinen *Elementen der Philosophie* dem Euklidischen Vorbild nicht nur bei der Wahl des Titels nacheifert. Im ersten Teil der *Elemente* (*Vom Körper*) definiert Hobbes Philosophie wie folgt:

> „Philosophie ist die rationale Erkenntnis der Wirkungen oder Erscheinungen aus ihren bekannten Ursachen oder erzeugenden Gründen und umgekehrt der möglichen erzeugenden Gründe aus den bekannten Wirkungen." (K: I 1.2; vgl. L: 46)

Gemäß seinem generativ-konstruktiven Erkenntnisbegriff ist philosophisches Wissen für Hobbes ein Wissen von Erzeugungsweisen bzw. Hervorbringungen („generatio"). Wissenschaft fragt nach Ursachen, liefert kausalgenetische Erklärungen. Deutlich wird das an der für Hobbes exaktesten Wissenschaft, der Geometrie, und ihren Gegenständen. Hobbes nennt das Beispiel des Kreises (vgl. K: I 5; VI 13; XIV 4). Um zu wissen, was ein Kreis ist, müssen wir seine Entstehungsweise betrachten: Wir nehmen einen Körper, z.B. eine Schnur, und führen das eine Ende der Schnur um ihr unbewegtes anderes Ende herum. So erhalten wir eine Figur, deren einzelne Punkte vom Mittelpunkt alle gleich weit entfernt sind, also eine Figur mit exakt gleichen Radien. Damit erhalten wir zugleich eine klare Definition des Kreises, ein exaktes Wissen: „die Erkenntnis der Wirkung aus der Erkenntnis des erzeugenden Grundes“ (K: I 1.5).

Das Wissen der Geometrie ist sicheres Wissen, weil es „Maker's knowledge“ ist, das Wissen des Herstellers. Diese Möglichkeit sicheren Wissens und exakter Definitionen besteht für Hobbes nun aber bemerkenswerter Weise auch, ja insbesondere für den Staat und die Staatsphilosophie. Wie bereits erwähnt, begreift Hobbes den Staat als ein künstliches, vom Menschen hergestelltes Ding. Es ist der Mensch, der Gesetze und Verträge macht, also den Staat herstellt. So lässt sich der Staat – zumindest gedanklich – in seine Bestandteile zerlegen.

> „Ebenso muß bei der Ermittlung des Rechtes des Staates und der Pflichten der Bürger der Staat zwar nicht aufgelöst, aber doch gleichsam als aufgelöst betrachtet werden, d.h. es muß richtig erkannt werden, wie die menschliche Natur geartet ist, wie weit sie zur Bildung des Staates geeignet ist oder nicht, und wie die Menschen sich zusammentun müssen, wenn sie eine Einheit werden wollen.“ (B: Vorwort)

Auf dem Wege der Resolution stößt man auf die Bestandteile, die kleinsten Einheiten des Staates: auf die Menschen. Die Anthropologie wird damit zum Ausgangspunkt einer Staatsphilosophie „more geometrico“, deren Erkenntnisziele in der Überschrift von Kapitel 17 des Leviathan genannt werden: „Von den Ursachen, der Erzeugung und der Definition des Staates“. Die Ursachen („causes“) sind die Einzelteile, in die der Staat zerlegt werden kann, also die Menschen, deren Beschaffenheit es zunächst zu untersuchen gilt. Aus ihrem Zusammenwirken, nämlich aus dem Abschluss eines Vertrages, lässt sich sodann die Erzeugung („generation“) des Staates verstehen. Und damit gelangt man schließlich zu einer sauberen „definition“ desselben. Der generativ-konstruktive Erkenntnisbegriff, der diese (Re-)Konstruktion des Staates anleitet, erweist Hobbes als einen Rationalisten, der sichere staatsphilosophische Erkenntnis erst jenseits des Empirischen vermutet. „In Hobbes' Philosophie gibt es nichts mehr zu sehen; sondern nur noch zu denken. Hier wird die Welt nicht aufgenommen, sondern konstruiert.“ (Ottmann 2006: 271) Die Anthropologie, die in diesem Forschungsprogramm als Grundlage und erster Schritt eingeführt ist, zeigt dann den zweiten Grundzug des Hobbesschen Denkens: einen nicht minder radikalen Materialismus.

2. Anthropologie: Der Mensch als „matter in motion“

„Der leviathanische Staat wird von Menschen aus Menschen für Menschen gebaut, und damit das Werk gelingt, bedarf es einer genauen Kenntnis des Materials.“ (Kersting 2007: 213) Am Anfang also stehen die anthropologischen Voraussetzungen von Staat und Staatstheorie. Noch bevor sich Hobbes dem Naturzustand und der kontraktualistischen Argumentation zuwendet, widmet er sich in den ersten Kapiteln des Leviathan dem Menschen und seinen grundlegenden Eigenschaften.

Die Hobbessche Anthropologie ist materialistisch. Hobbes denkt die gesamte Welt als eine Welt materieller Körper. In dieser Welt erscheint der Mensch als Teil der physikalischen Natur. Die Art und Weise, wie Hobbes diese Natur begreift, seine kausal-mechanische Naturerklärung, ist stark von Galilei beeinflusst. Diesem mechanistischen, physikalistischen Weltbild entspricht ein rein materialistisch-physiologisches Menschenbild. Für Hobbes ist der Mensch – wie alles andere – ein Körper, in Raum und Zeit bewegte Materie: „matter in motion“. Diesen dynamischen Materialismus und die ihm zugrunde liegende physikalistische Seinsformel mag man als reduktionistisch kritisieren: Hobbes erweise sich gerade hier als „großer Vereinfacher“ (Maier 1986: 271). Für Hobbes selbst kann es sicheres Wissen aber nur als Wissen von Körpern geben.

Der Mensch als „matter in motion“ teilt mit allen anderen Körpern bestimmte fundamentale Eigenschaften. Alle bewegten Körper sind zunächst einmal auf ein zentrales Ziel programmiert, nämlich ihre Bewegung fortzusetzen, ihr Leben zu erhalten. Demnach suchen sie alles, was dieser Bewegung und ihrer Fortsetzung dienlich ist, und sie meiden alles, was ihr schädlich sein kann. Dem könnte zweifelsohne auch ein Aristoteliker zustimmen: Die Menschen wollen überleben, das ist selbstverständlich. Damit freilich wäre für Aristoteles noch nichts über die spezifisch menschliche Natur und Seele gesagt, insbesondere nichts über jene höheren Vermögen des Menschen, die dessen Leben ja doch zu weit mehr machen als zu einem bloßen

Kampf ums Überleben. Auf eben dieses Überlebungsprogramm aber ist Hobbes' Anthropologie gleichsam fixiert. Auch alle weiteren Eigenschaften des Menschen, durch die er sich sehr wohl vom Tier unterscheidet, werden mehr oder weniger „reduktionistisch" unter der Perspektive von Selbsterhaltung und Lustgewinn analysiert. Das gilt für die menschlichen Gemütsbewegungen und Leidenschaften ebenso wie für die menschliche Sprach- und Vernunftbegabung. Ergebnis ist eine Anthropologie, die nicht notwendiger Weise weniger „wahr" ist als die des Aristoteles, aber die mit ihrem ganz anderen Fokus vor allem zu völlig entgegen gesetzten Konsequenzen in der Staatstheorie führt.

Hobbes grenzt seine Anthropologie ausdrücklich von der des Aristoteles ab. Das betrifft, wie bereits erwähnt, die *zoon-politikon*-These, das beginnt aber schon mit dem, wonach eine Lehre vom Menschen überhaupt zu fragen und zu suchen hat. In der *Nikomachischen Ethik* widmet sich Aristoteles der Klärung dessen, wonach alle streben: dem *summum bonum*. Eben dieses aber lässt sich laut Hobbes weder erkennen, noch orientieren sich die Menschen primär an ihm. Im Mittelpunkt der Hobbesschen Anthropologie stehen stattdessen das *summum malum*, der (gewaltsame) Tod, sowie das Streben des Menschen, diesen „worst case" zu verhindern. Der Mensch strebt zunächst einmal nach Selbsterhaltung, und darüber hinaus nach Befriedigung aller möglichen Bedürfnisse.

> „Denn es gibt kein *finis ultimus*, d.h. letztes Ziel, oder *summum bonum*, d.h. höchstes Gut, von welchen in den Schriften der alten Moralphilosophen die Rede ist. […] Glückseligkeit ist ein ständiges Fortschreiten des Verlangens von einem Gegenstand zu einem anderen, wobei jedoch das Erlangen des einen Gegenstandes nur der Weg ist, der zum nächsten Gegenstand führt. Der Grund hierfür liegt darin, daß es Gegenstand menschlichen Verlangens ist, nicht nur einmal und zu einem bestimmten Zeitpunkt zu genießen, sondern sicherzustellen, daß seinem zukünftigen Verlangen nichts im Wege steht." (L: 11)

Ganz in diesem Sinne reduziert Hobbes dann auch Freiheit auf „die Abwesenheit äußerer Hindernisse" (L: 14). Von herausragender Bedeutung für das menschliche Überlebensprogramm ist Macht. Die Furcht vor einem gewaltsamen Tod und das Streben nach Macht sind die beiden Eckpfeiler dieses Menschenbildes.

> „So halte ich an erster Stelle ein fortwährendes und rastloses Verlangen nach immer neuer Macht für einen allgemeinen Trieb der gesamten Menschheit, der nur mit dem Tode endet. Und der Grund hierfür liegt nicht immer darin, daß sich ein Mensch einen größeren Genuß erhofft

> als den bereits erlangten, oder daß er mit einer bescheidenen Macht nicht zufrieden sein kann, sondern darin, daß er die gegenwärtige Macht und die Mittel zu einem angenehmen Leben ohne den Erwerb von zusätzlicher Macht nicht sicherstellen kann." (L: 11)

Dieses Machtstreben ist nicht von hoher normativer Warte aus zu kritisieren. Es ist Voraussetzung und Grundbestandteil menschlicher Existenz. Damit „kehrt sich bei Hobbes die Argumentationsrichtung der praktischen Philosophie um: an die Stelle des letzten, alles integrierenden Zieles tritt die unhintergehbare, alles ermöglichende Voraussetzung" (Chwaszcza 1996: 96), an die Stelle des höchsten Gutes tritt das fundamentale Streben nach Selbsterhaltung und die Bestimmung der dafür geeigneten Mittel. Selbsterhaltung, Lustmaximierung und die Logik der Machtakkumulation – das sind die Grundkoordinaten menschlicher Existenz. Ausgestattet mit den beschriebenen Eigenschaften, wird der Mensch nun im vertragstheoretischen Gedankenexperiment in einen vorstaatlichen Zustand versetzt. Und man ahnt bereits, dass sich Hobbes diesen Zustand nicht als einen besonders friedlichen vorstellen kann.

3. „Bellum omnium contra omnes": Der Mensch im Naturzustand

Der Naturzustand ist ein hypothetisches Konstrukt. Er soll vor Augen führen, wie sich Menschen untereinander verhalten würden, wenn man den Staat als aufgelöst, als nicht existent denkt. Was passiert, wenn es keinen Staat gibt, keine Polizei, keine Gerichte, keine Gefängnisse, kein Gesetz? Für Hobbes ist die Antwort auf diese Frage völlig klar: Einen solchen Naturzustand kann man sich nur als einen Kriegszustand vorstellen – als einen „bellum omnium contra omnes", einen Krieg aller gegen alle (B: Vorwort). Ungebremst durch staatliche Gewalt wirken sich hier das Programm der Selbsterhaltung und Lustmaximierung und die Logik der Machtakkumulation aus. Unverstellt zeigt sich hier der Konflikt als omnipräsentes Urphänomen alles Menschlichen.

„Bellum omnium contra omnes", und in der weiteren berühmten Formulierung: „homo homini lupus" – der Mensch ist dem Menschen ein Wolf (B: Widmung). Um Hobbes nicht falsch zu verstehen, muss man diese eingängigen Formulierungen sogleich relativieren. Hobbes' Menschenbild ist nicht einseitig pessimistisch, sondern eher skeptisch. An besagter Stelle spricht Hobbes von der Wolfsnatur nur mit Blick auf das Verhalten von Staaten untereinander. Und er setzt sogar hinzu, dass der Mensch dem Menschen auch ein Gott sein kann („homo homini deus"), nämlich als friedlicher Mitbürger. Auch sind die Naturzustandsbewohner keineswegs und schon gar nicht alle in dem Sinne „wölfisch", dass sie etwa auf nichts anderes aus wären, als ihre Mitmenschen ständig zu zerfleischen – was ja, nebenbei bemerkt, nun ausgerechnet Wölfe mit ihresgleichen ohnehin nicht tun. Zudem ist der vorstaatliche bellum nicht als andauernder akuter Krieg zu denken, sondern eher als eine beständige latente Bedrohung. Das freilich genügt, um ihn zu einem bedrückenden und äußerst gefährlichen Zustand zu machen.

Wie also stellt sich Hobbes diesen Naturzustand vor? Und warum vor allem ist er in so bedrückender Weise von Konflikt geprägt? Als erste Erklärung führt Hobbes die weitgehende Gleichheit der Menschen an – Gleichheit nicht als normatives Postulat gleicher Rechte oder gleicher Würde eines jeden Menschen, sondern hinsichtlich der Ausstattung mit Mitteln, sich im Überlebenskampf zu behaupten:

> „Die Natur hat die Menschen hinsichtlich ihrer körperlichen und geistigen Fähigkeiten so gleich geschaffen, daß trotz der Tatsache, daß bisweilen der eine einen offensichtlich stärkeren Körper oder gewandteren Geist als der andere besitzt, der Unterschied zwischen den Menschen alles in allem doch nicht so beträchtlich ist, als daß der eine auf Grund dessen einen Vorteil beanspruchen könnte, den ein anderer nicht ebensogut für sich verlangen dürfte. Denn was die Körperstärke betrifft, so ist der Schwächste stark genug, den Stärksten zu töten – entweder durch Hinterlist oder durch ein Bündnis mit anderen, die sich in derselben Gefahr wie er selbst befinden." (L: 13)

Eine Folge dieser Art von Gleichheit ist, dass sich eine natürliche Ordnung, etwa als stabile Herrschaft eines allen anderen Überlegenen, niemals dauerhaft einstellen wird. Ohne eine allgemein verbindliche Ordnung fehlt es im Naturzustand an einem verlässlichen Rahmen sozialer Kooperation. Man kann sich mit Blick auf die anderen Naturzustandsbewohner nie sicher sein, was sie im Schilde führen. Zudem befindet man sich in Konkurrenz um knappe Güter. Es wäre dumm und lebensgefährlich, sich auf die anderen blindlings zu verlassen. Ungewissheit, Furcht und Misstrauen prägen diesen Zustand und die, die ihm ausgesetzt sind. Konkurrenz um knappe Güter, Misstrauen gegen die Konkurrenten, zudem Ruhmsucht als weitere Eigenschaft des Menschen – das sind die drei hauptsächlichen Konfliktursachen im Naturzustand. Die Menschen sind eben keine selbstlosen, von Natur aus friedlichen Gesellen. Ebenso wenig sind sie aber von Natur aus schlecht, verderbt oder gar sadistisch veranlagt. Die Bedingungen und Handlungskontexte des Naturzustandes legen ihnen strategische Vorsicht nahe und machen Hobbes' Mutmaßungen über menschliches Verhalten durchaus plausibel. Plausibel, ja alternativlos erscheinen dann auch die Konsequenzen, die jeder einzelne in dieser misslichen Lage zu ziehen hat:

> „Und wegen dieses gegenseitigen Mißtrauens gibt es für niemand einen anderen Weg, sich selbst zu sichern, der so vernünftig wäre wie Vorbeugung, das heißt, mit Gewalt oder List nach Kräften jedermann zu unterwerfen, und zwar so lange, bis er keine andere Macht mehr sieht, die groß genug wäre, ihn zu gefährden. Und dies ist nicht mehr, als seine Selbsterhaltung erfordert und ist allgemein erlaubt. Auch weil es einige gibt, denen es Vergnügen bereitet, sich an ihrer Macht zu weiden, indem sie auf Eroberungen ausgehen, die sie über das zu ihrer Sicherheit erforderliche Maß hinaustreiben, könnten andere, die an sich gerne innerhalb bescheidener Grenzen ein behagliches Leben führen würden, sich durch bloße Verteidigung unmöglich lange halten, wenn sie nicht durch Angriff ihre Macht vermehrten. Und da folglich eine solche Vermehrung der Herrschaft über Menschen zur Selbsterhaltung eines Menschen notwendig ist, muß sie ihm erlaubt werden." (L: 13)

Das macht die Lage freilich insgesamt nicht besser oder erträglicher. Ganz im Gegenteil: Auf diese Weise entfaltet sich ungebremst die Dynamik von Macht, Machtstreben und notwendiger Machtakkumulation, angetrieben vom gegenseitigen Misstrauen und der „beständige[n] Furcht und Gefahr eines gewaltsamen Todes". Das Ergebnis dieses Teufelskreises ist bedrückend: „das menschliche Leben ist einsam, armselig, ekelhaft, tierisch und kurz" (ebd.). Kein normaler Mensch will so leben. Solange es aber keine übergeordnete Macht gibt, haben sich die Naturzustandsbewohner, ob sie wollen oder nicht, den Regeln dieses Spiels anzupassen. Man kann ihnen, so Hobbes, unter diesen Bedingungen auch keine moralischen Verfehlungen vorwerfen. „Gewalt und Betrug sind im Krieg die beiden Kardinaltugenden." (ebd.) Mehr noch:

> „Eine weitere Folge dieses Krieges eines jeden gegen jeden ist, daß nichts ungerecht sein kann. Die Begriffe von Recht und Unrecht, Gerechtigkeit und Ungerechtigkeit haben hier keinen Platz. Wo keine allgemeine Gewalt ist, ist kein Gesetz, und wo kein Gesetz, keine Ungerechtigkeit." (ebd.)

Das ist eine ebenso radikale wie folgenreiche Annahme. Hobbes verwirft den alten naturrechtlichen Gedanken, es gäbe vor- oder überstaatliche Rechte wie auch Pflichten des Menschen, Normen, die unbedingt verpflichten. Das einzig uneingeschränkte „Naturrecht“ ist bei Hobbes das „right of nature“, das Recht, das eigene Leben mit allen Mitteln zu verteidigen. Dazu passt keine überzeitlich und situationsunabhängig gültige Idee der Gerechtigkeit, deren Gültigkeit und Wahrheit nicht erst durch einen menschlichen Gesetzgeber garantiert werden müsste. Für Hobbes dagegen gilt eben dies: „Sed authoritas, non veritas, facit legem“ (L: 26), nicht die Wahrheit verbürgt bzw. „macht“ das Gesetz, sondern die gesetzgebende Autorität, der Souverän. Der aber fehlt im Naturzustand. Das wird den Menschen schmerzlich bewusst.

4. Naturrecht, Naturgesetz und Vertrag

Diese Einsicht in die absolute Notwendigkeit des Staates ist der Sinn des Gedankenexperimentes vom Naturzustand. Den Menschen ist völlig klar, dass sie aus diesem elenden Zustand herauskommen müssen. Aber wie ist das unter den beschriebenen Bedingungen anzustellen bzw. vorzustellen? Verfügt der Mensch, wie Hobbes ihn darstellt, über die Möglichkeiten und Antriebe, die dazu nötig sind? Für Hobbes sind sie gegeben: einerseits in den Leidenschaften des Menschen, andererseits in seiner Vernunft:

> „Die Leidenschaften, die den Menschen friedfertig machen, sind Todesfurcht, das Verlangen nach Dingen, die zu einem angenehmen Leben notwendig sind und die Hoffnung, sie durch Fleiß erlangen zu können. Und die Vernunft legt die geeigneten Grundsätze des Friedens nahe, auf Grund derer die Menschen zur Übereinstimmung gebracht werden können. Diese Gebote sind das, was sonst auch Gesetze der Natur genannt wird.“ (L: 13)

Der Mensch ist keine irrationale Bestie. Seine Vernunft kann ihm den Weg aus dem Naturzustand weisen. Bevor sich Hobbes aber diesen „Grundsätzen des Friedens“ zuwendet, wird noch einmal an die Fundamentalnorm erinnert, an das bereits erwähnte „right of nature“:

> „Das natürliche Recht […] ist die Freiheit eines jeden, seine eigene Macht nach seinem Willen zur Erhaltung seiner eigenen Natur, das heißt seines eigenen Lebens, einzusetzen und folglich alles zu tun, was er nach eigenem Urteil und eigener Vernunft als das zu diesem Zweck geeignetste Mittel ansieht.“ (L: 14)

Dieses natürliche Recht ist ein Recht auf alles und jeden, und es ist absolut vorrangig. Das zeigt auch die allgemeine Bestimmung der „laws of nature“:

„Ein Gesetz der Natur, lex naturalis, ist eine von der Vernunft ermittelte Vorschrift oder allgemeine Regel, nach der es einem Menschen verboten ist, das zu tun, was sein Leben vernichten oder ihn der Mittel zu seiner Erhaltung berauben kann, und das zu unterlassen, wodurch es seiner Meinung nach am besten erhalten werden kann." (L: 14)

Nachdem das erst einmal klar gestellt ist, werden die Friedensgrundsätze dargelegt, die den kriegerischen Naturzustand zu überwinden helfen. Sie sind ganz auf das zu durchbrechende Dilemma zugeschnitten. Die Gesetze der Natur bilden ein Scharnier zwischen dem vorstaatlichen und dem erstrebten staatlichen Zustand. Besonders deutlich wird das mit dem ersten Grundsatz:

„Folglich ist dies eine Vorschrift oder allgemeine Regel der Vernunft: *Jedermann hat sich um Frieden zu bemühen, solange dazu Hoffnung besteht. Kann er ihn nicht herstellen, so darf er sich alle Hilfsmittel und Vorteile des Kriegs verschaffen und sie benützen*. Der erste Teil dieser Regel enthält das erste und grundlegende Gesetz der Natur, nämlich: *Suche Frieden und halte ihn ein*. Der zweite Teil enthält den obersten Grundsatz des natürlichen Rechts: *Wir sind befugt, uns mit allen zur Verfügung stehenden Mitteln zu verteidigen*." (L: 14)

Der nächste Schritt skizziert bereits die Lösung des Problems und wird zugleich dem nur allzu berechtigten gegenseitigen Misstrauen der Naturzustandsbewohner gerecht:

„Aus diesem grundlegenden Gesetz der Natur, das den Menschen befiehlt, sich um Frieden zu bemühen, wird das zweite Gesetz der Natur abgeleitet: *Jedermann soll freiwillig, wenn andere ebenfalls dazu bereit sind, auf sein Recht auf alles verzichten, soweit er dies um des Friedens und der Selbstverteidigung willen für notwendig hält, und er soll sich mit soviel Freiheit gegenüber anderen zufrieden geben, wie er anderen gegen sich selbst einräumen würde*." (L: 14)

In der Wenn-Bedingung liegt der entscheidende Vorbehalt: Es wäre irrsinnig, als einziger diesen Rechtsverzicht zu leisten. Zugleich ist damit die für die Vertragslogik zentrale Idee der Reziprozität, der Wechselseitigkeit benannt. Wenn alle diesen Verzicht leisteten, dann wäre der Krieg überwunden. Sie müssen sich dann natürlich auch an diese Abmachung halten. Deshalb gebietet das dritte Naturgesetz: „Abgeschlossene Verträge sind zu halten." („pacta sunt servanda"). Und genau dies ist nur im Staat möglich, weil nur dann alle wirksam verpflichtet sind!

Hobbes nennt darüber hinaus eine ganze Reihe weiterer „laws of nature", die man als Tugenden und Verhaltensweisen der Kooperation, der gegenseitigen Achtung und des Entgegenkommens bezeichnen könnte. Am Ende fasst er die Quintessenz dieser Gesetze, deren Ableitung womöglich für manche zu „kompliziert“ sein könnte, zusammen und erinnert an die „Goldene Regel“:

> „Doch um keinem Menschen eine Ausrede zu ermöglichen, wurden diese Gesetze zu einer auch dem bescheidensten Verstande leicht einsehbaren Maxime zusammengefaßt, welche lautet: *Füge einem anderen nicht zu, was du nicht willst, daß man dir zufüge*.“ (L: 15)

Dass diese Regel dennoch nicht absolut und uneingeschränkt gelten kann, wurde mit obiger Reziprozitätsbestimmung bereits deutlich. Inwieweit also verpflichten diese Gesetze den Menschen? Welches ist ihr Status? Hobbes nennt sie „Weisungen der Vernunft“, „Schlüsse oder Lehrsätze“, und er schränkt ein: „Die natürlichen Gesetze verpflichten in foro interno, das heißt sie verpflichten zu dem Wunsch, daß sie gelten mögen, aber in foro externo, das heißt zu ihrer Anwendung, nicht immer.“ (L: 15) Sie stehen also – ganz in Konsequenz des bisherigen Gedankenganges – unter dem Vorbehalt allseitiger Kooperation. Das legt nahe, sie als nur hypothetische Imperative zu interpretieren und sie damit von kategorischen, also unbedingten Imperativen abzugrenzen. Als dieserart bedingte Wenn-dann-Aussagen gleichen sie bloßen Klugheitsregeln. Hobbes selbst legt diese weit verbreitete Interpretation nahe, insofern nämlich seiner Auffassung nach „ein Gesetz genau genommen das Wort dessen ist, der rechtmäßig Befehlsgewalt über andere innehat“ (L: 15). Und diese Instanz, die solche Gesetze auch durchzusetzen in der Lage ist, gibt es im vorstaatlichen Zustand nicht.

Indessen ist diese Frage schon deshalb nicht ganz unumstritten (vgl. Ottmann 2006: 290ff., 305ff.), als Hobbes bereits im nächsten Satz hinzusetzt: „Betrachten wir jedoch dieselben Lehrsätze als im Wort Gottes verkündigt, der rechtmäßig allen Dingen befiehlt, so werden sie zu Recht Gesetze genannt.“ (L: 15). Dann tatsächlich wäre das Problem der Verpflichtung eindeutig gelöst. Dass die Naturgesetze „in foro externo“ nur eingeschränkt verpflichten, ist indes die für Hobbes’ Argumentation entscheidende Relativierung. Sie führt uns zurück zu den Kalkülen der misstrauischen Naturzustandsbewohner. Die Einsicht in die Richtigkeit der „laws of nature“ löst im Übrigen noch nicht ein weiteres Problem: Den von der Vernunft nahegelegten „Grundsätzen des Friedens“ sind so oder so die natürlichen Leidenschaften des Menschen entgegengesetzt.

Wie also lässt sich dieses Dilemma auflösen? Die Antwort ist klar: Nötig ist eine Zwangsgewalt, die über allen anderen steht, die die

Logik von Misstrauen und vorbeugender Machtakkumulation durchbrechen hilft, die die Ursachen der Furcht beseitigt und die zur Erfüllung der Verträge zwingen kann. „Pacta sunt servanda", sagt das Naturgesetz – aber ohne Zwang, so Hobbes, geht es nicht: „[...] Verträge ohne das Schwert sind bloße Worte und besitzen nicht die Kraft, einem Menschen auch nur die geringste Sicherheit zu bieten." (L: 17) Das mag bei Bienen und Ameisen anders funktionieren, nicht aber beim Menschen. Der ist eben von Natur aus gerade kein „zoon politikon":

> „Die Übereinstimmung dieser Lebewesen ist natürlich, die der Menschen beruht nur auf Vertrag, der künstlich ist. Und deshalb ist es kein Wunder, daß außer dem Vertrag noch etwas erforderlich ist, um ihre Übereinstimmung beständig und dauerhaft zu machen, nämlich eine allgemeine Gewalt, die sie im Zaum halten und ihre Handlungen auf das Gemeinwohl hinlenken soll." (ebd.)

Damit kommen wir zum Kern der Hobbes'schen Vertragstheorie und ihrer entscheidenden Formel:

> „Der alleinige Weg zur Errichtung einer solchen allgemeinen Gewalt, die in der Lage ist, die Menschen vor dem Angriff Fremder und vor gegenseitigen Übergriffen zu schützen und ihnen dadurch eine solche Sicherheit zu verschaffen, daß sie sich durch eigenen Fleiß und von den Früchten der Erde ernähren und zufrieden leben können, liegt in der Übertragung ihrer gesamten Macht und Stärke auf einen Menschen oder eine Versammlung von Menschen, die ihre Einzelwillen durch Stimmenmehrheit auf einen Willen reduzieren können. Das heißt soviel wie einen Menschen oder eine Versammlung von Menschen bestimmen, die deren Person verkörpern sollen, und bedeutet, daß jedermann als eigen anerkennt, was derjenige, der auf diese Weise seine Person verkörpert, in den Dingen des allgemeinen Friedens und der allgemeinen Sicherheit tun oder unterlassen wird, und sich selbst als Autor alles dessen bekennt und dabei den eigenen Willen und das eigene Urteil seinem Willen und Urteil unterwirft. Dies ist mehr als Zustimmung oder Übereinstimmung: Es ist eine wirkliche Einheit aller in ein und derselben Person, die durch Vertrag eines jeden mit jedem zustande kam, als hätte jeder zu jedem gesagt: *Ich autorisiere diesen Menschen oder diese Versammlung von Menschen und übertrage ihnen mein Recht, mich zu regieren, unter der Bedingung, daß du ihnen ebenso dein Recht überträgst und alle ihre Handlungen autorisierst.* Ist dies geschehen, so nennt man diese zu einer Person vereinte Menge *Staat*, auf lateinisch *civitas*. Dies ist die Erzeugung jenes großen *Leviathan* oder besser, um es ehrerbietiger auszudrücken, jenes *sterblichen Gottes*, dem wir unter dem *unsterblichen Gott* unseren Frieden und Schutz verdanken." (L: 17)

Damit ist das Staatsbegründungsprogramm nach den eigenen Kriterien wissenschaftlicher Methodik zum Abschluss gebracht. Nachdem Hobbes die „causes“ und die „generation“ des Staates untersucht und erklärt hat, kommt er zu folgender „definition“: Der Staat ist

> „eine Person [...], bei der sich jeder einzelne einer großen Menge durch gegenseitigen Vertrag eines jeden mit jedem zum Autor ihrer Handlungen gemacht hat, zu dem Zweck, daß sie die Stärke und Hilfsmittel aller so, wie sie es für zweckmäßig hält, für den Frieden und die gemeinsame Verteidigung einsetzt. Wer diese Person verkörpert, wird *Souverän* genannt und besitzt, wie man sagt, *höchste Gewalt*, und jeder andere daneben ist sein *Untertan*.“ (L: 17)

Durch die ihm verliehene Autorität, durch die so entstandene Macht und Stärke, ist der Leviathan in der Lage, im Inneren Frieden und nach außen Schutz vor Feinden zu garantieren. So und nur so erreichen die Naturzustandsbewohner endlich Frieden – einen Frieden um jeden Preis, wie man sagen muss. Denn die von Hobbes vorgestellte Form der Autorisierung ist in der Tat mehr als nur Zustimmung: Dem mit absoluter Souveränität ausgestatteten Leviathan ist ein Blankoscheck ausgestellt.

5. Frieden um jeden Preis – die absolute Souveränität des Leviathan

Als Naturzustandsbewohner haben die Menschen den Leviathan geschaffen. Als Untertanen haben sie ihm zu gehorchen. „Pacta sunt servanda“ – unter dem Schwert des Souveräns sind das nicht mehr nur „bloße Worte“. Die Menschen wollten diesen Staat, aus wohl erwogenem Eigeninteresse. Für sie gilt nun: „volenti non fit iniuria“: Dem willentlich Zustimmenden kann kein Unrecht erwachsen aus dem, wozu er seine Zustimmung gab.

> „Da jeder Untertan durch diese Einsetzung Autor aller Handlungen und Urteile des eingesetzten Souveräns ist, so folgt daraus, dass dieser durch keine seiner Handlungen einem seiner Untertanen Unrecht zufügen kann, und dass er von keinem von ihnen eines Unrechts angeklagt werden darf.“ (L: 18)

Die Souveränität des Leviathan ist absolut. Er kann für keine seiner Handlungen belangt werden. Denn – und das ist die Crux an Hobbes' Vertragstheorie – er war gar nicht Vertragspartner. Den Vertrag haben die Menschen untereinander geschlossen. Der Leviathan ist lediglich

Vertragsbegünstigter, aber nicht Vertragspartner, und folglich kann er den Vertrag gar nicht brechen. Von Seiten der Untertanen ist dieser Vertrag hingegen noch nicht einmal kündbar.

Der Ansatz von Hobbes bildet einen Sonderfall unter den Vertragstheorien und setzt sich deutlich von den bereits im Mittelalter und der frühen Neuzeit vertretenen Varianten ab, die klar zwischen dem Gesellschaftsvertrag („pactum associationis") und dem anschließenden Herrschaftsvertrag („pactum subjectionis") unterscheiden. Bei Hobbes fallen beide zusammen, oder genauer: Es gibt weder den einen noch den anderen, weder den Vertrag mit dem Herrscher noch den ersten Vertrag, durch den sich die Individuen zu einem Rechtssubjekt konstituieren würden. Die im dualistischen Modell angelegte herrschaftsbegrenzende Dimension verträgt sich nicht mit Hobbes' Absicht, eine durch nichts eingeschränkte Herrschaft zu rechtfertigen.

Dieses zentrale Motiv wird daran deutlich, dass mit der bislang beschriebenen Herleitung absoluter Souveränität lediglich das formale Schema bzw. die Grundstruktur von Staatlichkeit überhaupt gegeben sind. Eine andere, eher empirische Frage ist für Hobbes, wie und von wem diese so geschaffene Stelle besetzt wird. In manchen allzu modern-„individualistischen" Hobbes-Interpretationen wird nicht ausreichend hervorgehoben, dass Hobbes neben der Einsetzung durch Beratung und Beschluß, dem „commonwealth by institution" (L: 18), auch die gewaltsame Aneignung durch Eroberung und Unterwerfung, den „commonwealth by acquisition" (L: 20), als gleichwertige Möglichkeit sieht. Der einzige Unterschied bestehe darin, dass die Menschen im ersten Fall durch die Furcht voreinander motiviert sind, im zweiten Fall durch die Furcht vor dem einen gewaltsam Aneignenden. In der Sache, dem Motiv der Furcht, unterscheiden sie sich nicht. Beide Wege sind gleichermaßen möglich und legitimationstheoretisch in gleicher Weise gültig. Und die „Rechte und Folgen der Souveränität sind in beiden Fällen die gleichen" (ebd.).

Konsequenter Weise ist für Hobbes auch die Frage sekundär, wer der konkrete Träger der Souveränität im Falle der Einsetzung ist (einer, wenige oder alle), ob es sich also um eine Monarchie, Aristokratie oder eine Demokratie handelt:

> „Der Unterschied zwischen diesen drei verschiedenen Staatsformen liegt nicht in der Verschiedenheit der Gewalt, sondern in der unterschiedlichen Angemessenheit oder Eignung für den Frieden und die Sicherheit des Volkes, dem Zweck, zu dem sie eingesetzt worden sind." (L: 19)

Hobbes favorisiert die Monarchie, aber er hält sie keineswegs für die einzig denkbare Lösung. Nicht darauf kommt es an, sondern auf die absolute, uneingeschränkte Souveränität von Herrschaft.

Der Leviathan wird von Hobbes mit absolutistischer Machtfülle ausgestattet. Ihm ist alles erlaubt, und nichts kann ihm Grenzen setzen. Er wird durch niemanden kontrolliert. Kein Richter steht über oder auch nur neben ihm. Er ist alles in einer Person. Gewaltenteilung gibt es nicht – darf es nicht geben, denn sie würde die friedensverbürgende souveräne Einheit gefährden. Der Leviathan ist für alles zuständig, was im Politischen zu regeln ist. Er entscheidet über Krieg und Frieden, setzt Räte, Minister und Beamte ein, er ist alleiniger Richter, auch Zensor und Richter über die dem Frieden abträglichen „Meinungen und Lehren". Und er ist bei all dem an keinerlei Vorgaben gebunden, auch nicht an Normen einer überstaatlichen moralischen Wahrheit: „Sed authoritas, non veritas, facit legem" (L: 26). „Seine Absicht zielt auf eine Rechtsordnung, die – wie immer sie begründet und worauf immer sie gerichtet ist – wirklich, d.h. effektiv, verbindlich, gültig ist. Nicht die ewige Gerechtigkeit gilt es von den Sternen zu holen, sondern eine wirkliche Ordnung auf Erden zu schaffen – eine Ordnung, die gilt, beachtet wird, Respekt einflößt und so das Chaos des Krieges aller gegen alle bändigt." (Maier 1986: 274f.)

Der Merkzettel der Untertanen dagegen ist einfach und kurz: Gehorche! Das größte Unheil für den Staat ist der Ungehorsam der Untertanen (L: 20). Politische Mitwirkungsrechte oder Kontrollmöglichkeiten haben die Untertanen nicht. Man darf sich diesen Leviathan dennoch nicht als eine Unterdrückungsapparatur vorstellen, und das Leben der Untertanen nicht als bedrückende Existenz. Jedenfalls ist es nicht das, was Hobbes mit ihm bezweckt. Die Naturzustandsbewohner trieb das „Verlangen nach Dingen, die zu einem angenehmen Leben notwendig sind" (L: 13) – und genau die sollen sie jetzt auch bekommen. Der Leviathan ermöglicht ein zivilisiertes friedliches Miteinander. Und dort, wo es nicht nötig ist, mischt sich der Souverän auch nicht ein. Es gibt für Hobbes sehr wohl eine „Freiheit der Untertanen" (L: 21): In allem, was das Gesetz nicht regelt, können sie tun und lassen, was sie wollen. Das „Schweigen der Gesetze" eröffnet den Freiheitsraum der Bürger. Je nachdem, wie der Souverän seine Machtfülle nutzt, kann man sich diesen Staat durchaus auch als einen „Minimalstaat" vorstellen, der seinen Untertanen all jene Freiräume belässt, die für das Leben der meisten, privat orientierten Bürger wohl tatsächlich ausschlaggebend sind. Man darf sich den Hobbesschen

Staat auch nicht als totalitäres Regime vorstellen – zumindest stellt Hobbes sich seinen Leviathan so nicht vor. Totalitär soll und kann der Leviathan insbesondere insofern nicht sein, als es unter seiner Herrschaft keine Gewissensbindungen und -pflichten gibt. Der Leviathan verlangt äußeren Gehorsam. Was die Menschen im Innersten glauben, was ihr Gewissen bewegt, das ist ihre Sache – das lässt sich freilich auch gar nicht kontrollieren.

Der absolutistische, wenn auch nicht totalitäre Machtanspruch des Leviathan wird vor allem an jener Thematik deutlich, der Hobbes die beiden letzten Teile seines Buches widmet: dem Verhältnis von Politik und Religion. Zur absoluten Macht des Souveräns gehört, dass er weltliches *und* geistliches Schwert in Händen hält. Im „christian commonwealth" erfüllt der Souverän seine friedensstiftende Funktion auch auf dem Gebiet der Religion. Das ist für Hobbes sogar besonders wichtig, sind doch konfessioneller Streit und Bürgerkrieg die zentralen Bedrohungen, die es abzuwehren gilt. Der Leviathan ist oberster Priester, setzt alle anderen Priester ein und ist letztentscheidende Instanz der Interpretation bei konfligierenden religiösen Lehren. Wie wichtig diese Deutungshoheit ist, unterstreicht Hobbes auch in seinem Werk „Behemoth", das die „Ursachen der englischen Bürgerkriege" untersucht. Seine Revolutionsanalyse betont die Bedeutung und Gefährlichkeit ideologischer Macht, wie sie insbesondere von den Agitatoren der religiösen Gruppierungen zu aufrührerischem Zwecke eingesetzt werden.

Eben diese Konflikte will Hobbes verhindern, keineswegs aber bestimmte religiöse Wahrheiten politisch durchsetzen. Vielmehr übt der Staat weitgehende weltanschauliche Neutralität und Zurückhaltung, und damit ist Raum für eine ebenso weitgehende innere Glaubens- und Gewissensfreiheit der Untertanen. Das einzige einzufordernde Glaubensbekenntnis der Hobbesschen Zivilreligion besteht in einem Satz: „That Jesus is the Christ". Nicht der innere Glaube („fides") wird vom „obersten Priester" gefordert und überwacht, sondern lediglich das öffentliche Bekenntnis („confessio").

> „Denn der innere Glauben ist seiner Natur nach unsichtbar und folglich aller menschlichen Rechtsprechung entzogen, während die ihm entspringenden Worte und Handlungen als Bruch unseres bürgerlichen Gehorsams vor Gott und den Menschen Unrecht sind. Da nun unser Heiland bestritten hat, dass sein Reich von dieser Welt sei [...], so hat er uns keinen anderen Gesetzen als denen des Staates unterworfen [...]." (L: 42)

Damit wird auch sehr schön deutlich, worauf es Hobbes auch hier einzig und allein ankommt: auf innerweltlichen Gehorsam. Hobbes führt weltliches und kirchliches Schwert wieder zusammen, um damit nur umso radikaler Politik von allen religiösen Ansprüchen freizuhalten. Die verstaatlichte Kontrolle des religiösen Minimalbekenntnisses zielt darauf ab, Religion zu entpolitisieren.

Damit ist die Machtfülle des Souveräns komplettiert. Sie ist so absolut wie die Gehorsamspflicht seiner Untertanen, die gegen den Staat nichts in der Hand haben. Diese Gehorsamspflicht stößt bei Hobbes lediglich auf eine fundamentale Grenze:

> „Die Verpflichtung des Untertanen gegen den Souverän dauert nur so lange, wie er sie auf Grund seiner Macht schützen kann, und nicht länger. Denn das natürliche Recht der Menschen, sich selbst zu schützen, wenn niemand anderes dazu in der Lage ist, kann durch keinen Vertrag aufgegeben werden. Die Souveränität ist die Seele des Staates, von der die Glieder keinen Bewegungsantrieb empfangen können, wenn sie einmal den Körper verlassen hat. Der Zweck des Gehorsams ist Schutz." (L: 21)

Wenn dies nicht mehr gewährleistet ist, so entfällt der Grund des Gehorsams. Das heißt nicht, dass der Souverän damit vertragliche Verpflichtungen bräche – denn die hat er ja nicht. Auch ist es strittig, ob man bei diesem letzten Vorbehalt von einem Widerstandsrecht sprechen kann. Es ist das „right of nature" des Naturzustandes, das erlaubt, das eigene Leben zu verteidigen. Nicht mehr und nicht weniger. Darüber hinaus gibt es kein Recht zum Widerstand, wie es etwa Artikel 20 des Grundgesetzes vorsieht, um eine als freiheitlich-demokratisch qualifizierte Ordnung zu verteidigen. Der Leviathan garantiert Schutz und Frieden, aber keine Bürgerrechte. Die noch so weitgehende Einschränkung bürgerlicher Freiheiten ist kein legitimer Widerstandsgrund. Wem das nicht passt, wer sich an der unkontrollierbaren Machtfülle der staatlichen Friedensmaschine stößt, dem hält Hobbes entgegen, dass anders kein dauerhafter Frieden möglich ist. Und er fordert ihn auf, sich die Alternative vor Augen zu führen: den Bürgerkrieg bzw. den vorstaatlichen Naturzustand. Womit wir wieder beim Ausgangspunkt der friedenswissenschaftlichen Argumentation angelegt wären.

Schluss: Ein absolutistischer Vordenker des Liberalismus?

Thomas Hobbes ist bis heute einer der einflussreichsten politischen Philosophen. Er hat dem politischen Denken nach ihm seinen Stempel aufgedrückt, „hat der politischen Philosophie der Neuzeit die Sprache gegeben“ (Kersting 1996: 26). Das gilt in vielerlei Hinsicht, aber keineswegs uneingeschränkt. Hobbes vollzieht einen radikalen Bruch mit dem tradierten Wissen und insbesondere mit dem politischen Aristotelismus. Gleichwohl mögen ihm manche nicht den Rang zuerkennen, ein Euklid oder ein Galilei der Staatsphilosophie zu sein: „Die Verwandtschaft der geistigen Haltung ist hier ausschlaggebender als die Übereinstimmung oder Nichtübereinstimmung der tatsächlich praktizierten Methoden.“ (Fetscher 1998: XXXIV) Ohne jeden Zweifel liegt Hobbes' Modernität aber im neuen kontraktualistischen Rechtfertigungsprogramm. Politische Herrschaft wird hier prinzipiell legitimierungsbedürftig, und zwar aus der Perspektive des Individuums. Dass dem kein politisch-normativer „Individualismus“ folgt, irritiert viele Leser bis heute: Das Individuum findet sich im Staat als zu absolutem Gehorsam verpflichteter Untertan wieder. Hobbes' politische Philosophie bietet insofern „das merkwürdige Bild einer radikal-individualistischen Begründung absoluter Macht, einer Legitimierung des Staatsabsolutismus durch die vertragliche Selbstbindung der Individuen.“ (Kersting 2007: 221). Nun, „merkwürdig“ erscheint dieses Bild zunächst einmal nur dem heutigen Betrachter, dem ein weit umfassenderer gesellschaftlicher Individualismus selbstverständlich geworden ist. Merkwürdig und einseitig muss es vor allem demjenigen erscheinen, der nicht dermaßen auf den „worst case“ von Bürgerkrieg und zerfallender Staatlichkeit fixiert ist, wie Hobbes das war.

Nicht merkwürdig, sondern völlig inakzeptabel ist die vorbehaltlose Autorisierung des Leviathan insbesondere für den Liberalismus, dem es in seinem Kampf gegen monarchische Absolutheitsansprüche um *reale* bürgerliche Freiheit und Schutz vor staatlicher Willkür geht. Denn so groß die faktischen Freiräume von Hobbes auch gedacht sein mögen, ausgeliefert ist der Untertan dem Souverän gleichwohl: „Das Recht des einzelnen ist kein fester vorstaatlicher Bestand, den der Leviathan zu gewährleisten hätte. Die zugestandenen Freiräume, wie jener der Wirtschaft, stammen nicht aus Rechten, sondern aus gnädigen Gewährungen.“ (Ottmann 2006: 304f.) Es fehlt vieles von dem, wofür der Liberalismus einsteht: Rechtsstaat, Gewaltenteilung und -kontrolle, Bürger- und Menschenrechte. Für John Locke stand denn auch fest, dass kein vernünftiger Mensch in diesem Hobbesschen Staat leben wollen, dass kein vernünftiger Mensch einen solchen Vertrag schließen würde. Die politische Theorie, die Locke dem absolutistischen *Leviathan* entgegensetzt, weist den Weg, der die Entwicklung zum heutigen liberalen Rechtsstaat kennzeichnet. Das vertragstheoretische Instrumentarium, dessen sich Locke dabei bedient, das freilich hat weitestgehend Thomas Hobbes bereitgestellt.

Literatur

Schriften von Thomas Hobbes:

K *Vom Körper (Elemente der Philosophie I)*, Hamburg 1967.

B Vom Bürger, in: ders., *Vom Menschen – Vom Bürger (Elemente der Philosophie II / III)*, eingel. u. hrsg. v. Günter Gawlick, Hamburg 1959.

L *Leviathan oder Stoff, Form und Gewalt eines kirchlichen und bürgerlichen Staates*, hrsg. v. Iring Fetscher, Frankfurt a.M. 1998.

Darstellungen:

Bermbach, Udo / Kodalle, Klaus-M. (Hg.), *Furcht und Freiheit. Leviathan-Diskussion 300 Jahre nach Thomas Hobbes*, Opladen 1988.

Brandt, Reinhard, Das Titelblatt des Leviathan, in: Kersting, Wolfgang (Hg.), *Thomas Hobbes. Leviathan*, Berlin 1996 (Klassiker auslegen, Bd. 6), S. 29-53.

Chwaszcza, Christine, Anthropologie und Moralphilosophie im ersten Teil des Leviathan, in: Kersting, Wolfgang (Hg.), *Thomas Hobbes. Leviathan*, Berlin 1996 (Klassiker auslegen, Bd. 6), S. 83-107.

Fetscher, Iring, Einleitung, in: Hobbes, Thomas, *Leviathan oder Stoff, Form und Gewalt eines kirchlichen und bürgerlichen Staates*, hrsg. v. Iring Fetscher, Frankfurt a.M. 1998, S. IX-LXVI.

Hampton, Jean, *Hobbes and the social contract tradition*, Cambridge u.a. 1990.

Kersting, Wolfgang, Einleitung: Die Begründung der politischen Philosophie der Neuzeit im *Leviathan*, in: ders. (Hg.), *Thomas Hobbes. Leviathan*, Berlin 1996 (Klassiker auslegen, Bd. 6), S. 9-28.

–, *Thomas Hobbes zur Einführung*, Hamburg 2005.

–, *Die politische Theorie des Gesellschaftsvertrages*, Darmstadt 2005.

–, Thomas Hobbes, Leviathan, in: Brocker, Manfred (Hg.), *Geschichte des politischen Denkens. Ein Handbuch*, Frankfurt a.M. 2007, S. 212-226.

Maier, Hans, Hobbes, in: Maier, Hans / Rausch, Heinz / Denzer, Horst (Hg.), *Klassiker des politischen Denkens, Erster Band: Von Plato bis Hobbes*, München 1986, S. 265-282.

Ottmann, Henning, *Geschichte des politischen Denkens. Band 3: Die Neuzeit, Teilband 1: Von Machiavelli bis zu den großen Revolutionen*, Stuttgart / Weimar 2006.

Weiß, Ulrich, *Das philosophische System von Thomas Hobbes*, Stuttgart – Bad Cannstatt 1980.

John Locke und der bürgerliche Liberalismus

Einleitung: John Locke, Urvater des Liberalismus

John Locke (1632-1704) ist einer der wichtigsten Urväter des Liberalismus. Er hat die Idee der bürgerlichen Freiheit wie kein anderer der bedeutenden politischen Philosophen vor ihm ins Zentrum seines Denkens gestellt. Verglichen mit anderen Klassikern des modernen politischen Denkens ist Locke „der modernste, weil er das philosophische, politische und ökonomische Weltbild des bürgerlichen Zeitalters wie niemand sonst geprägt hat" (Euchner 2001: 16). Stellt man Lockes *Two Treatises of Government* neben den nur wenige Jahrzehnte zuvor erschienenen *Leviathan*, so wird die antiabsolutistische Stoßrichtung deutlich, die Locke verfolgt. Er bedient sich wie Hobbes der vertragstheoretischen Argumentation, ergänzt diesen argumentativen Ausgangspunkt beim Individuum nun aber um einen normativen Individualismus, wie er bei Hobbes weitgehend fehlt. Die Menschen werden mit dem Vertragsschluss nicht zu bloßen Untertanen einer unkontrollierbaren Staatsmacht. Sie haben Rechte, die ihnen kein Leviathan nehmen kann, Rechte, die durch ein vorstaatliches, göttliches Naturrecht verbürgt sind. Zu deren Schutz gibt es den Staat, und in diesen Rechten findet die Staatsgewalt ihre Grenze und Schranke. Gewaltenteilung und die Prinzipien des modernen Verfassungs- und Rechtsstaates verbürgen den Schutz vor willkürlicher Herrschaft. Staatliche Herrschaft ist nicht nur, wie bei Hobbes, auf Zustimmung gegründet, sondern auch explizit auf das Gemeinwohl verpflichtet. Vor allem ist politische Macht bei Locke nur auf der Basis von Vertrauen verliehen

– und kann legitimer Weise entzogen werden, wenn dieses Vertrauen missbraucht wird. Die liberale Abkehr vom Hobbesschen Absolutismus gipfelt konsequent in einem Recht auf Widerstand.

Lockes Werk ist nicht auf das Gebiet der politischen Theorie beschränkt. Von bleibender Bedeutung ist insbesondere sein *Essay Concerning Human Understanding*, in dem er den Ausgang aller Erkenntnis in der Erfahrung behauptet (Empirismus). Daneben stehen Abhandlungen über Volkswirtschaft, Pädagogik und Religionsphilosophie sowie naturwissenschaftliche Forschungen. Locke ist zudem ein renommierter Prominentenarzt. Zu guter Letzt ist Locke stark in die praktische Politik involviert, was vor allem auf seine enge Beziehung zu Lord Ashley zurückzuführen ist, dem späteren Earl of Shaftesbury (vgl. Hugelmann 1992). Shaftesbury ist einer der wichtigsten Whig-Politiker seiner Zeit, ein bedeutender Liberaler, Verfechter der Rechte des Parlaments und ein scharfer Gegner des Katholizismus. Lockes politisches Denken ist von Shaftesbury stark geprägt, seine Abhandlungen sind von diesem angeregt, teilweise in Auftrag gegeben.

Im Kampf zwischen Krone und Parlament, der 1689 in der *Glorious Revolution* kulminiert, steht Locke auf Seiten des Parlaments. Locke hat diese antiabsolutistische Revolution begrüßt und ihre Prinzipien wie auch die daraufhin beschlossene *Bill of Rights* bejaht. Seine im selben Jahr erschienenen *Abhandlungen über die Regierung* sind dennoch keine Verteidigung dieser Revolution, waren sie doch bereits Jahre zuvor entstanden. In engem Zusammenhang mit den politischen Auseinandersetzungen der Zeit stehen Lockes politische Schriften aber allemal. Locke betreibt keine politische Philosophie allein um der Erkenntnis willen, sondern will – unter dem erheblichen Einfluss von Shaftesbury – dem antiabsolutistischen Lager Argumente in seinem politischen Kampf liefern. Man merkt dies auch den „Abhandlungen" deutlich an. Die Position, die Locke hierbei vertritt und die im von ihm postulierten Widerstandsrecht gipfelt, kann als durchaus radikal bezeichnet werden (vgl. Brocker 2007: 258ff.).

Zu den Interessen, die Locke in seiner politischen Theorie vertritt, gehören nicht zuletzt die der Eigentümer. Als bemerkenswerte Innovation der Lockeschen Theorie zählt die herausgehobene Bedeutung, die er dem Eigentum gibt: als einem Grundrecht, ja Wesensmerkmal des Menschen und damit als zentralem Bezugspunkt bei der Frage, was es im Staat zu schützen gilt, wofür der Staat überhaupt da ist. Die Rechtfertigung des Privateigentums rundet das bürgerlich-liberale

Weltbild ab, das Locke vertritt und das ihn in den Augen manches Kritikers zu einem wichtigen Protagonisten der bürgerlich-kapitalistischen Moderne macht.

1. Das liberale Anliegen: Absage an Absolutismus und Gottesgnadentum

Lockes *Two Treatises of Government* sind eine einzige systematische Absage an den Absolutismus. Als politische Streitschrift beziehen sie sich unmittelbar auf die prekäre politische Situation in England, im speziellen auf den drohenden Absolutismus der Stuarts im Kontext der sog. „exclusion-crisis". Dabei ging es um die anstehende Thronfolge des zum Katholizismus konvertierten Bruders von König Karl II. Das Parlament und insbesondere die Whigs wollten dies unter allen Umständen verhindern. Sie befürchteten die Etablierung eines absolutistischen Regimes nach dem von den Stuarts bewunderten französischen Modell, das sich auf einen göttlichen Herrschaftsanspruch berief: Weil die Monarchie ein Abbild der göttlichen Macht und Ordnung sei, seien die Könige in ihrer unbegrenzten Macht niemandem Rechenschaft schuldig.

Bevor Locke sich seinem eigenen politischen Gegenentwurf und der Begründung seiner liberalen Prinzipien widmen kann, setzt er sich in der ersten der beiden *Abhandlungen* mit einer seinerzeit einflussreichen Verteidigungsschrift der absoluten Monarchie auseinander, mit Robert Filmers *Patriarcha, or the Natural Power of Kings*. Filmer hatte hier eine unter den Stuart-treuen Royalisten verbreitete Argumentation entfaltet, die das Gottesgnadentum der englischen Könige, das „divine right of kings" nachweisen sollte. Filmers Argumentation stützt sich vor allem auf das Alte Testament. Die Monarchen können demnach über ihre Untertanen unumschränkt herrschen, weil Gott Adam die absolute Gewalt über die gesamte Schöpfung verliehen habe und die heute lebenden Monarchen als Erben Adams anzusehen seien. Die Menschen stehen immer schon unter dieser Herrschaftsgewalt, sie sind nicht von Natur aus frei. Filmer begründet Herrschaft patriarchalisch, als die in Erbfolge übertragene Herrschaft des Vaters über die Kinder, und so auch des Monarchen über seine Untertanen. Am Anfang dieser „Begründungskette" patriarchalischer Herrschaft in Familie wie auch Staat steht die göttliche Einsetzung, und damit ein Fundament, das gegen alle anderen Ansprüche immunisiert sein soll.

In der ersten *Abhandlung* widmet sich Locke – nach heutigem Verständnis – erstaunlich ausgiebig der theologischen Widerlegung dieser Auffassung. Mit unzähligen Belegstellen aus der Heiligen Schrift weist er Filmers Interpretation zurück. Von entscheidender Bedeutung für Lockes eigene naturrechtliche Position ist dabei die Auffassung, dass Gott die Schöpfung nicht allein Adam, sondern der gesamten Nachkommenschaft von Adam und Eva übergeben habe. Alle Menschen sind gleichermaßen Nachfahren Adams und Geschöpfe Gottes, und damit hat man von einer „natürlichen Gleichheit der Menschen" auszugehen (ZA II: 5). Gegen den Patriarchalismus Filmers setzt Locke die Auffassung, dass es Aufgabe der Familie sei, Kinder nicht lediglich zu Gehorsam zu erziehen, sondern zu Mündigkeit, Vernunft und Freiheit. Freiheit bedeutet für Locke Vernunfteinsicht in das Gesetz der Natur, Reife bedeutet, das natürliche Gesetz zu befolgen. Die „Gewalt des Vaters" beschränkt sich demnach auf die Fürsorge (-pflicht) bis zur Volljährigkeit der Kinder. Dann werden sie aus der elterlichen Gewalt entlassen und sind frei. Und zu dieser Freiheit zählt insbesondere das Recht, selbst zu bestimmen, welcher politischen Autorität sie sich unterwerfen wollen.

Damit ist eine für Lockes Argumentation zentrale Abgrenzung benannt: Politische Herrschaftsverhältnisse können nie aus Zeugung und Vaterschaft entstehen. Das patriarchalische Denken verfehlt völlig die Eigenart politischer Beziehungen und Herrschaftsverhältnisse. Politische Herrschaft ist gerade keine despotische Herrschaft, sie ist zu unterscheiden von anderen Formen der Machtausübung, nicht nur von der Macht des Vaters über seine Kinder, sondern auch von der Macht des Herrn über seine Diener (ZA II: 2). Bürger sind keine Kinder, keine unmündigen Untertanen.

Ein „divine right of kings" gibt es nicht. Was es gibt, ist ein göttliches Naturrecht – mit Pflichten und Rechten für *alle* Menschen. Politische Herrschaft und Gewalt müssen anders begründet und legitimiert werden, als Filmer und die Royalisten das tun. Eben dieser Frage widmet sich der weitaus bedeutsamere *Second Treatise*: Welchen Herrschern fällt auf welchem Wege legitime politische Macht zu? Gegenstand der politischen Philosophie sind also die Entstehung, der Zweck und die Institutionen eines Regierungssystems, das von freien Menschen als legitim anerkannt werden kann. Wie Thomas Hobbes, so bedient sich auch Locke des kontraktualistischen Arguments mit den drei Schritten Naturzustand – Vertrag – Staat. Ausführung und Ziel dieser Argumentation sind bei Locke freilich ganz anders als bei Hobbes, ja sie richten sich gezielt gegen die Lösung des *Leviathan*. Kein vernünftiger Mensch, so wendet Locke ein, würde sich in der von Hobbes vorgeschlagenen Weise einer unbeschränkten Macht unterwerfen:

> „Denn wenn man fragt: welche Sicherheit gibt es in einem solchen Staat gegen die Gewalttätigkeit und Unterdrückung dieses absoluten Herrschers?, so dürfte allein schon die Frage kaum aufgeworfen werden. […] Als ob die Menschen, als sie den Naturzustand verließen und sich zu einer Gesellschaft vereinigten, übereingekommen wären, dass alle, mit Ausnahme eines einzigen, unter dem Zwang von Gesetzen stehen, dieser eine aber alle Freiheit des Naturzustandes behalten sollte, die sogar noch durch Gewalt vermehrt und durch Straflosigkeit zügellos gemacht wurde! Das heißt die Menschen für solche Narren zu halten, daß sie sich zwar bemühen, den Schaden zu verhüten, der ihnen durch Marder oder Füchse entstehen kann, aber glücklich sind, ja, es für Sicherheit halten, von Löwen verschlungen zu werden." (ZA II: 93)

2. Naturzustand und Naturrecht: Lives, Liberties and Estates

Für die antiabsolutistische Position Lockes ist seine Naturrechtsauffassung von größter Bedeutung. Schon im Naturzustand gibt es ein Naturrecht, ein göttliches und unverfügbares Gesetz, das Freiheit verbürgen und ihre willkürliche Einschränkung verhindern soll. Der Zustand, in dem sich die Menschen von Natur aus befinden, ist ein „Zustand der Gleichheit", und es ist ein „Zustand vollkommener Freiheit, innerhalb der Grenzen des Gesetzes der Natur ihre Handlungen so zu regeln und über ihren Besitz und ihre Persönlichkeit so zu verfügen, wie es ihnen am besten erscheint" (ZA II: 4). Alle Rechte einer erst einzusetzenden politischen Gewalt finden hier ihre Grenze.

Dieses göttliche Gesetz („divine law"), das Locke vom staatlichen Gesetz („civil law") unterscheidet, ist dem Menschen sowohl durch Offenbarung und die Heilige Schrift wie auch durch seine Vernunft und das Licht der Natur („light of nature") zugänglich. Das naturrechtliche System von Normen stimmt mit den in der Heiligen Schrift geoffenbarten Geboten überein (vgl. Sprute 1997), ist aber auch ohne diese erkennbar. Obgleich Locke in seinem *Essay Concerning Human Understanding* die Vorstellung zurückweist, es gebe angeborene Ideen, und er den menschlichen Geist vor Beginn aller Wahrnehmung und Reflexion als „tabula rasa" begreift, so sind moralische Erkenntnisse für Locke dennoch in gleicher Weise wahrheitsfähig wie mathematische Erkenntnisse (vgl. Euchner 1996: 56ff.).

Als zentrales menschliches Grundrecht bestimmt Locke das Recht auf Selbsterhaltung. Abzuleiten ist es aus dem „starken Selbsterhaltungstrieb“, den Gott den Menschen eingepflanzt hat (ZA I: 86). Gott verlangt, die Schöpfung zu erhalten – also auch den Menschen selbst. Dem Menschen ist das Recht verliehen, das zu diesem Selbsterhalt Nötige zu tun. Daraus leitet Locke seine berühmte Trias an Fundamentalrechten des Menschen ab: das Recht auf „Lives, Liberties and Estates“, auf Leben, Freiheit und Besitz (ZA II: 123). Diese Rechte fasst Locke unter dem weiten Begriff von Eigentum als „property“ zusammen.

> „Die natürliche Freiheit des Menschen liegt darin, von jeder höheren Gewalt auf Erden frei zu sein, nicht dem Willen oder der gesetzgebenden Gewalt eines Menschen unterworfen zu sein, sondern lediglich das Gesetz der Natur zu seinem Rechtsgrundsatz zu erheben.“(ZA II: 22)

Diese Freiheit ist aber nicht grenzenlos, sie begründet kein uneingeschränktes „Recht auf alles“. Gott verlangt, die Schöpfung zu erhalten – und das heißt: nicht nur sich selbst, sondern auch alle Mitmenschen. Jeder Mensch ist verpflichtet, die Rechte der anderen zu achten, auch im Naturzustand:

> „Aber obgleich dies ein Zustand der Freiheit ist, so ist es doch kein Zustand der Zügellosigkeit. Der Mensch hat in diesem Zustand eine unkontrollierbare Freiheit, über seine Person und seinen Besitz zu verfügen; er hat dagegen nicht die Freiheit, sich selbst oder irgendein in seinem Besitz befindliches Lebewesen zu vernichten, wenn es nicht ein edlerer Zweck als seine bloße Erhaltung erfordert. Im Naturzustand herrscht ein natürliches Gesetz, das jeden verpflichtet. Und die Vernunft, der dieses Gesetz entspricht, lehrt die Menschheit, wenn sie sie nur befragen will, daß niemand einem anderen, da alle gleich und unabhängig sind, an seinem Leben und Besitz, seiner Gesundheit und Freiheit Schaden zufügen soll.“ (ZA II: 6)

Dieses Gesetz schränkt die Freiheit ein – und ermöglicht sie so allererst: „Wo es kein Gesetz gibt, da gibt es auch keine Freiheit. Freiheit nämlich heißt frei sein von dem Zwang und der Gewalttätigkeit anderer, was da nicht möglich ist, wo es keine Gesetze gibt.“ (ZA II: 57) Die Begründung für die Pflicht, anderen nicht zu schaden, ist eine theologische:

> „Denn alle Menschen sind das Werk eines einzigen allmächtigen und unendlich weisen Schöpfers, die Diener eines einzigen souveränen Herrn, auf dessen Befehl und in dessen Auftrag sie in die Welt gesandt wurden. Sie sind sein Eigentum, da sie sein Werk sind, und er hat sie

> geschaffen, so lange zu bestehen, wie es ihm, nicht aber wie es ihnen untereinander gefällt.“ (ZA II: 6)

Diese Argumentation ist keineswegs nur ein Zugeständnis an die damals übliche Praxis, sich mit Bibelzitaten abzusichern, sondern von systematischem Gewicht. Die Existenz Gottes ist für Locke die Grundlage der Moral (vgl. Waldron 2002; Simmons 1992: 14ff.).

Mit einem Gottesbezug leitet Locke auch seine berühmte Eigentumstheorie ein. Das Eigentum – nun im engeren Sinn von Besitz – erfährt bei Locke eine enorme Aufwertung gegenüber der Tradition politischen Denkens. Locke begreift Eigentum als Korrelat bzw. Derivat des menschlichen Grundrechts der Selbsterhaltung, es dient dem Selbsterhaltungsrecht des Menschen (ZA I: 86). Eigentum ist eine notwendige Voraussetzung der menschlichen Existenz. Gott überließ den Menschen gemeinsam die Erde, in ihr und von ihr zu leben, und damit die „Vollmacht, sie sich anzueignen“ (ZA II: 35).

Jeder Mensch hat zunächst einmal ein „Eigentum an seiner eigenen Person“ (ZA II: 27). Das ist das fundamentale naturrechtliche Prinzip des „self-ownership“. Als ein solcher Selbsteigentümer macht der Mensch sich nun daran, sich die Erde anzueignen. Um zu überleben, sammelt er Früchte, bestellt einen Acker und stellt Werkzeuge her – und verschafft sich damit Eigentum an all diesen Dingen:

> „Die Arbeit seines Körpers und das Werk seiner Hände sind [...] im eigentlichen Sinne sein Eigentum. Was immer er also dem Zustand entrückt, den die Natur vorgesehen und in dem sie es belassen hat, hat er mit seiner Arbeit gemischt und ihm etwas eigenes hinzugefügt. Er hat es somit zu seinem Eigentum gemacht.“ (ZA II: 27)

Mit dem natürlichen Aneignungsrecht und der „Vermischung“ von Arbeit und Eigentum ist bei Locke schon im Naturzustand ein vollgültiges Eigentumsrecht begründet. Dieses Eigentumsrecht ist, wie schon das Freiheitsrecht, keineswegs unbeschränkt. Locke geht von naturgesetzlichen Aneignungsschranken aus (ZA II: 31ff.). Jeder soll nur so viel ansammeln, wie er selbst braucht, um nicht Dinge verderben zu lassen, die andere brauchen könnten. Und jeder soll Gleichwertiges für andere übrig lassen. Diese Aneignungsschranken beziehen sich auf die Bedingungen einer Subsistenzwirtschaft. Mit der Einführung des Geldes (ZA II: 36ff.) ereignet sich ein einschneidender zivilisatorischer Wandel. Das Geld ermöglicht das Aufblühen der Tauschwirtschaft und vor allem eine Ausweitung der Produktion. Es kommt zur Akkumulation von Geld, zur Bildung von Kapital und größerer, beständiger Besitztümer – und damit auch zu wachsender sozialer Ungleichheit. Solche Ungleichheit ist für Locke prinzipiell kein Problem. Sie verdankt sich dem unterschiedlich ausgeprägten Fleiß der Menschen und sie ist auch deshalb nicht illegitim, weil davon bei wachsender Gesamtproduktivität alle, auch die Armen profitieren – eine klassische und bis heute gebräuchliche wirtschaftsliberale Argumentation. Bemerkenswert ist, dass Locke diese am ökonomischen Nutzen orientierte „Eigentümergesellschaft“ bereits im Naturzustand ansiedelt. Und das hat natürlich Konsequenzen für den späteren Gesellschaftsvertrag: Es sind Eigentümer, die über den Zweck und die Aufgaben der Regierung nachdenken und die daher auch andere Ansprüche an den Staat formulieren als die primär von Todesfurcht getriebenen Naturzustandsbewohner des Thomas Hobbes. Diesen mag Frieden und Sicherheit genügen. Jene wollen ihre Eigentumsrechte garantiert sehen.

Warum aber, so muss man fragen, kommt es überhaupt zur Etablierung eines Staates, wenn dieser Naturzustand zunächst einmal recht gedeihlich anmutet? Locke beschreibt diesen Naturzustand nicht als Kriegszustand, sondern (zunächst einmal) als einen Zustand des Friedens und der Kooperation (ZA II: 19). Dennoch, so die weitere, an Hobbes erinnernde Argumentation, würden nach und nach einige schlechte Eigenschaften Oberhand gewinnen: Eigenliebe und Egoismus, die Parteinahme für sich und die eigenen Freunde, Leidenschaft und Rachsucht (ZA II 13ff.). Die Freiheit des Naturzustandes erweist sich auch bei Locke als prekär, der Naturzustand ist „bei aller Freiheit voll von Furcht und ständiger Gefahr“ (ZA II: 123) – und wird so zum Kriegszustand. Ein zentrales Problem des Naturzustandes ist die Tatsache, dass hier jedermann selbst Richter in eigenen Dingen ist. Es herrscht Selbstjustiz. Die Vollstreckung des natürlichen Gesetzes ist in die Hände jedes einzelnen gelegt. Auch dies ist für Locke durchaus legitim – und man darf dabei einen Dieb sogar töten (ZA II: 18). Als weitaus bessere Alternative erscheint aber das, was es im Naturzustand nicht gibt und nicht geben kann: „eine allgemeine feststehende Gesetzgebung und ein Gerichtswesen […], das sie anrufen können und das genügend Autorität besitzt, die Streitigkeiten unter ihnen zu entscheiden und Verbrecher zu bestrafen“ (ZA II 87).

Damit ist das Motiv benannt, sich zu einer Gesellschaft zusammenzuschließen, zu einem „einzigen politischen Körper“, einem „Body Politick“ (ZA II: 123ff.). „Auf diese Weise wird das persönliche Strafgericht der einzelnen Mitglieder beseitigt, und die Gemeinschaft wird nach festen, stehenden Regeln zum unparteiischen und einzigen

Schiedsrichter für alle." (ZA II: 87) Jeder vernünftige Mensch erkennt, dass dies der beste Weg ist, sein Leben, seine Freiheit und seinen Besitz zu schützen. Dem Schutz dieses vom „divine law" garantierten Eigentums dient der nun zu schließende Vertrag. Diesem Zweck allein verdankt der Staat seine Macht und Existenz. Und durch diesen Zweck vor allem sind der staatlichen Gewalt klare Grenzen gesetzt.

3. Bürgerliche Freiheit und limited government

Ein Staat kann nur durch vertragliche Zustimmung entstehen. Legitim ist staatliche Herrschaft nur, wenn sie sich der freien Zustimmung aller verdankt – sei es explizit bei Gründung einer Gesellschaft („original contract") oder stillschweigend bei einem bereits existierenden Staat („tacit consent") (ZA II: 119ff.).

> „Da die Menschen […] von Natur aus alle frei, gleich und unabhängig sind, kann niemand ohne seine Einwilligung aus diesem Zustand verstoßen und der politischen Gewalt eines anderen unterworfen werden. Die einzige Möglichkeit, mit der jemand diese natürliche Freiheit aufgibt und die Fesseln bürgerlicher Gesellschaft anlegt, liegt in der Übereinkunft mit anderen, sich zusammenzuschließen und in eine Gemeinschaft zu vereinigen, mit dem Ziel eines behaglichen, sicheren und friedlichen Miteinanderlebens, in dem sicheren Genuß ihres Eigentums und in größerer Sicherheit gegenüber allen, die nicht zu dieser Gemeinschaft gehören." (ZA II: 95)

Auf dem Wege dieser wechselseitigen Übereinkunft gibt jeder seine natürliche Gewalt auf, insbesondere das „persönliche Strafgericht". Zugleich erfolgt damit die Zustimmung dazu, dass künftig der Mehrheit das Recht zusteht, im Namen aller zu handeln. Für den politischen Entscheidungsprozess hält Locke das Mehrheitsprinzip für alternativlos – der „politische Körper" müsste andernfalls bei Uneinigkeit gleichsam zerreißen. Die Gesellschaft bietet im Gegenzug, was es im Naturzustand nicht gibt (ZA II: 124ff.): ein feststehendes, geordnetes und bekanntes Gesetz, einen anerkannten und unparteiischen Richter und eine effektive vollstreckende Gewalt.

Der dazu notwendige Rechts- bzw. Freiheitsverzicht wird aufgewogen in der neuen, bürgerlichen Freiheit:

> „Die Freiheit des Menschen in der Gesellschaft besteht darin, unter keiner anderen gesetzgebenden Gewalt zu stehen als der, die durch Übereinkunft in dem Gemeinwesen eingesetzt worden ist […]." (ZA II: 22)

Es ist dies für Locke eine „Freiheit von absoluter oder willkürlicher Gewalt“ (ZA II: 23). Der Bürger liefert sich keinem unkontrollierbaren Leviathan aus, das Gesetz besitzt „für jeden dieser Gesellschaft Gültigkeit“. Bürgerliche Freiheit besteht nicht nur dort, wo die „Gesetze schweigen“ (Hobbes), sondern gerade dort, wo Gesetze auf legitime Weise zustande kommen und Freiheit allererst ermöglichen. Staatliche Macht wird durch den Zweck dieses Zusammenschlusses grundsätzlich begrenzt: den Schutz von Leben, Freiheit und Vermögen (ZA II: 123). Alle staatliche Macht „darf zu keinem anderen Ziel führen als zum Frieden, zur Sicherheit und zum öffentlichen Wohl des Volkes“ (ZA II: 131; vgl. II, 171). „Salus populi suprema lex“: Das Wohl des Volkes ist das höchste Gesetz (ZA II: 158).

Das Ziel, Willkür und Machtmissbrauch zu verhindern, spiegelt sich im Zuschnitt des Vertrages wider. Anders als Hobbes geht Locke von zwei getrennten Schritten aus: Zunächst wird ein Gesellschaftsvertrag geschlossen (pactum associationis), und erst danach kommt es zur Einsetzung einer Regierung. Locke betont, dass

> „die Entstehung politischer Gesellschaft von der Übereinkunft der Individuen, sich zu vereinigen und eine Gesellschaft zu begründen, abhängt und dass diese Gesellschaft, nachdem sie so zu einer Körperschaft geworden ist, diejenige Form der Regierung einsetzen kann, die sie für geeignet hält“ (ZA II: 106)

Wohl gemerkt: Die Gesellschaft *setzt* die Regierung *ein*. Zwischen der Gesellschaft (bzw. dem Volk) und den von ihr eingesetzten Regierungsinstanzen besteht ein Verhältnis des Vertrauens („trust“; ZA II: 171). Die „supreme power“ erhält ihre Gewalt nur „zu treuen Händen“. Und wird dieses Vertrauen gebrochen, so sind die Bürger berechtigt, ihre Gehorsamspflicht aufzukündigen. Als der eigentliche Souverän wird bei Locke das Volk erkennbar – wobei zu diesem „Volk“ nur die besitzenden Bürger gehören.

Die Regierung wird also vom Volk eingesetzt. Mit „government“ meint Locke dabei zunächst die gesamte Staatsgewalt. Um aber den Schutz bürgerlicher Freiheitsrechte zu gewährleisten und Machtmissbrauch zu verhindern, ist es unabdingbar, die Gewalten zu trennen. Denn mit dem Missbrauch von Macht muss man aufgrund der Schwäche der menschlichen Natur rechnen. Insbesondere wäre es viel zu riskant, den Erlass von Gesetzen jenen allein anzuvertrauen, die sie auch auszuführen haben (ZA II: 143). Deswegen sind Legislative und Exekutive zu trennen. Von der Judikative als eigenständiger Gewalt spricht Locke nicht. Nur davon, dass es „unparteiische und aufrechte

Richter“ geben müsse, die nach „festen, stehenden Gesetzen“ die Streitigkeiten zu entscheiden haben (ZA II: 131).

Die Legislative wird von Locke an mehreren Stellen als die „supreme power“ bezeichnet. Sie ist die Repräsentantin des Volkswillens. „Niemand in einer bürgerlichen Gesellschaft kann von ihren Gesetzen ausgenommen werden.“ (ZA II: 94) Auch der Legislative sind bei Locke jedoch klare Grenzen gesetzt (zusammenfassend: ZA II: 142): Sie beruht auf Vertrauen (*trust*), ist nur anvertraut (*fiduciary*), ist auf das Gemeinwohl verpflichtet und darauf, nach „öffentlich verkündeten, stehenden Gesetzen und durch anerkannte, autorisierte Richter für Gerechtigkeit zu sorgen“. Sie darf niemandem sein Eigentum wegnehmen (ZA II: 138). Der Zustimmung der Bürger bedürfen insbesondere Gesetze, die die Besteuerung betreffen (ZA II: 140). Der für den liberalen Verfassungs- und Rechtsstaat zentrale Gedanke bei all dem ist: Nicht Personen sollen herrschen, sondern Gesetze. Und als höchste Richtschnur steht über den bürgerlichen Gesetzen das natürliche Gesetz, dessen Verpflichtungen in der Gesellschaft keineswegs aufhören: „So steht das Gesetz der Natur als Symbol einer ewigen Regel für alle Menschen, für Gesetzgeber wie auch für alle anderen.“ (ZA II: 135)

Von der Legislative zu trennen ist die Exekutive (ZA II: 143ff.), die für die Durchsetzung und Anwendung der Gesetze zuständig ist. Ihr ordnet Locke die „föderative Gewalt“ zu, die Gewalt über Krieg und Frieden und die Außenpolitik, sowie die „Prärogative“, das Recht, bei fehlender gesetzlicher Regelung und vor einem neuerlichen Zusammentreten der Legislative zu handeln.

Welche konkrete Regierungsform eine Gemeinschaft wählt, kann sie „nach Belieben“ (ZA II: 132) beschließen. Auch eine „gemischte Regierungsform“ hält Locke für möglich, und recht deutlich favorisiert er eine liberale konstitutionelle Monarchie, dem englischen System des „King in Parliament“ entsprechend. Am wichtigsten ist es ihm, eine uneingeschränkte, absolute Monarchie zu verhindern, die „mit bürgerlicher Gesellschaft unverträglich ist und überhaupt keinerlei Form von bürgerlicher Regierung sein kann“ (ZA II: 90).

Am deutlichsten werden die Grenzen der Regierungsmacht wie auch Lockes vergleichsweise revolutionäre „Radikalität“ an seinen Vorstellungen zum Widerstandsrecht, dem „right of resisting“. Die Regierung wurde vom Volk auf der Grundlage von Vertrauen beauftragt, im Sinne des Gemeinwohls und zum Schutz bürgerlicher Grundrechte zu regieren. Die Gemeinschaft hat der Regierung ihre

Macht nur treuhänderisch verliehen, sie hat ihr – anders als bei Hobbes – keinen Blankoscheck ausgestellt:

> „Es bleibt dem Volk dennoch die höchste Gewalt, die Legislative abzuberufen oder zu ändern, wenn es der Ansicht ist, daß die Legislative dem in sie gesetzten Vertrauen zuwiderhandelt. Denn da alle Gewalt, die im Vertrauen auf einen bestimmten Zweck übertragen wird, durch diesen Zweck begrenzt ist, so muß, wenn dieser Zweck vernachlässigt oder ihm entgegen gehandelt wird, dieses Vertrauen notwendigerweise verwirkt sein und die Gewalt in die Hände derjenigen zurückfallen, die sie erteilt haben […].“ (ZA II: 149)

In einem solchen Fall „steht es dem Volk frei, für sich selbst zu sorgen, indem es eine neue Legislative errichtet“ (ZA II: 220) und die Gewalt in neue Hände legt. Es kann auf diesem Wege sogar eine neue Regierungsform errichten (ZA II: 243).

Das ist durchaus „revolutionär“. Es ist keineswegs das Volk, das Schuld an einem solchen Ausnahmezustand trägt. Wenn die Regierung das in sie gesetzte Vertrauen bricht und illegitime Gewalt gegen das Volk gebraucht, „so bedeutet das dem Volke gegenüber die Erklärung des Kriegszustandes“ (ZA II: 155; vgl. 232). Locke vertritt eine sehr obrigkeitskritische Auffassung von „Rebellion“ (ZA II: 226ff.): Rebellion ist der Gebrauch von Gewalt ohne Recht. Egal wer dies tut, er versetzt sich den anderen gegenüber wieder in den Kriegszustand (das meint „re-bellare“; ZA II: 226). Das trifft insbesondere auf den Tyrannen zu, den rechtlosen Herrscher: Er ist der „Rebell“, er hat Schuld an Aufruhr und Revolution. Locke nennt eine Reihe weiterer Situationen, in denen Regierungen „von innen aufgelöst“ werden (ZA II: 212ff.): wenn die Legislative sich ohne Zustimmung der Bürger ändert, wenn erlassene Gesetze von der Exekutive nicht vollzogen werden, wenn „ein Fürst seine eigene Willkür an die Stelle der Gesetze, den durch die Legislative bekundeten Willen der Gesellschaft setzt“ (ZA II: 214), wenn „der Fürst die Legislative daran hindert, sich zum fälligen Zeitpunkt zu versammeln“ (ZA II: 215) oder wenn „durch willkürliche Gewalt des Fürsten die Anzahl der Wähler oder die Art der Wahlen geändert werden“ (ZA II: 216).

All diese Übertretungen beschwören den verfassungsrechtlichen Ausnahmezustand herauf. Locke räumt dem Volk das Recht ein, sich gegen eine absolut gewordene staatliche Herrschaft und politische Willkür zu verteidigen, gegen jede Form von Tyrannei, also die „Ausübung der Gewalt außerhalb des Rechtes, wozu niemand berechtigt sein kann“ (ZA II: 199; vgl. 232). Dieses Recht ist ein Recht auf *gewaltsamen* Widerstand! Locke schränkt ein: Nur „ungerechter und ungesetzlicher Gewalt darf Gewalt entgegengesetzt werden" (ZA II: 204); und er begegnet möglicher Kritik damit, dass das Volk für gewöhnlich langmütig und geduldig ist, man also nicht ständige Aufruhr zu fürchten habe. Doch irgendwann geht diese Geduld zu Ende. Und wenngleich das Volk in einem solchen Fall verfassungstechnisch nicht Richter ist, „so hat es sich doch nach einem Gesetz, das allen positiven Gesetzen der Menschen voraufgegangen und weit über diese erhaben ist, jene letzte Entscheidung selbst vorbehalten, die der gesamten Menschheit zukommt, wo es keine Berufungsmöglichkeit auf Erden gibt: nämlich zu urteilen, ob sie gerechte Ursache haben, den Himmel anzurufen." (ZA II: 168)

Mit diesem „appeal to heaven" schließt sich gleichsam der Kreis der Lockeschen Argumentation, an dessen Anfang das „divine law" steht. Locke bestreitet nicht nur, dass es ein angeborenes „divine right of kings" gibt. Es sind vielmehr die freien und gleichen Menschen, die Gott auf ihrer Seite haben. Deutlicher kann man monarchische Absolutheitsansprüche nicht zurückweisen. Im Widerstandsrecht gipfelt die Argumentation der *Two Treatises*, dieses konsequent „antiabsolutistischen Pamphlets" (Euchner 1996: 119).

4. A Letter Concerning Toleration – Ansätze einer liberalen Kardinaltugend

Lockes *Two Treatises* behandeln die wichtigsten Aspekte seiner liberalen politischen Theorie: das vorstaatliche Naturgesetz, sein Freiheitskonzept, das Vertragsmodell und die Limitierungen staatlicher Macht bis hin zum Widerstandsrecht. Damit hat Locke Kernprinzipien des Liberalismus auf den Begriff gebracht, die bis heute wichtig sind. Einem weiteren wichtigen liberalen Prinzip bzw. Problem widmet er sich gesondert: der Toleranz.

Toleranz ist ein zentraler Begriff des modernen politischen Denkens (im Überblick vgl. Forst 2003). Toleranz ist eine liberale Kardinaltugend. Zusammen mit der Fairness, dem anderen Leitwert heutiger pluralistischer Gesellschaften, bildet die Toleranz die Basis für ein friedliches Zusammenleben von Bürgern, die in entscheidenden und für sie wichtigen Fragen unterschiedlicher Überzeugung sind. Gerade heute wird beständig für Toleranz geworben, und gemeint ist damit meist ein respektvoller Umgang mit „dem Anderen", mit Differenz und Pluralität. Dieser heutige Sprachgebrauch unterscheidet sich indes stark von demjenigen, was mit Toleranz ursprünglich gemeint war. Dies gilt auch für John Locke, der mit seinem *Letter Concerning Toleration* einen wichtigen Beitrag zur Entwicklung des Toleranzgedankens geleistet hat.

In der frühen Neuzeit kommt die Idee der Toleranz mit dem Problem der Glaubensspaltung und einem religiösen Pluralismus auf, der zunächst gerade nicht von einer respektvollen Akzeptanz des Anderen geprägt ist (vgl. oben das Kapitel zu Augustinus). „Toleranz ist die Duldung von Personen, Handlungen oder Meinungen, die aus moralischen oder anderen Gründen *abgelehnt* werden [...]. Die Diskussion um die Duldung religiöser Minoritäten durch eine andere Religionsgemeinschaft oder durch den Staat führt zur Forderung nach dem Recht auf Religionsfreiheit sowie Glaubens- und Gewissensfreiheit." (Schlüter/Grötker 1980: 1251f., Hvbg. C.S.). Von einer uneingeschränkten Religionsfreiheit ist man im 17. Jahrhundert noch weit entfernt. Als gravierendes Problem steht der Streit der Bekenntnisse und Kirchen indes auf der politischen wie auch philosophischen Tagesordnung. Das gilt nicht zuletzt für England, wo der Kampf um die „liberty of consciousness" vor allem von Puritanern und Baptisten geführt wird. Thomas Hobbes hatte darauf, wie gesehen, eine Antwort gegeben, die ganz dem politischen Friedensziel verpflichtet ist und zumindest den inneren Glauben („fides") freigibt.

John Locke äußert sich zum Thema Toleranz in mehreren Abhandlungen. Am bekanntesten ist sein *Letter Concerning Toleration*. Locke postuliert dabei eine klare Trennung zwischen Staat und Kirche. Zweck des Staates ist der Schutz der individuellen Rechte auf „Lives, Liberties and Estates". Die Macht der Obrigkeit erstreckt sich nur auf diese bürgerlichen, im engeren Sinn politischen Anliegen. Die Macht der Obrigkeit erstreckt sich *nicht* auf die Sorge für das Seelenheil der Menschen. Über die Wahrheit religiöser Glaubensartikel kann und darf der Staat nicht urteilen. Niemand hat dem Staat diese Aufgabe übertragen. Zudem lassen sich religiöse Überzeugungen ohnehin nicht erzwingen. Religion ist die höchst private Angelegenheit eines jeden einzelnen. Der Ein- oder Austritt in bzw. aus einer Glaubensgemeinschaft soll jedem freistehen. Jedermann hat das Recht, seinen Glauben und seine Kirche frei zu wählen. Es kann keinen Zwang zu einer bestimmten Kirchenzungehörigkeit geben.

Die klare Trennung von Staat und Kirche zeigt sich auch daran, dass eine Kirche Abtrünnige zwar exkommunizieren darf, dass dies aber nicht mit einer Minderung bürgerlicher Rechte verknüpft sein darf. (BT: 29) Diese Toleranzpflicht gilt entsprechend für den Verkehr der Bürger untereinander: Es

> „hat keine Privatperson in irgendeiner Weise ein Recht, eine andere Person im Genuß ihrer bürgerlichen Rechte zu benachteiligen, weil diese zu einer anderen Kirche oder Religion gehört. Alle Rechte und Freiheiten, die ihm als Menschen oder Bürger zustehen, müssen ihm unverletzlich erhalten bleiben. Diese gehören nicht zu den Angelegenheiten der Religion." (ebd.)

Die Toleranzpflicht der Obrigkeit, die sich in Sachen des Seelenheils und des Glaubens nicht einzumischen hat, gibt den Kirchen auch das Recht der Freiheit des Kultus. Glaubensartikel und Formen des religiösen Kultus sind vom Staat prinzipiell zu tolerieren. Zugleich setzt Locke an diesem Punkt mit einigen Einschränkungen des Toleranzgebotes ein. Manche religiöse Praktiken betreffen durchaus die öffentlichen Angelegenheiten und berechtigen die Obrigkeit, Toleranz zu verweigern: dann nämlich, wenn es sich um naturrechtswidrige Praktiken handelt, und wenn Meinungen vertreten werden, die im Widerspruch zu der Möglichkeit menschlicher oder bürgerlicher Gesellschaft stehen. Die Toleranz darf nicht so weit gehen, dass die Fundamente der bürgerlichen Ordnung gefährdet werden.

Diese Einschränkung einer totalen Toleranz verweist auf ein bis heute politisch bedeutsames Problem, das man mit Karl Popper als „Paradox der Toleranz" beschreiben kann: Bedeutet die Forderung, auch intolerantes Verhalten zu tolerieren, nicht einen Selbstwiderspruch? Insbesondere mit Blick auf die totalitären Ideologien des 20. Jahrhunderts hat Popper denn auch Intoleranz als die Grenze des zu Duldenden bestimmt: „Unlimited tolerance must lead to the disappearance of tolerance. If we extend unlimited tolerance even to those who are intolerant, if we are not prepared to defend a tolerant society against the onslaught of the intolerant, then the tolerant will be destroyed, and tolerance with them. We should therefore claim, in the name of tolerance, the right not to tolerate the intolerant." (Popper 1971: 1, 265) Im gleichen Sinn begreift Richard Hare Toleranz als das Gegenteil von Fanatismus und sieht „the limit of toleration" dort, wo die Ideale anderer – in „fanatischer" Weise – nicht gleichmäßige Achtung erfahren (Hare 1963). Toleranz wird so zu einem wichtigen Definitionskriterium des Liberalismus: „What does characterize the liberal is that he acknowledges, as part of his ideal, the ideal of toleration – that is to say a readiness to respect other people's ideals as if they were his own." (Hare 1963: 177)

So weit geht die Toleranz bei Locke indes nicht. Zwar will er sie den verschiedensten Bekenntnissen und sogar nichtchristlichen Religionen gewähren. In zwei wichtigen Fällen aber macht Locke eine Ausnahme:

Atheisten und Katholiken können nicht auf Toleranz hoffen. Atheisten können, so denkt Locke, die Prinzipien von Treu und Glauben in ihrer Lebensführung nicht berücksichtigen. Ihnen fehlt mit dem Glauben an Gott der Glaube an das Fundament und den Ursprung aller Moral:

> „Letztlich sind diejenigen ganz und gar nicht zu dulden, die die Existenz Gottes leugnen. Versprechen, Verträge und Eide, die das Band der menschlichen Gesellschaft sind, können keine Geltung für einen Atheisten haben. Gott auch nur in Gedanken wegnehmen, heißt alles dies auflösen." (BT: 95)

Nachdem Locke, wie oben beschrieben, sein Naturrecht theologisch begründet, verwundert diese Annahme nicht.

Aber auch Katholiken werden von Locke nicht toleriert. Der Toleranzbrief ist (auch) eine antikatholische Kampfschrift. Das Problem, das nicht nur Locke mit dem Katholizismus hat, besteht vor allem in der Annahme, dass Katholiken letztlich dem Papst und damit einem anderen Souverän unterworfen seien. Sie seien daher keine verlässlichen Bürger der staatlichen Ordnung – ein Vorurteil, mit dem sich Katholiken noch lange nach Locke konfrontiert sehen, man denke etwa an Bismarcks Kampf gegen den Katholizismus und die im protestantischen Bürgertum damals weit verbreiteten Vorbehalte gegen die „vaterlandslosen Römlinge".

Trotz dieser Einschränkungen bildet der *Toleranzbrief* einen Meilenstein bei der Entwicklung des modernen Toleranzgedankens. Und er endet mit einer Grundeinsicht, die für den liberalen Umgang mit Pluralismus bis heute fundamental wichtig ist:

> „Es ist nicht die Verschiedenheit der Meinungen (die nicht vermieden werden kann), sondern die Verweigerung der Toleranz (die hätte gewährt werden können) für die, die verschiedener Meinung sind, die alle Tumulte und Kriege erzeugt hat, die es in der christlichen Welt wegen der Religion gegeben hat." (BT: 109)

5. Philosoph der Freiheit oder Apologet des Frühkapitalismus?

Das Werk John Lockes gehört bis heute „zum Kernbestand des Selbstverständigungsdiskurses westlicher liberal-demokratischer Verfassungsstaaten" (Brocker, 2007: 271). In allen westlichen Demokratien steht das Individuum mit seinen Grundrechten unter dem besonderen Schutz der Verfassung. Die Idee individueller Freiheit ist heute im Westen so weit verbreitet und selbstverständlich akzeptiert, dass man durchaus von einem „Sieg“ des Liberalismus sprechen kann – und mit ihm seines vielleicht wichtigsten Vordenkers.

Unumstritten war – und ist bis heute – freilich weder der Liberalismus noch John Lockes Ansatz. Kritik gab und gibt es von verschiedenen Seiten: von Seiten des Republikanismus, neuerdings auch des Kommunitarismus, und natürlich von Seiten des Sozialismus wie auch aller Ansätze, aus deren Sicht bei solcher Betonung individueller Freiheit die Werte der Gleichheit und Gerechtigkeit zu kurz kommen. John Locke spielt in diesen Auseinandersetzungen eine erhebliche Rolle – genauer gesagt: verschiedene Rollen. Für die einen ist er der Held der Freiheit, für die anderen ein Verteidiger bürgerlicher Partikularinteressen.

Ein kurzer Blick auf die Wirkungsgeschichte des Lockeschen Denkens hat indes nicht mit der Rezeption im „frühkapitalistischen“ England zu beginnen. In seinem Heimatland wurden die *Two Treatises* zunächst nur mit Zurückhaltung, ja Ablehnung aufgenommen, weil sie selbst für die meisten Befürworter der „Glorious Revolution“ zu radikal und revolutionär waren. Ganz anders verhält sich das mit Blick auf die Amerikanische Revolution, die erste große und vielleicht bedeutendste Revolution der Neuzeit. Auf die Gedankenwelt der amerikanischen Gründergeneration hat Locke einen kaum zu überschätzenden Einfluss.

„We hold these truths to be self-evident, that all men are created equal, that they are endowed by their Creator with certain unalienable Rights, that among these are Life, Liberty, and the pursuit of Happiness. That to secure these rights, Governments are instituted among Men, deriving their just powers from the consent of the governed.“ So beginnt der zweite Abschnitt der amerikanischen Unabhängigkeitserklärung (1776), und er liest sich, als habe Thomas Jefferson hier die Quintessenz des Lockeschen Denkens paraphrasieren wollen. Der Einfluss Lockes auf die Protagonisten der Amerikanischen Revolution ist unbestritten, und er wird auch dadurch nicht geschmälert, dass daneben zweifelsohne starke republikanische Einflüsse wirken.

Letzteres wird sehr schön deutlich in einer Schrift vom Januar 1776, die schon von den Zeitgenossen als „Bibel der amerikanischen Revolution“ gerühmt wird: an Thomas Paines *Common Sense*. An dieser Flugschrift, die in kürzester Zeit eine sensationelle Resonanz erfährt, wird auch deutlich, dass man Lockes Grundgedanken weit radikaler als er selbst – und wenn man will: konsequenter – interpretieren konnte. Paine, der die sofortige und uneingeschränkte Unabhängigkeit der amerikanischen Kolonien von Großbritannien fordert, unterzieht insbesondere die Institution der Monarchie einer ätzenden Kritik. Er belässt es nicht bei einer Zurückweisung des „divine right of kings", sondern bestreitet den Königen das Recht auf jegliche Form politischer Einflussnahme und Bedeutung, ja er bestreitet ihr Existenzrecht. Für den Republikaner Paine steht die Monarchie in eklatantem Widerspruch zu Vernunft und universalem Menschenrecht. Die Ansprüche der Erbmonarchien entlarvt er als freche und unhaltbare Anmaßungen: So ist William the Conqueror, auf den die englische Krone ihre „ehrwürdige" Tradition stützt, für Paine ein „French bastard landing with an armed banditti, and establishing himself king of England against the consent of the natives" (Paine 2004: 20). Für eine konstitutionelle Monarchie nach Lockes Vorstellung ist hier kein Platz mehr. Näher an Locke, aber wiederum ein Stück radikaler ist eine Vorstellung Paines, die bis heute das amerikanische Selbstverständnis prägt: das tiefe Misstrauen gegen jede Art von Regierung. Für Paine sind Regierungen immer nur ein wenn auch notwendiges Übel, die zum Schutz der Sicherheit und der Rechte der Menschen eingesetzt werden. Für eine freie Gesellschaft ist nichts so wichtig wie die Kontrolle ihrer Regierung.

Kehren wir zurück zur ideengeschichtlichen Einordnung und Rezeption John Lockes. Sein Rang als Urvater des Liberalismus, als Philosoph der liberalen Freiheits- und Mitspracherechte ist unbestritten. Locke hat „das philosophische, politische und ökonomische Weltbild des bürgerlichen Zeitalters wie niemand sonst geprägt" (Euchner 2001: 16). Für Kritiker des Liberalismus ist das aber nicht als uneingeschränktes Lob zu verstehen. Zu diesem „bürgerlichen Zeitalter" gehört nämlich nicht nur der Kampf der Parlamente für Gewaltenhemmung und mehr Mitsprache, sondern auch der Aufstieg des Kapitalismus und seiner bürgerlichen Trägerschicht. Deren Kampf für Freiheit und Schutz privater Interessen ist nun aber alles andere als ein Kampf für Demokratie und die Gleichheit aller Menschen. Und mit Blick auf John Locke müsse man, so einige Kritiker, in diesem Zusammenhang fragen, ob seine ganze Theorie nicht vor allem eben diesen frühkapitalistisch-bürgerlichen Interessen diene.

C.B. Macpherson hat Locke (wie auch Hobbes) in diesem Sinne als Vertreter eines „possessive individualism" eingeordnet, der für die politischen Theorien Englands vom 17. bis zum 19. Jahrhundert kennzeichnend gewesen sei. Hauptakteur dieser besitzindividualistischen Theorien sei das Besitzbürgertum, auf dessen Belange und Interessen die Argumentation nur allzu deutlich zugeschnitten sei. So fragwürdig diese Interpretation mit Blick auf Hobbes ist, so plausibel erscheint sie zumindest teilweise mit Blick auf Locke, insbesondere auf dessen Eigentumstheorie.

Tatsächlich kann man bereits Lockes Skizze des Naturzustandes nach Einführung des Geldes (auch) „als Modell einer bürgerlichen, von der Verwertung des Privateigentums geprägten Gesellschaft interpretieren“ (Euchner 1996: 97). Die große Bedeutung des Eigentums hat, wie gezeigt, Folgen für Lockes Auffassung von Politik und Staat. Für Euchner zeigt die Argumentation Lockes sehr deutlich, „dass der Staat Lockes ein Staat der Eigentümer ist“ (Euchner 1998: 38). Zum Schutze des Eigentums wurde der Staat gegründet, nur Eigentümer sind in ihm Vollbürger (wenngleich diese Interpretation nicht unumstritten ist), und nur mit deren Zustimmung kann Eigentum besteuert werden. „Der Schutz seines [des Bürgers, C.S.] Eigentums im engeren Sinn ist Lockes oberstes politisches Prinzip [...]. Er ist der Ideologe des besitzbürgerlichen Frühkapitalismus.“ (ebd.: 39)

Das ist eine sehr weit gehende Interpretation. Gewiss, die wirtschaftlichen Interessen des Bürgertums spielen eine gewichtige Rolle. Auch kann man kritisieren, dass die Fokussierung aufs Eigentum „den besitzlosen gemeinen Mann der christlichen Nächstenliebe, zuvor allerdings dem Arbeitshaus, überlässt“ (Euchner 1996: 179). Es verwundert nicht, dass man für diese Interpretation in Marx' *Kritik der Politischen Ökonomie* Bestätigung findet: John Locke, „der die neue Bourgeoisie in allen Formen vertrat, die Industriellen gegen die Arbeiterklassen und die Paupers, die Kommerziellen gegen die altmodischen Wucherer, die Finanzaristokraten gegen die Staatsschuldner“, Locke habe „den bürgerlichen Verstand als menschlichen Normalverstand“ aufgewiesen (Marx 1961: 61). Und endlich scheint die These vom „possessive individualism“ auch dadurch bestätigt zu werden, dass sich „Libertarians“ wie Robert Nozick bei ihrer Sozialstaatskritik nicht zuletzt auf Locke berufen. In *Anarchy, State, and Utopia* (1974) will Nozick zeigen, dass angesichts eines ursprünglichen und fundamentalen „property right" eines jeden Menschen der Staat nur als „Minimalstaat" legitim sein kann. Freilich ist die Perspektive bei Nozick tatsächlich weitgehend aufs Ökonomische eingeengt. Und eben dies ist bei Locke nicht der Fall.

Lockes politische Theorie lässt sich nicht auf wirtschaftlichen Besitzindividualismus reduzieren – es sei denn, der Interpret wäre seinerseits reduktionistisch auf ökonomische Interessen allein fixiert, auf die materielle Basis aller gesellschaftlichen und ideellen Phänomene. So jedenfalls hat John Locke nicht gedacht. Sein naturrechtlich begründeter Antiabsolutismus zielt auf mehr als nur die Sicherung kapitalistischer Verwertungsinteressen, nämlich auf die Freiheit der Individuen.

Schluss: Liberalismus und Antiliberalismus nach Locke

Die *Two Treatises* stellen nicht weniger dar als die „paradigmatische Begründungsschrift des politischen Liberalismus“ (Brocker 2007: 271). Locke ist der erste Denker, der die bis heute weithin anerkannten Kerngehalte des Liberalismus auf den Begriff bringt und ins Zentrum seines Denkens stellt – bei allen genannten Einschränkungen. Gewiss, es gibt unzählige Ausprägungen des Liberalismus, und nicht alle folgen John Locke in allen Einzelheiten. Betrachtet man aber den Definitionsversuch von „Liberalismus“ in einem aktuellen Wörterbuch der Ideengeschichte, so fallen die Gleichklänge sofort auf:

> „It is widely agreed that fundamental to liberalism is a concern to protect and promote individual liberty. This means that individuals can decide for themselves what to do or believe with respect to particular areas of human activity such as religion or economics. The contrast is with a society in which the society decides what the individual is to do or believe. […] Liberalism in the political sphere cannot be a simple application of individual liberty, because decisions have to be taken collectively and are binding on all. Political liberalism means, first, that individual citizens are free to vote for representatives of their choice and to form voluntary associations to promote their ideas and interests in the realm of collective decision-making. Second, it means the adoption of constitutional procedures for limiting government power and making it accountable to the citizens.“ (Charvet 2005: 1262)

Diese Prinzipien gehören nicht nur zum Kernbestand des Liberalismus, sondern sind heute in allen westlichen Verfassungen fest verankert. Sie prägen zudem das Selbstverständnis der meisten Bürger westlicher Demokratien. Die Selbstverständlichkeit, mit der die Freiheit des einzelnen heute über die Ansprüche und Rechte des Kollektivs gestellt wird, darf indes nicht vergessen lassen, dass der Liberalismus im Streit der großen Ideologien der Moderne zunächst keineswegs als der sichere Sieger aussah. Mit Ausnahme der Vereinigten Staaten, Großbritanniens und einiger kleinerer, traditionell liberaler Länder wie den Niederlanden geriet der Liberalismus gegen

Ende des 19. Jahrhunderts gewaltig unter Druck. Kollektivideologien wie Nationalismus und Sozialismus brachten Liberalismus und Parlamentarismus zusehends in Bedrängnis, die nicht mehr als zeitgemäße Antworten auf die Herausforderungen sich demokratisierender Massengesellschaften erschienen. Das gilt nicht nur für Deutschland, wenngleich der Antiliberalismus hier besonders verbreitet und erfolgreich war. Das liberale Freiheits- und Politikmodell wird schon im Kaiserreich als „undeutsch" zurückgewiesen, und es wird in Weimar von immer mehr Menschen für den drohenden gesellschaftlichen Zerfall verantwortlich gemacht. Die Idee der „Volksgemeinschaft", die lange vor 1933 populär ist, ist in allen Aspekten eine bewusste Absage an die *liberale* Demokratie.

Den Totalitarismus deutscher wie auch sowjetischer Ausprägung als vor allem antiliberal zu charakterisieren, darf natürlich nicht dazu verleiten, den Liberalismus gegen jede Kritik zu immunisieren. Das liberale Gesellschafts- und Politikmodell mit seiner heute unbestrittenen Betonung individueller bürgerlicher Rechte ist durchaus voraussetzungsreich. Ja, der Liberalismus scheint einige Schwachstellen oder zumindest Blindflecke zu haben, auf die in theoretischen wie auch öffentlichen Debatten nicht zu unrecht hingewiesen wird: Wie steht es mit den Pflichten des Bürgers, von denen bei der liberalen Betonung individueller Rechte meist kaum die Rede ist? Wie steht es um Solidarität oder Brüderlichkeit, die der Liberalismus so gut wie gar nicht thematisiert? Fragen dieser Art verweisen auf eine mehr oder minder starke Ergänzungsbedürftigkeit des Liberalismus und auch darauf, dass die antiabsolutistische Perspektive seiner Urväter alleine nicht hinreichend sein dürfte. Das gilt natürlich auch für John Locke und die Frage einer zeitgemäßen Rezeption seines Denkens. Dennoch, bei allen nötigen Ergänzungen wird der Liberale in den *Two Treatises of Government* auch heute noch die ebenso fundamentalen wie zeitlos gültigen Prinzipien seines Freiheitsverständnisses begründet finden.

Literatur

Schriften von John Locke:

ZA *Zwei Abhandlungen über die Regierung*, hrsg. u. eingel. v. Walter Euchner, Frankfurt a.M. 1998.

BT *Ein Brief über Toleranz*, übers., eingel. u. erläutert v. Julius Ebbinghaus, Hamburg 1996.

Darstellungen:

Ashcraft, Richard, *Locke's Two Treatises of Government*, London 1987.
– (Hg.), *John Locke. Critical Assessments*, 4 Bände, London / New York 1991.
Brocker, Manfred, *Arbeit und Eigentum. Der Paradigmenwechsel in der neuzeitlichen Eigentumstheorie*, Darmstadt 1992.
–, John Locke, Zwei Abhandlungen über die Regierung, in: ders. (Hg.), *Geschichte des politischen Denkens. Ein Handbuch*, Frankfurt a.M. 2007, S. 258-272.
Charvet, John, Art. „Liberalism", in: Horowitz, Maryanne (Hg.), *New Dictionary of the History of Ideas*, Vol. 3, Detroit u.a. 2005, S. 1262-1269.
Dunn, John, *The Political Thought of John Locke. An Historical Account of the „Two Treatises of Government"*, Cambridge 1969.
Euchner, Walter, *John Locke zur Einführung*, Hamburg 1996.
–, Einleitung, in: Locke, John, *Zwei Abhandlungen über die Regierung*, hrsg. u. eingel. v. Walter Euchner, Frankfurt a.M. 1998, S. 9-59.
–, John Locke, in: Maier, Hans / Denzer, Horst (Hg.), *Klassiker des politischen Denkens*, Band 2, München 2001, S. 15-30.
Forst, Rainer, *Toleranz im Konflikt. Geschichte, Gehalt und Gegenwart eines umstrittenen Begriffs*, Frankfurt a.M. 2003.
Gray, John, *Liberalism*, Minneapolis 1995.
Hare, R. M., Toleration and fanaticism, in: ders., *Freedom and reason*, Oxford 1963, S. 157-185.
Horton, John / Mendus, Susan (Hg.), *John Locke. A Letter Concerning Toleration*, London / New York 1991.
Hugelmann, Frank, *Die Anfänge des englischen Liberalismus. John Locke und der first Earl of Shaftesbury*, Frankfurt a.M. u.a. 1992.
Macpherson, C.B., *Die politische Theorie des Besitzindividualismus*, Frankfurt. a.M. 1967.
Marx, Karl, Zur Kritik der Politischen Ökonomie, in: *Karl Marx/Friedrich Engels – Werke*, Berlin/DDR 1961, S. 3-160.
Mill, John Stuart, *Über die Freiheit*, Stuttgart 1995.
Nozick, Robert, *Anarchy, State, and Utopia*, Oxford 1974.
Ottmann, Henning, *Geschichte des politischen Denkens. Band 3: Die Neuzeit, Teilband 1: Von Machiavelli bis zu den großen Revolutionen*, Stuttgart / Weimar 2006.
Paine, Thomas, *Common Sense*, London 2004.
Popper, Karl R., *The Open Society and Its Enemies*, 2 Bände, Princeton 1971.
Schlüter, G. / Grötker, R., Art. „Toleranz", in: Ritter, Joachim / Gründer, Karlfried (Hg.), *Historisches Wörterbuch der Philosophie*, Band 10, Basel / Stuttgart 1980, S. 1251-1262.

Simmons, A. John, *The Lockean Theory of Rights*, Princeton 1992.
Specht, Rainer, *John Locke*, München 2007.
Sprute, Jürgen, John Lockes Konzeption der Ethik, in: Thiel, Udo (Hg.), *John Locke, Essay über den menschlichen Verstand*, Berlin 1997, S. 223-245.
Waldron, Jeremy, *God, Locke, and Equality. Christian Foundations in Locke's Political Thought*, Cambridge 2002.
Yolton, John W., *A Locke Dictionary*, Oxford 1993.